IN EINEM BOOT

Ronald Rauhe

IN EINEM BOOT

Für Fanny, Til und Leo

Für Leo R.

Inhalt

Vorwort	9
Der letzte Schlag I	13
Verlieren lernen	17
Der letzte Schlag II	31
Feueralarm	38
Der letzte Schlag III	51
Flüstern, glucksen, stürmen	62
Der letzte Schlag IV	84
Lorbeer und Bambi	96
Der letzte Schlag V	135
Drei Finger für Bronze	155
Der letzte Schlag VI	184
Familiengold	207
Der letzte Schlag VII	214
Danach	240
Davor	257
Der letzte Schlag VIII	283

Vorwort

Muss es nach dem Rücktritt meiner Leistungssportkarriere ein Buch sein? Musste es natürlich nicht, nie wäre mir dieser Gedanke in den Sinn gekommen. Dann jedoch ermunterten mich Menschen aus meinem Umfeld, dass meine sportliche Laufbahn es aus verschiedenen Gründen möglicherweise verdient habe, niedergeschrieben zu werden. Gerade die Agentur, die mich verritt, Katja und René Kindermann von Sender und Empfänger, sprachen mich wiederholt darauf an. Nicht etwa, um all meine Erfolge Seite für Seite detailliert nachzuerzählen. Dafür gibt es schon genug Zeitungsartikel und meinen Wikipedia-Eintrag. Nein, diejenigen, die mich kennen, waren der Meinung, dass es andere Menschen – gleich ob Hobby- oder Leistungssportler oder gar Menschen, die mit Sport nicht allzu viel am Hut haben – interessieren könnte, wie ich meinen Weg gegangen bin. Ja, dachte ich mir: Urkunden, Pokale und Medaillen sind großartig. Sie sind schließlich einer der Gründe, warum sich Athleten für den Leistungssport entscheiden.

Aber sie machen eben nur einen Grund aus. Über die anderen Gründe möchte ich in diesem Buch erzählen, denn sie reichen in viele Bereiche unserer Gesellschaft hinein. Ich möchte meinen Weg zum Erfolg schildern, der nicht einem Geniestreich geschuldet ist, sondern harter Arbeit und der Einstellung, sich nie unterkriegen zu lassen. Ich musste viele kleine Schritte gehen, um den Erfolg zu erreichen. Und ich möchte über das sprechen, was mich der Sport gelehrt und welche Werte er mir vermittelt hat.

Mir lag jedoch nicht daran, eine reine Autobiografie zu verfassen. Aber meine Karriere soll auch deshalb skizziert werden, weil sie das Fundament ist, gespeist mit meinen Erfahrungen, aus denen ich meine Forderungen ableite. Denn ich habe tatsächlich ein Anliegen, das mich seit Langem beschäftigt, das mich zeitweise wütend macht. Denn ich finde, dass der Sport in unserer Gesellschaft zu wenig Beachtung findet. Vom Schul- und Vereinssport bis hin zu den Leistungssportlern. Der Sport wird meiner Meinung nach nicht nur vernachlässigt, sondern mehr und mehr verkannt. Er besitzt eine große integrative Kraft, er kann zudem Werte vermitteln, von denen die Gesellschaft profitiert. Ich möchte aufzeigen, wie fatal es ist, wenn wir Wettkampf und Leistung eine Absage erteilen. Ich möchte aufrütteln, einen Weckruf senden, damit der Sport endlich in unser Grundgesetz aufgenommen wird. Ich tue das an einigen Stellen bewusst zugespitzt und pointiert – um im Idealfall eine Diskussion anzustoßen. Denn auch das ist etwas, was ich immer mehr vermisse: Streitgespräche mit deutlich geäußerten Meinungen. Miteinander reden und nicht übereinander, etwa in den sozialen Medien. Nicht, um recht zu behalten, sondern um gemeinsam in der Abwägung unterschiedlicher Meinungen etwas für die Gesellschaft zu erreichen – ganz im Sinne des Titels meines Buches.

Zu oft sind Diskussionen nicht mehr erwünscht, sie werden abgewürgt, zudem werden Menschen mit anderen Meinungen und Einstellungen diskreditiert. Das ist pures Gift für unsere Demokratie. Sehr treffend finde ich an dieser Stelle die Sätze von Julian Nagelsmann, dem Bundestrainer der deutschen Fußballnationalmannschaft. Er sagte bei einer Pressekonferenz während der Europameisterschaft im Frühsommer dieses Jahres sinngemäß: Nicht immer nur meckern, was alles nicht geht, sondern gemeinsam über Lösungen diskutieren und sich trauen, diese auch umzusetzen. Etwas anstoßen, um einfach einen Versuch zu wagen, wissend, dass man später nachjustieren kann und mindestens ein Stück weit schlauer geworden ist, wenn etwas nicht gleich funktioniert. Soweit die Gedanken von Nagelsmann, der eine tolle Mannschaft geformt hat. Die Fußballnationalmannschaft ist überdies ein Beispiel dafür, welche Begeisterung und Wertschätzung im Sport entfacht werden können.

Ich bin dankbar und demütig, dass und wie ich meinen Weg bislang gehen durfte. Ich habe meiner Familie, diesem Land und seiner Gesellschaft viel zu verdanken. Allein deshalb empfinde ich es als meine Verpflichtung, meine Stimme zu erheben, um auf einige Missstände hinzuweisen. Sollte es mir gelingen, eine Diskussion anzustoßen, ein Umdenken zu erreichen oder sogar daran mitarbeiten zu dürfen, wäre ich darüber so glücklich wie über manche Medaille, die ich im Boot erpaddelt habe.

Dankbar bin ich auch Katja und René Kindermann für ihre Unterstützung gerade in der Zeit nach meinem Rücktritt vom Leistungssport. Dankbar bin ich dem Verlag Edel Sports für das Vertrauen und die sofort geäußerte Bereitschaft, meinem Anliegen eine Plattform zu bieten. Und dankbar bin ich dem Autor Andreas Matlé, der meine Erlebnisse und Gedanken so zu Papier gebracht hat, wie ich es getan hätte, wäre das Schreiben mein Handwerk.

Und dankbar bin ich natürlich meiner Familie, besonders Fanny, Til und Leo, für ihre bedingungslose Liebe und Unterstützung, ohne die gerade mein letzter großer sportlicher Erfolg nicht möglich gewesen wäre.

So lasst uns bei allen Problemen unserer modernen Gesellschaft, bei allen Zerwürfnissen und massiven Herausforderungen nicht verzweifeln, sondern ab und an daran denken, dass das so seine Vorteile haben kann, wenn wir sagen können: Alle in einem Boot.

Der letzte Schlag I

Ich lag auf dem Steg an der Lagoa Rodrigo de Freitas, alle viere weit von mir gestreckt, konnte meine Tränen nicht zurückhalten. Das war mir aber egal, auch angesichts der vielen Tausend Zuschauer an der Strecke, und wer weiß, wie viele Millionen es an den Fernsehapparaten in aller Welt waren. Ich ließ meinen Emotionen, die sich aus der meiner sportlichen Leidenschaft speisten, freien Lauf.
Die Tränen flossen nicht, weil mich Schmerz übermannt hätte oder das Rennen unsagbar schwer gewesen wäre. Jedes Rennen in einem olympischen Finale ist unsagbar schwer. Nein, es war die unbeschreibliche Enttäuschung, die mich herunterriss. So wollte ich meine Karriere nicht beenden. Nicht mit einem undankbaren 4. Platz im Fotofinish. So hatte ich mir das nicht vorgestellt, 2016, bei meinen fünften, meinen letzten Olympischen Spielen, meinem letzten Wettkampf, den ich unbedingt mit einer Medaille hatte abschließen wollen. Tom und ich waren schon im Zweier knapp an einer Medaille vorbeigeschrammt, obwohl wir bei allen Rennen im Vorfeld immer in die Medaillenränge gefahren waren. Wir waren daumenbreit gescheitert. Und nun dasselbe Ende auch im Einer. Der Griff in den Senftopf, medaillenlos im Flieger zurück in die Heimat.

Ich blickte hinüber auf die andere Seite, zur großen Anzeigetafel. Dort stand: „Platz 3 Saul Craviotto ESP, Platz 4 Ronald Rauhe GER". Der Zieleinlauf war nach 200 Metern so knapp gewesen, dass ich auch mit über zwanzig Jahren Rennerfahrung nicht sagen konnte, ob mein Freund Saul oder ich die Nase vorn gehabt hatte.

Ich suchte den Blick von Arndt Hanisch, dem Bundestrainer. Aber der zuckte nur mit den Schultern.

Abgang in Rio von der olympischen Bühne mit 34 Jahren – so hatte ich das mit mir selbst und mit Fanny ausgemacht. So hatte ich es dem Trainer mitgeteilt. Und schließlich auch der Presse. Die Sache war besiegelt. Aber ohne olympische Medaille?

Ich weiß nicht, ob mich damals schon die Frage umtrieb, die später Existenzängste auslöste: Was kommt danach? Ehrlich gesagt: Ich hatte mich nie ernsthaft mit dem Danach beschäftigt. Warum auch? Es lief doch alles fabelhaft. Nicht nur, dass das, was ich tat, Erfolg nach sich zog, überdies befriedigte es mich zutiefst. Fanny ließ wohl ab und an mal eine Bemerkung fallen, wenn sie Til, unseren Zweijährigen, im Arm hielt. Sie meinte es gar nicht negativ, aber sie hatte ja recht. Ich konnte nun mal nicht ewig Kanu fahren. Reichtümer wie erfolgreiche Fußballspieler hatte noch keiner in diesem Sport erpaddeln können. Ich grübelte aber lieber über neue Trainingsmethoden und Techniken nach als über dieses ominöse Danach. Das irgendwann kommen musste, schon klar, aber das war ja noch lang hin.

„Ronny, Ronny!", hörte ich den Bundestrainer rufen.

Ich rappelte mich vom Steg hoch und versuchte, Arndt, der immer noch meinen Namen rief, in der Mixed Zone ausfindig zu machen, als ich mich plötzlich als Zehnjährigen vor dem Fernsehapparat im Wohnzimmer in Berlin-Spandau hocken und die Kanurennen bei den Olympischen Spielen 1992 in Barcelona verfolgen sah. Seltsam, aber so ist das manchmal eben mit den Erinnerungen: Meine Eltern erzählen mir heute, wir hätten das Rennen alle gemeinsam im Vereinsheim geschaut. Wo auch immer es war, eins aber weiß ich ganz genau: wie ich mit den magentafarbenen Booten der deutschen Mannschaft mitfieberte und völlig aus dem Häuschen war, als der deutsche Vierer schnell wie ein Pfeil über die Regattastrecke in Castelldefels als Erster durchs Ziel schoss. Mit einem Vereinskameraden von mir an Bord, den ich persönlich kannte: Oliver Kegel. Elf Medaillen holten die deutschen Kanuten. Gold und Silber gewann eine gewisse Birgit Schmidt. Dass ich viel später einmal mit Birgit Fischer, wie sie nach ihrer Hochzeit hieß, Teil einer der erfolgreichsten deutschen Sportdynastien sein sollte, konnte ich damals nicht ahnen.

Die Bilder, die ich sah, nahmen mich völlig gefangen. Großaufnahmen der Sportler, Freude auf der einen, Niedergeschlagenheit auf der anderen Seite, Tränen des Glücks. Fahnen, die feierlich hochgezogen wurden, ergreifende Nationalhymnen. Die Welt war zusammengekommen. Es war ein Weltereignis, auf das die ganze Welt blickte. Nach der Übertragung lief ich zu meinem Papa und wollte sofort selbst ins Boot und eine Runde auf dem Wasser drehen. Von diesem Tag an, dem 9. August 1992, als mein Vereinskamerad Oliver Kegel die

Goldmedaille im Vierer gewann, hatte ich nur noch einen Wunsch: einmal an den Olympischen Spielen teilzunehmen. Dafür, sagte ich mir, würde ich alles tun, alles, was ich geben konnte.

Verlieren lernen

Seine Kameraden schlurften mit hängenden Schultern über die Planke an Land. Nur Opa Herbert nicht. Gerade mal 1,60 Meter groß, war er der Einzige der Besatzung, der aufrecht, beinahe fröhlich den Weg in die Gefangenschaft antrat. Weil er froh war, mit dem Leben davongekommen zu sein? Weil er alles nahm, wie es kam, und immer versuchte, das Beste daraus zu machen? Weil er wusste, hängende Schultern sind keine Lösung?

Dieses Bild war eingebettet in eine Dokumentation, die wir uns gemeinsam im Fernsehen anschauten. Opa war Mitglied der Besatzung des U-Bootes U-234 gewesen, dass am 15. April 1945 von Kiel aus zu einem der mysteriösesten Kommandos im Zweiten Weltkrieg ablegte. An Bord Experten für Raketen-, Schiff- und Flugzeugbau, zwei japanische Offiziere – und 560 Kilogramm Uranoxid, aus denen sich kernwaffenfähiges Uran hätte gewinnen lassen können. Ziel der Mission: Japan.

Am 8. Mai kapitulierte Deutschland, das Unterseeboot durchpflügte jedoch weiter den Atlantik, bis sich der Kapitän am 14. Mai 1945 vor der amerikanischen Ostküste dem Geleitzerstörer USS Sutton ergab. Welche Fracht sie an Bord hatten, dämmerte Opa erst, als amerikanische Soldaten mit Geigerzählern durch das Boot liefen.

Opa verbrachte mehrere Jahre in amerikanischer Kriegsgefangenschaft. Als Knirps habe ich ihm nicht die Fragen gestellt, die ich ihm heute gerne stellen würde. Die geschichtliche Leinwand, auf der sich das abspielte, konnte ich natürlich noch nicht erfassen. Aber er erzählte von sich aus einiges über diese Zeit. Anfangs herrschte im Lager ein harscher Ton, aber das änderte sich rasch, als aus ehemaligen Feinden Verbündete wurden. Kein böses Wort, keine nachtragenden, abwertenden Sätze kamen je über seine Lippen, im Gegenteil. Er hatte Freundschaft mit etlichen Amerikanern geschlossen, die er auch nach seiner Rückkehr nach Berlin jahrelang pflegte. Es machte ihm Spaß, mir, der ich gerade die ersten englischen Vokabeln lernte, seine Sprachkenntnisse zu vermitteln: „How do you do", „a piece of cake", „a hard nut to crack" – und das mit einer völlig anderen Klangfarbe als die Aussprache, die wir in der Schule lernten.

Vor dem Krieg hatte er bei BMW in Spandau Mechaniker gelernt und Flugzeugmotoren montiert. Nach der Rückkehr aus der Gefangenschaft haderte Opa nicht, sondern legte gleich los. Er reparierte nun Motoren in britischen Betrieben, die sich in Berlin niedergelassen hatten. Von dort ging es weiter zu einem Autohaus, wo er sich vom Kundendienstberater zum Leiter des größten VW-Porsche-Hauses der Stadt hocharbeitete. Er ließ den VW-Käfer meines Papas in Porsche-Rot lackieren, und Papa tunte den Motor – heimlich (Opa durfte das auf keinen Fall wissen). Ich kann mir gut vorstellen, wie diebisch er sich freute, wenn er nach der Rotphase an der Ampel so manchen PS-starken Wagen neben sich stehen lassen konnte.

Neben meinen Eltern war Opa Herbert der Mensch, der mich am meisten geprägt hat. Er war lebensbejahend, offen gegenüber anderen Menschen, suchte das Gespräch, zeigte Interesse an anderen und hatte ein einnehmendes Wesen. Er klopfte keine Sprüche, sondern packte an und machte. Er war jemand, auf den man sich jederzeit verlassen konnte.

Nach dem Unterricht in der Grundschule in Spandau-Haselhorst wackelte ich oft zu ihm. Das war eine Freude für mich, das war eine Erfüllung für ihn. In seinem Garten in Kladow, im Süden von Spandau, stand eine Tischtennisplatte, und da nahm er keine Rücksicht, also in dem Sinne, nun müsse er den Kleinen mal gewinnen lassen. Solange er fest auf beiden Beinen stand, hatte ich keine Chance gegen ihn. Immerhin nahm er noch an Seniorenweltmeisterschaften teil, die ihn bis nach Australien führten. Da verbat es seine Reputation, sich vom Enkel abschmettern zu lassen. Bis ins hohe Alter strampelte er in St. Peter-Ording auf dem Fahrrad. Von dort stammte seine zweite Frau, die er heiratete, nachdem meine Oma Mausi gestorben war. Ich verbrachte die Ferien oft bei ihnen in Nordfriesland, wo wir kilometerlange Touren auf dem Rad unternahmen – Opa immer vorneweg, gleich welche Brise uns von vorne ins Gesicht blies.

Wenn er mich nicht um die Tischtennisplatte scheuchte oder mit dem Rad das Tempo vorgab, saß ich in seinem Wohnzimmer auf der gemütlichen Couch, schlug die Beine unter, und er zog ein Gesellschaftsspiel oder das Schachbrett aus der großen Schrankwand hervor. Dann spielten wir stundenlang Schach. Ob ich ihn einmal besiegt habe? Weiß ich nicht mehr, und wenn ja, vielleicht nur, weil er nachgab, damit ich nicht die Lust verliere.

Denn das Wichtigste war, aber das verstand ich erst viel später: dass ich verlieren lernte. Das war es, was mir Opa Herbert zuallererst beibringen wollte. Wenn ich bei Malefiz festsaß oder er mal wieder meinen König matt gesetzt hatte: Ein guter Gewinner ist der, der weiß, wie man verliert. Nur wer mit erhobenem Kopf, ohne zu jammern, durch eine Niederlage geht, die Schuld nicht bei anderen oder den Umständen sucht, sondern sich selbst hinterfragt, der ist ein Gewinner. Dazu muss er nie ganz oben auf dem Treppchen gestanden haben.

Aber das will nun mal gelernt sein. Da helfen keine noch so gut gemeinten Lehrsätze aus der Pädagogik, und schon gar nicht hilft es, wenn man über Kinder und Jugendliche einen undurchdringlichen Schutzschirm spannt, um sie vor jedem nur denkbaren Ungemach zu bewahren. Man muss nun mal an die heiße Herdplatte greifen, um zu wissen, dass das nicht die beste Idee ist. Man braucht nun mal nach ungestümem Lauf aufgerissene Knie, um beim nächsten Mal Vorsicht walten zu lassen. Man muss verlieren, um zu lernen, dass nicht an jedem Tag die Sonne scheint. Wenn ich mir aber anschaue, wie viele Jugendliche und junge Erwachsene heute wie Schneeflöckchen durchs Leben gleiten und beim leichtesten Gegenwind nicht mehr weiterwissen, wobei die Welt für sie untergeht, dann meine ich zu sehen, was Überbehütung auslösen kann. Kinder sind stark genug, um Niederlagen hinzunehmen und daraus zu lernen. Wir sollten sie nicht schwächer machen, als sie sind. Ich bin dafür, Kindern viel mehr zu vertrauen und zuzutrauen. So wie ich das von meinen Eltern vermittelt bekommen habe: Sie gaben mir die Gelegenheit, mich etwas trauen zu dürfen. Kinder brauchen Menschen an ihrer Seite, die sie fördern und die da sind, wenn sie mal ausrutschen. Wenn wir ihnen helfen, wieder aufzustehen, werden sie dankbar sein, und wenn wir ihnen dann zeigen, wie sie es besser machen können, werden sie zuhören.

Meinen Opa Herbert und meine Eltern wusste ich immer an meiner Seite. Sie betteten mich nie auf Wolke sieben, aber sie gaben mir auch nie ein schlechtes Gefühl, wenn etwas nicht auf Anhieb klappte. Ich bin mir sicher: Meine sportliche Laufbahn, ich gehe noch weiter, mein bisheriges Leben wäre nicht so verlaufen, hätte mir Opa Herbert nicht diese Lektion im Verlieren beigebracht. Meine Karriere verlief durchweg sensationell, aber es gab auch Rückschläge – über die noch zu berichten sein wird. Doch ich hatte ja Opa Herberts Lehre verinnerlicht: Ein guter Gewinner ist der, der weiß, wie man verliert. Und wo könnte man das besser lernen als im Sport?

Neben dieser Leitplanke für mein Leben habe ich meinem Großvater noch etwas anderes zu verdanken: die Liebe zur Jazzmusik. Die hatte er aus den USA über den Atlantik mitgebracht. Wenn er die 32 Figuren des Schachspiels aufgebaut hatte, zog er aus besagter Schrankwand eine seiner vielen Platten hervor: Glenn Miller, Benny Goodman, Louis Armstrong, Ella Fitzgerald, Artie Shaw oder Tommy Dorsey. Dann drehte er die Lautstärke auf, wippte zur Musik, schnipste mit den Fingern und war der vergnügteste Mensch der Welt. Vielleicht auch, weil er sah, wie ich wieder einmal auf seine sizilianische Eröffnung reinfiel. Seine Leidenschaft für den Groove, den Swing und den Bebop deckte sich gut mit seiner Lebensphilosophie: dem Drang nach Freiheit und Kreativität, dem Wunsch, neue Dinge auszuprobieren, für die es keine Blaupause gab. Im Jazz geht es um Individualität ebenso wie um das Zusammenspiel in der Gruppe und das Akzeptieren von Fehlern. Es geht um Körperlichkeit, die Leidenschaft für eine Sache, unterschiedliche Spielarten. Mein Großvater war auch ein leidenschaftlicher Tänzer. All das habe auch ich verinnerlicht. Jazz ist bis heute meine Musik. Musik kann gut motivieren, gerade beim oft eintönigen Training. Während sich die anderen mit Housemusic von Deepest Blue oder Paul van Dyk oder mit Hardrock von AC/DC oder In Extremo pushen, höre ich *Chattanooga Choo Choo* und *In the Mood*, auch wenn das einige belächeln mögen. Aber ich kam und komme mit dieser Musik „in the mood". Das warme Gefühl, das sie mir gibt, die Erinnerungen, die damit verbunden sind, sind bis heute geblieben.

Opa Herbert verfolgte meine Laufbahn voller Stolz. Das wird jeder verstehen. Aber das Beste war: Er wäre so oder so stolz auf mich gewesen, ganz unabhängig von den Ergebnissen, die ich erzielte. Oft begleitete er mich zu den Wettkämpfen, zu sämtlichen Weltmeisterschaften sowieso, nach Mailand, nach Kroatien, nach Ungarn, und auch für die Olympischen Spiele 2004 nach Athen packte er seinen Koffer. Da war er schon weit über achtzig Jahre alt.

Ein Glücksfall, den ich jedem nur wünschen kann: eine derart befruchtende, erfüllende Beziehung zu seinem Großvater zu haben. Opa kannten in der Kanuszene wahrlich viele Menschen, seien es Athleten, Funktionäre oder mitreisende Fans – auch aus anderen Ländern, mit denen er sich fließend auf Englisch unterhielt. Er war das, was man heute einen Kommunikator nennt. Und ein Menschenfreund war er sowieso. Wenn er mal nicht mit auf Reisen kommen konnte, wurde ich gefragt: „Ronny, wo ist dein Opa? Was ist los? Ich hoffe, es geht ihm gut!"

Aber auch bei den anderen Großeltern, mütterlicherseits, war ich oft und gerne. Opa Heinz war in seinem Segelverein Gothia in Charlottenburg Hafenmeister. Schon verblüffend, wie viele unserer Familie eine Beziehung zum Wasser haben. Große Ohren bekam ich, wenn Opa Heinz von früher erzählte, was nicht häufig vorkam, denn offenbar fiel es ihm nicht leicht, aus dieser Zeit zu berichten. Es waren Geschichten aus einer anderen Welt. Aus einem weit entfernten Jahrhundert.

Geboren 1930 in Berlin, wurde er wie viele Kinder aus der zerbombten Stadt im Alter von vierzehn Jahren zur sogenannten Kinderlandverschickung aus der Schusslinie nach Polen gebracht. Das hieß aber auch: Trennung von den Eltern. In Polen trieb Opa Heinz die Angst und die Sorge derart um, dass er sich noch vor Kriegsende zu Fuß zurück nach Berlin aufmachte. Unterwegs musste er sich immer wieder verstecken. Nach wochenlangem Fußmarsch kam er schließlich im zerstörten Spandau an. Es vergingen Tage, bis er endlich seine Mutter wiederfand.

An den Marsch von Opa Heinz musste ich denken, als ich viele Jahre später einige Tage allein im Wald verbrachte. Nach einer Niederlage musste ich einfach mal raus aus der Komfortzone, um zur Besinnung zu kommen, neue Gedanken und Kraft zu tanken. Ich setzte mich aus, um mich zurückzukämpfen.

Geboren wurde ich am 3. Oktober 1981 in Berlin-Spandau als Sohn des Lehrers Lutz Rauhe und der Fachangestellten Sabine Rauhe. Acht Jahre später kam meine Schwester Christin hinzu. Ich war also lange Einzelkind, was unter anderem ein Grund dafür war, dass ich so viel Zeit mit den Großeltern verbrachte.

Meine Eltern waren sehr bodenständig. Ich kam nicht mit einem goldenen Löffel zur Welt, aber es fehlte mir auch nie an etwas. Ich wurde nicht übertrieben auf Händen getragen, fühlte aber immer das Vertrauen und die Zuneigung meiner Familie. Von klein auf bekam ich das Engagement meines Vaters als Trainer im Kanuverein mit. Er hatte immer das Wohl anderer im Sinn, gerade von Kindern und Jugendlichen, und ich war meist an seiner Seite. Selbst wenn es schon die digitalen Verführungen zur Zeitverschwendung gegeben hätte – ich war viel zu oft draußen, um mich vor dem Handy oder Computer langweilen zu können. Das wiederholt sich heute bei meinen beiden Jungs, Til, geboren 2014, und Leo, geboren 2016: Ich nehme sie mit auf Radtouren, lasse sie ins Boot klettern, wir surfen, ich werfe ihnen Bälle vor die Füße, nehme sie mit auf Streifzüge durch den Wald und baue mit ihnen zusammen Hütten, und dass sie gerne mit mir Ski fahren, versteht sich fast von selbst. Nicht nur, dass ich ihnen zeige, mit welchen schönen Dingen man ausgelassen seine Zeit verbringen kann – am wichtigsten ist, dass wir gemeinsam Zeit verbringen. Indem ich meine Kinder entdecke, entdecke ich mich selbst, wir erleben uns als Familie. Die gemeinsam verbrachten Momente schaffen eine tiefe emotionale Verbundenheit.

Papa unterrichtete Sport im Schulbezirk, verbrachte als ehemaliger Deutscher Meister viel Zeit im Ruder- und Kanuverein Berlin. Auch meine Mutter wusste, wie man sich schnell im Boot vorwärtsbewegt, allerdings hatte sie das nie unter dem Aspekt des Leistungssports getan.

Vor diesem Hintergrund verwundert es kaum, dass ich im Kanu saß, noch bevor ich schwimmen konnte. Mein Vater hatte mir den „kleinen blauen Wal" geschenkt, in dem saßen später auch meine Söhne. Es gibt Fotos mit mir im „blauen Wal", Schwimmflügel an den Oberarmen. Auf einem kleinen Stichkanal, der auf die Havel führt, von dem ich nicht ausbüxen konnte, paddelte ich damit hoch und runter und immer wieder von vorn.

Es war nie so, dass mein Vater mich gedrängt oder gar gezwungen hätte, Kanute zu werden. Ich durfte mich in verschiedenen Sportarten ausprobieren. Ich kickte gern auf dem Bolzplatz, spielte auch mal in einem Verein, und Skifahren war ein Sport, auf den ich wortwörtlich abfuhr. Noch heute brechen Berliner Schulen regelmäßig zu Skifreizeiten auf. Damals organisierte mein Vater diese Fahrten. Und so kam es, dass ich Berliner Jugendmeister in der Skiabfahrt in St. Johann in Tirol wurde. Das entnehme ich zumindest dem Internet. Ich selbst habe keine Erinnerung mehr an diesen frühen Lorbeer. Vielleicht war es auch nur ein interner Wettstreit, und man drückte mir am Ende eine Urkunde in die Hand, weil ich eben an diesem Tag der Schnellste gewesen war. Immerhin schon mal eine Meisterschaft in der langen Liste, die folgen sollte …

Dass ich mich für viele unterschiedliche Sportarten interessierte und mich darin versuchte, erwies sich später als

Glücksfall. Basketball spielte ich mit meinen Kumpels in jeder freien Minute auf einem Outdoorplatz, wir nahmen auch an verschiedenen Streetballturnieren teil. In der Leichtathletikmannschaft der Schule brachte ich es in das Finale von „Jugend trainiert für Olympia" – im Sprint (eine Distanz, die sich später auch im Kanu als meine Spezialität herausstellen sollte). Und auch Eishockey gehörte zum Kanon meiner Sportarten. In meiner Jugend waren die Seen, die in Reichweite des Elternhauses lagen, oft noch zugefroren. Dann sind meine Freunde und ich mit unseren selbstgebastelten Toren sofort raus aufs Eis und jagte dem Puck nach.

Das ist so wie bei Sprachen. Wer in der Kindheit andere Sprachen mitbekommt, dem fällt das Lernen später leichter. Das Gefühl für fremde Wörter, Grammatik und den Tonfall ist in einem drin. Meine Beobachtung ist: Athleten, die in ihrer Sportart gut sind, haben meist eine breite sportliche Grundausbildung und können sich deswegen in Bewegungsabläufe gut hineinversetzen. Ein Hoch auf eine Allroundausbildung. Kanu war und ist meine Leidenschaft, das ist doch klar. Aber ich schätze es, dass links und rechts und oben und unten davon auch noch andere interessante, wertvolle und anspruchsvolle Dinge sind.

Als ich neun Jahre war, ging Papa das Training von mir und meinen Kumpels systematischer an. Ohne Triezen. Mit neun fuhr ich bereits die erste Regatta. Das war eigentlich erst ab zehn Jahren möglich. Aber Papa, nie um eine Idee verlegen, ließ mich auf dem Papier einfach ein Jahr altern. Wir machten das aus purer Freude.

Der Verein war eine Keimzelle des Miteinanders, des Zusammengehörigkeitsgefühls. Das ging weit über den Sport hinaus. Das war Sozialarbeit. Die Trainer und Trainerinnen kümmerten sich um alle, gleich welche sportlichen Perspektiven sie im Verein haben mochten. Das war sinnstiftend.

Umso mehr bedaure ich, in welchem Maße der Breitensport an Bedeutung verliert und damit die Wertschätzung für die Trainer, die, wie mein Vater, nicht zu zählende Stunden dem Verein und damit der Gemeinschaft schenkten. Ohne dass sie das je an die große Glocke hängten.

Im Verein lernten wir das Miteinander, wir erlebten, was Fairness bedeutet, Zusammenhalt und gegenseitige Unterstützung. Deshalb werde ich ewig ein Hohelied auf das deutsche Vereinswesen singen und alles tun, damit es seinen ehemaligen Stellenwert wiedererlangt.

Nie wäre ich bei dieser Freude, die ich im Verein empfand, auf dumme Gedanken gekommen, wie man so sagt. Zugegeben: Als wir zu den ersten Wettkämpfen an Wochenenden nach Brandenburg aufbrachen, später nach Bayern, wo wir auf Matten in Turnhallen schliefen, sind meine Clique und ich nachts rausgeschlichen, obwohl das verboten war. Es war ein kleines Abenteuer, über den Zaun des nahe gelegenen Schwimmbades zu klettern und uns im Becken auszutoben. Das hatte nichts mit Alkohol, nichts mit Rauchen, (noch) nichts mit Mädchen zu tun. Das mögen manche für bieder halten. Aber es waren unsere kleinen Fluchten, die wir fröhlich auskosteten, die ich außerhalb eines Sportvereins wahrscheinlich nie erlebt hätte.

Am nächsten Morgen gab es einen Anschiss des Trainers, dem unsere nächtlichen Eskapaden nicht entgangen waren. Wobei ich den Eindruck hatte, dass er nur pflichtschuldigst die Stimme erhob. Weil er sich wohl an seine eigene Jugend erinnerte und weil er wusste, dass er sich auf uns verlassen konnte. Dass wir durch das Vereinsleben bereits einen inneren Kompass besaßen, der uns sagte, was ging und was wir besser unterließen. Das war nicht anders als bei meinen Eltern. Nicht nur, dass sie mich im Sport bedingungslos unterstützten – lediglich darauf pochten, die Schule sei genauso wichtig, damit ich mir nicht selbst Flöhe in den Kopf setzte; bei alldem, wie ich meine Freizeit verbrachte, ließen sie mir die lange Leine. Da war ein unbedingtes Grundvertrauen. Sie wussten um die Werte, die mir der Sport vermittelte, was mich früh zu einem selbstbestimmten Verhalten hin erzog und, ja, mir ist es nicht unangenehm, das zu sagen, auch zu einer gewissen Vernunft.

Mal fuhren wir los, um uns Storchennester aus der Nähe anzuschauen, mal in ein Lokmuseum, oft unterwegs im Wohnmobil einer Familie, die wie andere Eltern die Vereinsarbeit unterstützten und viel Freizeit dafür aufbrachten. Wenn wir für diese Ausflüge Berlin verließen oder ich mit meinen Eltern im Campingwagen in den Urlaub an den Gardasee oder in die Toskana aufbrach, wurde mir bewusst, dass meine Heimatstadt ein Inseldasein fristete. In Berlin selbst fiel mir das nie auf. Wenn man sich drinnen bewegt, hat man immer einen anderen Blick als die, die von draußen draufschauen. Spandau war nun auch nicht der Teil von Berlin, wo man jeden Tag die Mauer vor Augen hatte.

Also, außergewöhnlich waren nur die Grenzübertritte, dieses ewige Warten, ob nun Schikane oder nicht. Während der langen Fahrt wollte ich schlafen, aber das ging nur schwer wegen der Rillen in der Ostautobahn, dieses ständige „bob-bob-bob-bop". Als wir Ostberlin besuchten, da war ich schockiert über das Rundumgrau, über den Smog. Das mag kurios ausgesehen haben: ich in meinem zumindest damals modischen, bunten Trainingsanzug aus Ballonseide in Blau mit rosa Streifen, auf den ich stolz war wie Bolle. Ein leuchtender Bonbon, der sich mitten durch das Grau bewegte.

Was sich mir eingebrannt hat, ist der Tag der Maueröffnung, der 9. November 1989. Im Fernsehen bekam ich mit, dass in unmittelbarer Nähe etwas Besonderes vor sich ging. Die Tragweite konnte ich noch nicht beurteilen. Das änderte sich schlagartig vier Tage danach, an einem Montag, als die Klassenlehrerin einen Wandertag ansetzte und wir in Spandau zur Mauer fuhren, wo uns die Grenzanlage der DDR bislang von den Nachbarn in Falkensee, Havelland und Potsdam getrennt hatte. Die Lehrerin teilte Rosen aus, die wir den Menschen geben sollten, die aus dem Osten herüberkamen. Neugierig, erwartungsfroh, teils noch scheu. Und nun bekamen sie von uns Schulkindern eine Rose in die Hand gedrückt. Ich war erschüttert: Eine Frau nahm zögernd meine Rose entgegen und begann zu weinen. So wie die anderen, die wir auf diese Weise begrüßten.

Den Anblick werde ich mein Leben lang nicht vergessen. Dieser Ausdruck von Freude und Demut. Das Gefühl, dass sich in mir einnistete, dass man mit kleinen Gesten anderen Menschen etwas geben kann. Dass man dafür etwas zurückbekommt. Dass kaum etwas wichtiger ist, als das Zusammenkommen von Menschen, das Aufeinander-Zugehen, das Gespräch. Miteinander statt übereinander reden. Ob damals an der bröckelnden Mauer, im Verein, bei den großen Meisterschaften dieser Welt, ob im Leben überhaupt.

Der letzte Schlag II

Worauf hatte ich mich da eingelassen? Ich hatte doch eindeutig erklärt, dass nach Rio Schluss ist. Punktum. Gerade nach dem Drama am letzten Tag. Und dann – Fanny und ich warteten auf die Geburt unseres zweiten Sohnes – rief Bundestrainer Arndt Hanisch an.

„Du, Ronny, der Weltverband hat für die nächsten Spiele die Distanz für den Vierer von 1000 auf 500 Meter heruntergesetzt. Wollte ich dir nur mal sagen."

Er sagte das natürlich mit Kalkül. 1000 Meter waren nie mein Ding gewesen, 500 Meter das Äußerste, 200 Meter als Sprinter das Ideal. 200 Meter vor dir und alles, alles reingelegt, was du zu bieten hast. Keine Zeit für Spielchen und groß angelegte Strategien. Knapp eine Minute war die perfekte Belastungszeit für mich. Was mich von anderen Sprintern abhob: Ich brachte darüber hinaus einiges an Erfahrung aus den erfolgreichen Jahren im Zweier über den halben Kilometer mit. Die Kombination aus einem schnellen Boot, einer erheblichen Portion Routine über die 500 Meter und der Belastungszeit von etwas mehr als einer Minute – das war eine nahezu perfekte Kombination und deshalb verlockend.

Es gilt: Jeder ausgewogene Vierer braucht über die 500 Meter einen Sprinter im Boot, um es erst mal zu beschleunigen (so wie ein Zweier- oder Viererbob beim Anschieben einen schnellen Läufer benötigt). Der Vierer ist die Königsklasse, das

Paradeboot der Deutschen. So wie der Achter im Rudern. Ich war noch nie bei einer internationalen Meisterschaft bei den Senioren Vierer gefahren, bei den Junioren schon, da wurde ich sogar zweimal Weltmeister. Aber noch nie bei den großen Jungs. Und nun sollte für die nächsten Spiele ein neues Boot aufgebaut werden.

Ich konnte mir vorstellen, wer dabei sein könnte: Max Lemke, Max Rendschmidt, Tom Liebscher. Super Typen, ich wusste um ihr außergewöhnliches Potenzial.. Mit Tom war ich im Zweier viele internationale Wettkämpfe gefahren. Es hatte ein wenig gedauert, bis wir uns aneinander gewöhnt hatten, bis er mit meiner Art von Kritik umgehen konnte. Tom hatte mir erzählt, ich sei sein Vorbild gewesen, in seinem Zimmer habe ein Poster von mir gehangen. Als er mir das schilderte, war ich zunächst peinlich berührt, dann aber auch ein wenig stolz, dass mich ein junger Sportler so gut fand, dass er mir nacheiferte und in die Weltspitze paddelte. Ich hatte in Interviews oft gefordert, dass Deutschland Vorbilder brauche. Nicht um einer Verherrlichung Vorschub zu leisten, sondern um andere zu motivieren und zu inspirieren. Gut, nun war ich das eben gewesen, zumindest für Tom. Ein Gedanke, der mich stolz machte. Ich war mir aber auch der Verantwortung bewusst, dass ein junger Athlet versuchte, es mir gleichzutun. Um so emotionaler, ja eigentlich unglaublich war, dass wir später in einem Boot fuhren und bei den Olympischen Spielen in Rio fast eine Medaille geholt hätten. Das hätte diese Geschichte, diese Beziehung, rund gemacht.

Noch mal in einem Boot mit Tom? Einmal im Leben Gold mit Tom ... Quatsch. Du bist zurückgetreten. Nein, nein, sagte meine innere Stimme, du hast nur bekannt gegeben, Rio seien deine letzten Olympischen Spiele gewesen, das hast du gesagt und mehr nicht. Ich sagte in den Telefonhörer: „So, so. Spannend! Und wann geht's los?"

Die Frage war natürlich nur spaßig gemeint, denn ich wusste genau, wie das laufen würde, ich hatte es schließlich jahrelang durchexerziert. Der Vierer würde über die nationale Qualifikation aus einem Pool von sechs, sieben Athleten zusammengesetzt, vor dem ersten Weltcup der Saison die erste Besatzung getestet, möglicherweise noch einmal umbesetzt. Aber: Mein Bauchgefühl flüsterte mir die Namen Max und Max und Tom zu.. Es fehlte nur noch der vierte Mann.

Mit Fanny hatte ich meine Idee schon besprochen, also den Gedanken, vielleicht noch mal an einer letzten Weltmeisterschaft teilzunehmen. Im Einer. Im Beisein meiner Familie. Auch um mir den Druck dieser allerletzten Klappe von Rio zu nehmen.

Fanny fand die Aussicht nicht gerade prickelnd, auf mich ein weiteres Jahr verzichten zu müssen. Aber da in ihr das gleiche Sportlerherz schlägt, unterstützte sie mich bei allen Entscheidungen, die wir gemeinsam trafen.

Kaum einer kennt mich so gut wie Fanny. Als olympische Goldmedaillengewinnerin, wie es der Zufall so will, ebenso im Kanurennsport, bei der aber die Leidenschaft früher erlosch als bei mir, durch welche Einflüsse auch immer. Fanny wusste also, was der Wettkampf, was gerade Olympische Spiele für mich bedeuteten.

Statt der Einer-Abschiedstournee überredete mich Arndt, bei der Suche nach dem schnellsten deutschen Vierer mitzumachen.

Ich nehme an, dass Arndt wusste, wie das ausgehen würde. Zumal es mich ungeheuer reizte, bei diesem Neubeginn dabei zu sein. Als ich mit Fanny über diesen Versuch und die damit erhoffte Teilnahme an der Weltmeisterschaft 2017 sprach, meiner dann wirklich letzten, wusste sie, dass das einer Selbsttäuschung gleichkam. Weltmeisterschaften, Medaillen bei einer Weltmeisterschaft – riesig. Aber am Ende steuert alles auf die Olympischen Spiele zu. Nichts anderes zählt. Weil sie eben nur alle vier Jahre ausgerichtet werden, weil sich dort Sportler aus so vielen Disziplinen miteinander messen. Da schwingt immer noch der Mythos mit – trotz all der Kommerzialisierung, die mir genauso stinkt wie vielen anderen. Meine Begeisterung für diese Idee – selbst wenn mir das manche als realitätsfern vorhalten mögen – hat auch etwas Völkerverständigendes, gerade in Zeiten der Globalisierung. Die Möglichkeit, andere Kulturen kennenlernen zu dürfen. Das einzige und größte Event, bei dem Menschen aus so vielen Ländern zusammenfinden und sich austauschen. Kaum ein Medienereignis auf dem Globus wird von derart vielen Zuschauern verfolgt. Noch gibt es so etwas wie einen olympischen Geist, noch ist er nicht tot, im Gegenteil, er ist wichtiger denn je. Es geht um die Verbindung von Völkern, gerade jetzt, um eine friedliche Gemeinschaft, um faire Wettkämpfe. Und wenn die Realität diesen Werten manchmal nicht standhalten kann, finde ich es umso wichtiger, dass man unverdrossen danach strebt. Als Ideal.

Das wurde mir so richtig bewusst bei den European Championships 2022 in München. Europameisterschaften zeitgleich in verschiedenen Sportarten an einem Ort ausgerichtet. Eine unglaubliche Atmosphäre. Die Zuschauer fieberten mit, selbst bei den Disziplinen, die gemeinhin ein Dasein als Randsportarten fristen, wie wir Kanuten. Die Fans feuerten alle an, egal ob es sich um deutsche Athleten handelte oder solche aus Finnland und Spanien, unabhängig davon, ob einer vorne lag oder sich am Ende wacker hielt. Diese Athleten erhielten genauso viel Applaus wie die Sieger. Der Funke sprang von oben nach unten und wieder zurück, das war richtig geil. Siehe da: Es gibt genug Menschen, die nicht nur wie hypnotisiert auf Champions-League-Spiele im Fußball starren. Das war ein wenig wie Olympische Spiele in klein. Die Zuschauer spürten die Leidenschaft der Sportler, weil Emotionen, weil Tränen der Freude und Enttäuschung echt wirkten.

Da war mir klar: Deutschland braucht wieder Olympische Spiele! Dafür müssen wir Mut entwickeln und zusammennehmen und die Einsprüche der Bedenkenträger gegen Großveranstaltungen möglichst beiseiteschieben. Ich bin davon überzeugt, dass die Spiele einen Ruck bewirken würden, der das ganze Land erfassen kann. Wettkämpfe im Zeichen der Ringe haben die Kraft, viele Bürger, die eine Kluft trennt, wieder zu vereinen. Ein neues Sommermärchen könnte entstehen, aber noch bunter, noch internationaler, noch aufregender als es die Fußball-WM 2006 in Deutschland war. Es wäre ein Zeichen des Aufbruchs und dafür, dass Deutschland in der Lage ist, Großereignisse mustergültig zu organisieren, locker und unverkrampft. Und das bei einer Bevölkerung, die vielfältiger ist denn je. Es wäre eine Möglichkeit, den Ruf Deutschlands als Machernation wiederherzustellen, der durch verpatzte Großprojekte wie die Elbphilharmonie, den Flughafen BER und Stuttgart

21 Schaden davongetragen hat. Endlich wieder ein Event, das einen gemeinsamen Spirit entfachen könnte. Endlich ein Ziel, dem die Kraft innewohnt, Deutschland nach einer langen Talsohle wieder zu einer führenden Spitzennation im Sport werden zu lassen, denn der olympische Geist fasziniert die Sportler der gastgebenden Nation. Mir geht es dabei weniger um möglichst viele Goldmedaillen als vielmehr darum, Vorbilder zu finden, die junge Menschen dazu animieren, den Hintern hochzukriegen, um sich selbst ein Ziel zu setzen, dem sie sich mit voller Kraft verschreiben. So wie ich als Zehnjähriger damals gebannt vor dem Bildschirm hockte, als mein Vereinskamerad Oliver Kegel mit seinen drei Kameraden Gold im Vierer einfuhr.

Olympische Spiele in Deutschland. Was hindert uns, davon zu träumen? Was hindert uns, das gemeinsam anzupacken? Nicht nur, um den Leistungssport zu pushen, sondern eine nachhaltige, gesellschaftliche Wirkung auf vielen Ebenen zu schaffen. Vom Breitensport über Schulen, Ehrenamtliche, freiwillige Helfer bis zu den Medien.

Wie dem auch sei: Plötzlich saß ich im Vierer. Rücktritt vom Rücktritt. Nur für die eine Weltmeisterschaft noch, dann würde wirklich Schluss sein. Abschiedstournee, nicht mehr, wirklich.

Ich stieg also bei einem Lehrgang in München zum ersten Mal zu den beiden Maxen und Tom. Alle in einem Boot. Und das klappte auf Anhieb wie geschmiert, als hätten wir unser halbes Sportlerleben gemeinsam in diesem Kanu verbracht.

Ein Jahr später holten wir bei der Weltmeisterschaft im tschechischen Račice Gold vor Spanien und den Gastgebern. 1:17,7 Minuten. Weltrekord.

„Damit wächst die Vorfreude auf die Olympischen Spiele in Tokio 2020, wenn diese Disziplin erstmals im Wettbewerbsprogramm enthalten sein wird", hieß es auf *Spiegel-online*.

Aber ohne mich. Das hatte ich vorher angekündigt. Abschiedstournee. Aber wäre es nicht geradezu fahrlässig, jetzt, wo es so blendend lief, sofort wieder auszusteigen? Wäre das fair gegenüber den Kameraden, sie gerade jetzt mit diesen Erfolgsaussichten im Boot sitzen zu lassen?

Eine Entscheidung musste fallen. Das wichtigste Gespräch war das mit Fanny. Es blieb nicht bei einem Gespräch, es folgten viele, intensive, ehrliche Gespräche. Sie spürte und fühlte, dass zwei Herzen in meiner Brust schlugen. Dass ich gerne viel mehr Zeit mit ihr und den Jungs verbracht hätte, dass ich mich regelrecht nach dieser gemeinsamen Zeit sehnte. Jedoch schlug einen Millimeter daneben das andere Herz, das Herz des überzeugten Leistungssportlers.

Nach all diesen Gesprächen sagte Fanny: „Mach es." Das kam von Herzen, und ich wusste, dass ich mich auf sie verlassen konnte.

Meine Sucht nach Wettbewerb und Erfolg war noch nicht gestillt, das spürte ich sehr stark. Eine Sucht, die ich seit langer Zeit kannte.

Feueralarm

Man gewöhnt sich an alles. An die Erfolge wie an die Niederlagen. Nur willst du von den Erfolgen immer mehr und bei zu vielen Niederlagen steigst du irgendwann aus. Ich war früh vorne dabei, ohne gedrillt zu werden, ohne das Gefühl gehabt zu haben, irgendetwas dafür aufgeben oder gar opfern zu müssen. Um 3 oder 4 Uhr nachmittags fuhr ich mit dem Fahrrad nach der Schule an die Havel zum Training, mindestens eine Einheit auf dem Wasser. Dreißig Minuten in die eine Richtung, dreißig Minuten zurück. Grundlagenausdauer in einem Tempo, in dem ich mich noch unterhalten konnte, gemeinsam mit Trainingspartnern, die in etwa auf dem gleichen Niveau fuhren. Dreißig Minuten in den Kraftraum, noch mal aufs Wasser zur Belastungseinheit, nun in einem Tempo, in dem man sich nicht mehr unterhalten konnte. Alternativ dazu eine Runde joggen. Beim Paddeln immer im Blick des Trainers. Danach Besprechung, wo sind deine Schwächen, schau mal hier, probiere mal das.

Mit dreizehn Jahren der erste deutsche Meistertitel im Einer über 500 Meter bei den Schülern A gegen Gleichaltrige, mit vierzehn gewann ich die ersten Rennen und wurde erstmals Deutscher Jugendmeister in Brandenburg an der Havel – da hatte ich die Nase vorn gegen einen ein Jahr älteren Kanuten. Es war wunderbar. Der Erfolg schmeckte süß. Ich wollte mehr davon. Und ich bekam mehr davon. Schon mit fünfzehn erhielt ich die Berufung in die Juniorennationalmannschaft, die eigentlich erst ab siebzehn möglich ist. Zum ersten Mal hatte ich den Adler auf meiner Brust, die sich beim Einkleiden noch ein wenig mehr wölbte als üblich. Zu diesem Zeitpunkt trainierte ich schon nicht mehr im Verein, sondern im Landesstützpunkt Tegel auf dem Tegeler See im alten Borsighafen bei den früheren gleichnamigen Werken.

1996 war überhaupt ein besonderes Jahr. Zum ersten Mal wurde ich zu einem Trainingslager in Kienbaum eingeladen, einem Ortsteil von Grünheide, südöstlich von Berlin. Dort sollte ich in den nächsten Jahren noch viele Wochen und Monate verbringen. In Kienbaum befindet sich das Olympische Trainingszentrum der ehemaligen DDR, in dem sich auch Boxer, Judoka, Turner, Radfahrer, Leichtathleten und inzwischen auch Paralympioniken in Form bringen. Da stand ich plötzlich als Fünfzehnjähriger mittendrin, nicht nur zwischen den Topkanuten, sondern ich lief auch Sportlern über den Weg, die ich aus dem Fernsehen kannte.

Zu Hause fuhr der Körper Tag für Tag herunter. Schule, Training, Hausaufgaben, vielleicht noch etwas fernsehen. Im Trainingslager drehte sich alles um den Sport, den ganzen Tag, inklusive Mahlzeiten und Mittagsschlaf. Und das über zwei, drei Wochen.

Ich war ein „Frühreifer", immer mit Älteren zusammen. Die mich schon mal mit in die Disco nahmen, wo ich eigentlich noch keinen Zutritt gehabt hätte. Es beeindruckte mich weniger, dass dort die Spice Girls oder Mr. President aus den Boxen hämmerten und wir dazu tanzten, sondern viel mehr, dass ich dabei sein durfte. Nicht als fünftes Rad am Wagen, wie die große Schwester den kleinen Bruder mitschleppen muss, sondern weil ich Teil des Teams war, dazugehörte, anerkannt wurde. Kann sein, dass ich unter dem Licht der Discokugel einige Zentimeter wuchs. Meine Eltern wussten um diese Ausflüge, weil ich nie ein Geheimnis daraus machte. Aber sie waren nie in Sorge, vertrauten mir stattdessen, weil ich mich an Abmachungen hielt, weil ich die damit verbundenen Erwartungen nie enttäuschte. Sie erkannten, wie mich dieser Umgang, diese frühe Berufung in die Nationalmannschaft zu selbstbewusstem Handeln erzog. Sie wussten: Den Steppke haut nichts so schnell um. Dass ich nie abhob – dafür hatten sie ein bodenständiges Fundament gelegt, das mich vor Problemen bewahrte.

Dass ich das Nesthäkchen im Team war, setzte sich zunächst fort. Mit siebzehn startete ich zum ersten Mal bei den Senioren – das waren in meinen Augen ältere Herren. Da fielen Sprüche wie jener, wonach ich schon mal in die Kantine vorgehen könne, um das Essen zu kochen, da meine Trainingseinheiten oft kürzer ausfielen. Rein körperlich war ich noch nicht in der Lage, das komplette Trainingspensum zu schaffen. Aber die Älteren erkannten mein Talent, und sie respektierten meine Bereitschaft, ans Maximum zu gehen. Und wenn ich, was durchaus vorkam, als Sprinter über 100 Meter vor den alten Hasen lag, gabs noch einen Spruch obendrauf. Aber: Bei den Kanuten ging es immer freundschaftlich zu. Was daran liegen mag, dass wir nicht derart im Blickpunkt der Öffentlichkeit stehen wie andere Sportler. Dass bei uns nicht um Millionenverträge gepokert wird. Ich hatte immer das Gefühl: Alle ziehen an einem Strang, alle wollen sich gemeinsam voranbringen. Selbst die, die es nicht zum Wettkampfhöhepunkt schaffen, tragen ihren Teil zum Erfolg der Mannschaftskameraden bei. Weil sie die anderen im Training antreiben, weil sie gewissermaßen in ihrem Nacken sitzen. Das wusste ich zu schätzen, und ich bewahrte Demut vor den Leistungen dieser Kameraden. Mir imponierte, dass sie nie zurücksteckten, selbst dann nicht, als absehbar war, dass andere die Qualifikation schaffen würden.

Klar: Wenn es um die Wurst geht, wenn klar ist, wer am Ende im Boot sitzt und wer nicht, dann wird der Ton etwas schärfer. Bei allem Zusammenstehen geht es am Ende um den Wettkampf, um das Kräftemessen, um Plätze für die Besten. Alles in Ordnung, wenn die Fairness eingehalten wird.

Das Jahr 1996. Zum ersten Mal fuhr ich mit bei einem Juniorenweltcup, im finnischen Lahti. Ein Pimpf, der diesen Erfolg noch nicht so recht einordnen konnte. Diese Teilnahme hatte eine Vorgeschichte, denn obwohl qualifiziert, hätte ich beinahe die Reise nach Finnland absagen müssen.

Im Winter davor fuhr ich wieder einmal zum Skifahren nach Tirol, mit der neunten Klasse. Mit zweieinhalb Jahren hatte ich das erste Mal auf den Brettern gestanden, ich durfte mich also durchaus als routinierten Skifahrer bezeichnen. Nach einigen Tagen sollten wir das Snowboard probieren. Weil ich ein Bewegungstalent war, hatte ich den Dreh schnell raus und kachelte nach drei Stunden Probezeit die rote Piste runter. Rot ist die zweithöchste Kategorie, sie steht für „schwierig". Eine Skigruppe Jugendlicher war nun auf dem Weg nach unten. Einer aus dieser Gruppe schoss unvermittelt heraus und säbelte mich versehentlich um. Ich flog durch die Luft, und als ich landete, machte es ganz einfach „knacks" – Schienbeinbruch. Tat nicht mal richtig weh. Am Unfallort ging ich noch ein paar Schritte und dachte schon, na, dann ist auch nichts gebrochen. Obwohl es „knacks" gemacht hatte. Der Bruch lag aber im Bereich des Skischuhs und das Malheur kam erst ans Tageslicht, als ich ihn auszog. Ich blieb sogar noch die letzten Tage der Klassenfahrt bei der Gruppe, eher wir gemeinsam zurück nach Berlin fuhren.

Normalerweise hätte es einen Anschiss vom Kanutrainer gegeben. Er ärgerte sich zwar tierisch über das Missgeschick. Aber da es eine Schulveranstaltung gewesen war, blieb ihm nichts anderes übrig, als es zu akzeptieren.

Wenigstens war keine Operation notwendig, es handelte sich um einen glatten Bruch. Dennoch hatten sie mich wahrscheinlich für die Saison abgeschrieben. Ich aber wollte unbedingt zu meinen ersten internationalen Meisterschaften. Ich wusste ja nicht, ob ich diese Chance noch einmal im Leben erhalten würde.

Als ich abends zu Hause in mein Zimmer kam, hatte Papa mir einen Zettel an die Wand geheftet. „Ein Verlierer sieht in jeder Chance ein Problem. Ein Gewinner sieht in jedem Problem eine Chance", stand dort mit dickem, rotem Filzschreiber geschrieben.

Ich ließ mich nicht herunterziehen, überlegte hingegen, wie ich dennoch die Kurve kriegen könnte, wurde kreativ. Wie wäre es möglich, nicht auf das Training im Kanu zu verzichten? Vorne befindet sich der Stemmbock und dazwischen der Steuerpin, den man mit den Füßen bedient, um zu steuern.. Mit einem wuchtigen Gips wäre ich an Grenzen gestoßen. Also ließ ich mir einen Teil vom Fuß so eingipsen, dass der starre Verband dem Winkel im Boot entsprach. Eine Aussparung im Fuß diente dazu, mit dem Pin das Boot zu steuern.

Glücklicherweise war ich schon bei Ärzten in Behandlung, die einen engen Bezug zum Sport hatten. Mein Doc schaute mich dennoch ein wenig irritiert an, als ich ihm ein Blatt Papier gab, auf das ich meine Gipswünsche gezeichnet hatte. „So und so sollten Sie das machen …", erklärte ich ihm. Als er mich wunschgemäß eingegipst hatte, verabschiedete er mich mit den Worten: „Ronny, lass es mal ruhig angehen. Wenn du zu viel Druck auf den Gips gibst, besteht die Gefahr, dass er bricht."

Was er prompt tat, der Gips. Zwei Wochen später saß ich erneut in der Praxis und bekam einen neuen Gips verpasst. Denn ich tat für mich so, als gebe es diesen Gips überhaupt nicht, ich war kaum zu bremsen. Spiele mit einem Bein und der Krücke, die ich benötigte, Basketball. Musste der Arzt nicht unbedingt erfahren.

Der Arzt kannte eben nicht den Spruch von Papa, der neben der Vorgabe von Opa Herbert fortan mein Leitmotiv war. Kopfschüttelnd sah er mir hinterher, als ich aus der Praxis humpelte und Papa mich direkt zur Paddelmaschine ins Trainingszentrum fuhr, weil ich sofort ausprobieren wollte, ob mein individuell geformtes Gipsbein sich als tauglich erweisen sollte. Tat es. Ob bewusst oder unbewusst, Papa lebt das mir vorgegebene Motto selbst. Um mich nicht allein meinem privaten Training zu überlassen, trainierte er auf der anderen Paddelmaschine. So nahm er in dieser Zeit zehn Kilo ab.

Ich legte noch zwei Zähne zu, was auch mit diesem Handicap durchaus möglich war. Und ich passte mich und meinen Körper an die vorübergehende Einschränkung an.

Nach drei Monaten konnte ich den Gips abnehmen und schaffte es tatsächlich doch noch zu meinem ersten Weltcup. Auf nach Lahti.

Dieses „Jetzt erst recht" muss mir in der DNA mitgegeben sein. Ich brauchte niemanden, der mir das eingetrichtert hätte. Aber ich bin überzeugt: Diese Mentalität steckt in jedem Menschen, mal mehr, mal weniger.

Wir müssen Kinder und Jugendliche allerdings dazu ermuntern, sich selbst Ziele zu stecken, die garantiert nicht auf dem Tablet zu finden sind, das sie so anlockt. Neben künstlerischer und technisch-wissenschaftlicher Beschäftigung war Sport schon immer eine ausgezeichnete Gelegenheit, um Neugierde zu wecken. Um einen Ehrgeiz zu entfachen, der weit darüber hinausgeht, „Likes" für irgendein Foto zu sammeln. Im Sport geht es um das Herantasten an Grenzen und darum, diese bisweilen zu überschreiten, das produziert ein enormes Selbstvertrauen. Daraus lassen sich Werte schaffen, von denen jeder Mensch in seinem Leben profitieren kann, privat, gesellschaftlich, sportlich, beruflich – um in all diesen Bereichen nicht gleich beim ersten Gegenwind umzufallen.

Wie gelingt das am besten? Ich würde sagen, dass es wichtig ist, sich selbst einen Anreiz zu setzen. Dir sollte natürlich das, was du vorhast, was du dir selbst zutraust, auch Freude machen. Wenn du es nicht in erster Linie deswegen tust, damit dir andere mit einem „Like" schmeicheln sollen. Wobei: Wenn Applaus aufbrandet, ist das schon ein schönes

Gefühl. Im Jargon der Sportler spricht man von intrinsischer Motivation. Sei selbst dein Antreiber und Anstifter. Natürlich gehört ein Trainer mit seiner Expertise, mit deutlicher Ansage und Motivationsreden ab einem bestimmten Level zwingend dazu.

Es geht nicht darum, immer Olympiasieger zu werden. Die Erfolge, gleich in welchem Alter, können sich durchaus schon aus kleinen Schritten speisen. Die halbe Sekunde, mit der sich ein Elfjähriger bei den Bundesjugendspielen im 100-Meter-Lauf verbessert und sich vom achten auf den sechsten Platz schiebt. Das Einwechseln einer jugendlichen Fußballerin, die es nie in die Nationalmannschaft schaffen wird, die aber ein wichtiger Bestandteil ihres Teams ist. Der Schüler, der sich von einer Fünf auf eine Drei verbessert. Sie alle können sich selbst auf die Schulter klopfen und sich ein sattes Bravo zurufen.

Neben den musischen Fächern muss der Sport in der Schule endlich wieder den Rang einnehmen, der ihm gebührt. Weil er für die Entwicklung der jungen Menschen, für die Gesellschaft an sich, von herausgehobener Bedeutung ist. Das heißt im Klartext: drei Stunden Sportunterricht in der Woche, mindestens. Der Lehrplan gibt das zwar her, doch das wird in der Summe nur selten umgesetzt. Zusammenarbeit mit den örtlichen Vereinen, um sich gegenseitig zu befruchten, wäre eine Möglichkeit, um die Situation an den Schulen zu verbessern. Über die Verbände, soweit irgendwie möglich, Einladung von bekannten Sportlern und Sportlerinnen für Workshops und Gespräche organisieren. Ich kann nur dazu raten, nicht davor zu scheuen, auch mal Sponsoren anzusprechen, um solche Aktionen zu finanzieren.

Investiert endlich in Sportstätten! In Turnhallen, in die Regen tropft oder die bereits geschlossen sind. In marode Stadien und Geräte. Es ist unglaublich, dass manche Kinder bisweilen stundenlang gefahren werden müssen, um etwa eine Schwimmhalle zu erreichen.

Das macht mir Angst: Nach Angaben der Deutschen Lebensrettungsgesellschaft (DLRG) aus dem Jahr 2023 können 20 Prozent der sechs- bis zehnjährigen Kinder in Deutschland nicht schwimmen. Es macht mich traurig und berührt mich: Allein in meiner Geburtsstadt Berlin sind derzeit 57 Sportstätten gesperrt. Da verliere ich den Verstand: Nach Schätzungen des Deutschen Olympischen Sportbundes (DOSB) wären 31 Milliarden Euro – noch mal langsam zum Mitschreiben: ein-und-dreißig Milliarden Euro – für die Zukunft unserer Kinder und Jugendlichen notwendig, um Sportstätten auf Vordermann zu bringen. Jahrelang wurde das versäumt, wurde das versaubeutelt, wurde diesem Thema nicht die Beachtung geschenkt, die dieses Thema erfordert.

Es herrscht schlicht ein Mangel an Fachkräften – warum sollte das im Sport anders sein als in anderen Branchen im Deutschland des Jahres 2024? Wir brauchen Menschen, die nicht nur sportliches Know-how mitbringen, sondern die auch pädagogisch geschult sind. Wenn etwas gestrichen werden muss, dann trifft es zuerst den Sport, darauf glaubt man am ehesten verzichten zu können.

Auf der anderen Seite sehe ich Kinder, die über die eigenen Füße stolpern, die mit ihrem Körper nichts anzufangen wissen. Die unfit und übergewichtig in die Zukunft starten. Laut dem Gesundheitsministerium sind 15,4 Prozent der Kinder und Jugendlichen zwischen drei und siebzehn Jahren mittlerweile adipös. Um die Misere mit einer anderen Zahl zu verdeutlichen: Eine Berechnung der Kaufmännischen Krankenkasse für Sechs- bis Achtzehnjährige hat ergeben, dass die Zahl der an Adipositas erkrankten Kinder zwischen 2011 und 2021 um rund 30 Prozent gestiegen ist. Corona mit seinen unseligen Schulschließungen war ein zusätzlicher Antreiber für dieses Phänomen. Schokolade, Bonbons, Zuckerpampe zum Trinken als Bewältigung von Einsamkeit und Stress und keine Bewegung außer jener der Finger auf der Tastatur.

Die Gesellschaft hat sich an unseren Kindern versündigt. Es muss endlich ein Umdenken einsetzen, es ist an der Zeit, Sport im Stundenplan präsenter zu machen. Wir sollten eben Steuergelder nicht nur für Fahrradwege in Peru verwenden, sondern auch für unsere Schulsportstätten.

Glücklicherweise gibt es Ausnahmen. Eine davon ist die nach dem Schriftsteller Heinrich Böll benannte Schule im Spandauer Ortsteil Hakenfelde. Beim Schulsport hat sie Vorbildcharakter und daran bin ich nicht ganz unschuldig.

Ab der siebten Klasse besuchte ich das Karl-Friedrich-von-Siemens-Gymnasium im gleichnamigen Quartier. Ich hatte es dorthin nicht weit, und die Schule hatte einen guten Ruf. Allerdings hatte sie mit Sport nichts am Hut, nicht das Geringste. Mit meinen Ambitionen wussten die Lehrer nichts anzufangen. Wahrscheinlich dachten sie sich, der Rauhe will sich vor dem Lernen drücken und draußen in der Weltgeschichte herumturnen. Die häufigen Anträge auf Befreiung vom Unterricht wegen anstehender Trainingslager und Wettkämpfe mochten sie in dieser Vermutung nur noch bestärken. Es gab Lehrer, die schikanierten mich regelrecht, die gaben mir nichts mit an die Hand, wenn ich wegen eines Trainingslagers den Unterricht verpasste. Dabei war ich doch gewillt, neben dem Training zu lernen; allein die Trainer warfen schon ein Auge darauf. Kam ich vom Wettkampf zurück, setzten bestimmte Lehrer eine Nachschreibklausur an, wohl wissend, dass ich den nun abgefragten Stoff überhaupt nicht draufhaben konnte. Es war klar: Nach der neunten Klasse würde ich sitzen bleiben. Diese Lehrer ließen es drauf ankommen, wollten an mir und meinem sportlichen Ehrgeiz ein Exempel statuieren.

Mein Vater sagte: „Das tust du dir nicht mehr an."

Er sagte es nicht nur, sondern er handelte auch. Da ich das Klassenziel offenbar so oder so verfehlen würde, sagte er: „Das letzte halbe Jahr brauchst du da nicht mehr hinzugehen. Streichen wir die neunte Klasse, nach den Ferien nimmst du einen neuen Anlauf."

Ich weiß nicht, wie Papa das hinbekommen hat. Jedenfalls wurde ich bis zum Ende des Schuljahres vom Unterricht befreit und büffelte weiter die Aufgaben, die er mir gab, während er nach einer neuen Schule Ausschau hielt, die auf meine Bedürfnisse zugeschnitten war. Wir wählten die Heinrich-Böll-Oberschule aus, die mir Entgegenkommen signalisierte.

Eine reine Sportschule habe ich übrigens nie besucht. Eine Möglichkeit dafür hätte es im Osten Berlins gegeben. Dafür hätte ich aber ein Internat besuchen und mein Elternhaus verlassen müssen. Das wollte ich auf keinen Fall.

Der Schulwechsel erwies sich als Glücksfall. Schulleitung und Lehrer gaben mir Aufgaben mit, wenn ich in die Welt aufbrach, und die Möglichkeit, Lernstoff nachzuholen, wenn ich wieder in Berlin war. Das schüttelte ich nicht so einfach aus dem Ärmel: Ausgepumpt nach den Trainingseinheiten mir noch alles Wichtige zu Mitose und Meiose, über die Gesetzmäßigkeiten von Stromkreisen und über die Einigungskriege einzubimsen, war schon heftig. Das verlangte Disziplin, die ich aber aufbrachte, weil ich ein Ziel vor Augen hatte.

Die meisten Mitschüler – außer den üblichen Neidern, die ich schnell ausmachte und die mir den Buckel runterrutschen konnten – fanden gut, wie ich mich im Sport engagierte, und unterstützten mich ebenso wie die Lehrer. Wo es mir möglich war, versuchte ich, mich zu revanchieren, indem ich meinerseits bei Aufgaben half. Oder sie mal zum Kanufahren mitnahm. Oder sie zum Essen einlud. Ich darf behaupten, meine Lasagne brachte es zu einer gewissen Berühmtheit, genauso wie Fleischgerichte, deren Zubereitung ich mir beigebracht hatte.

Die Erfahrungen, die die Heinrich-Böll-Schule mit mir machte, hat sie dazu bewogen, sich zur sportbetonten Schule zu entwickeln. Um jenen Schülern eine Plattform zu bieten, die mit dem Abitur abschließen und dieses Ziel mit ihren sportlichen Ambitionen unter einen Hut bringen möchten.

2023 wurde ich zu einem Schuljubiläum als Ehrengast eingeladen. Ich durfte eine Rede halten, in der ich betonte, wie wichtig Schulsport ist. Ich brachte zudem meinen Dank dafür zum Ausdruck, was mir an dieser Stelle einst alles ermöglicht wurde.

„Es ist gut möglich, dass ohne diese Schule, ohne dieses soziale Miteinander, ohne Unterstützung und Verständnis, die mir hier jederzeit entgegengebracht wurden, meine

Laufbahn so, wie sie nun einmal verlaufen ist, nicht gelungen wäre", sagte ich.

Der Rektor, der ans Mikrofon trat, sagte schmunzelnd, in der Schule habe es stets zwei Ausnahmezustände gegeben: wenn Feueralarm ausgelöst wurde und wenn ein Rennen von Ronald Rauhe im Fernsehen übertragen wurde. Dann wurden die Schulbücher und Schulhefte vorübergehend geschlossen, Lehrer und Schüler versammelten sich in einem Raum vor dem Fernsehapparat, um mir aus der Ferne die Daumen zu drücken.

Ich fand es rührend, als ich das hörte. Bei einem Fußballer in der Nationalmannschaft hätte ich das verstanden. Aber mitfiebern mit Ronald Rauhe in einer Sportart, die im Fernsehen nur selten vorkommt? Aber sie saßen mit mir in einem Boot. Sie empfanden mich als einen von ihnen, den es zu unterstützen galt. Es ging weniger um das Kanu, sondern darum, die Lust auf den Sport herauszukitzeln. Zu zeigen, was einer von ihnen in der Lage war zu leisten. Dass es sich lohnen konnte, den Weg des geringsten Widerstandes zu meiden.

Der letzte Schlag III

Natürlich wäre das der Weg des geringsten Widerstandes gewesen: mit dem Weltmeistertitel im Königsboot und einem Weltrekord als Zuckerstückchen obendrauf Adieu zu sagen. Ein Abschied, wie ihn sich jeder Spitzensportler wünscht. Gäbe es da nicht die Olympischen Spiele. Ich hätte mich mit der Goldmedaille um den Hals feiern lassen können, es hätte Empfänge hier und dort gegeben, hier und da ein Interview inklusive Homestory. Alles, was man nach Weltmeisterschaft, Weltrekord und einer Weltklasselaufbahn so hätte erwarten dürfen.

Aber dann: Meine K4-Jungs und ich stellten auch 2018 im portugiesischen Montemor-o-Velho bei der Weltmeisterschaft unsere Konkurrenten in den Schatten. Unser Weltrekord vom Vorjahr war keine Eintagsfliege, kein Zufallserfolg gewesen. Und die deutsche Nationalmannschaft durfte sich als bestes Team dieser Wettbewerbe bejubeln lassen. Der *Tagesspiegel* ließ mich als „Legende", „sagenhaften Ausnahmeathleten" hochleben und behauptete, mein „Mythos" sei noch größer geworden.

Wir setzten unsere Siegesserie fort und wiederholten unseren Erfolg 2019 im ungarischen Szeged. Damit war auch klar, dass ich weiterhin das Privileg der Spitzensportförderung der Bundeswehr nutzen durfte. Jedes Jahr bzw. jedes zweite Jahr stand die Vertragsverlängerung an. Das war Fluch und Segen zugleich. Natürlich stellte dieses System die Sportler unter

Druck, auf höchstem Niveau erfolgreich zu sein – wie könnte es auch anders sein –, andererseits garantierte es, dass wirklich nur die Spitzenathleten in den Genuss des Fördertopfes kamen, also jene, die dringend auf die Unterstützung angewiesen waren.

Also: Wer wollte uns jetzt noch aufhalten?

„Legende" und „Mythos". Mal ernsthaft: Hätte ich die Olympischen Spiele 2020 in Tokio sausen lassen sollen? Gut, ich wäre dann immerhin 39 Jahre alt, diesen Fakt galt es nicht außer Acht zu lassen. Aber unser Quartett hatte einen derartigen Lauf, wir würden als Favorit an den Start gehen – was wir nicht als Bürde, sondern viel eher als Antrieb empfanden. Natürlich spukte ein Gedanke bisweilen in meinem Kopf herum: So manche Sportlegende hatte den richtigen Absprung verpasst, erntete am Ende Spott, Häme und Mitleid, zerstörte ihren Mythos selbst. Muhammad Ali kam mir in diesem Zusammenhang in den Sinn. Aber der hatte allein im Ring gestanden, war von seinem Management schlecht beraten. Ich aber hatte meine Jungs um mich im Boot. Sie vertrauten mir, ich vertraute ihnen, der Bundestrainer baute auf mich. Es war einen Versuch wert.

Fanny, die zunächst nicht gerade begeistert von meinen angekündigten Überstunden gewesen war, hielt unbedingt zu mir und unterstützte mich in meinen Plänen, soweit es ihr möglich war. Ohne sie wäre die Fortführung meiner Laufbahn unmöglich gewesen, ohne ihr Engagement für die Familie. Es ist durchaus nicht übertrieben zu sagen, dass das, was ich nun angehen wollte, ein Familienprojekt war, weshalb es gerecht gewesen wäre, den Familien, denen es ähnlich ging, ebenfalls bei einem Erfolg eine Medaille zu verleihen. Fanny wusste, wie sehr der Wunsch in mir brannte, mein Karrierebuch mit einem Erfolg unter den fünf olympischen Ringen zuzuschlagen. Weil ich sonst keine Ruhe gefunden, mir ewig vorgeworfen hätte, den letzten großen Wurf mit diesen Teufelskerlen im K4 nicht wenigstens versucht zu haben. Allerdings trafen wir einige Vereinbarungen. Wir beschlossen: Die Familie – mittlerweile waren wir zu viert – sollte nie länger als zwei Wochen getrennt bleiben. Das war uns beiden wichtig. Wir vereinbarten, dass Fanny und die Kinder bei längeren Trainingslagern entweder direkt mitkommen oder mich wenigstens für einen Teil der Zeit besuchen würden.

So waren die drei in Indian Harbour Beach in Florida mit dabei, in der Nähe des Kennedy Space Centers. Dorthin reisten im Zeitraum November bis Februar nicht nur die deutschen Kanuten, sondern ebenso die Besten aus anderen Ländern zum Trainingslager in den Oars and Paddles Park, wo sich ein Trainingsrevier befindet. In der Regel verbrachten wir dort vier Wochen. Da wir häufig dort aufkreuzten, hatten wir einen Teil unserer Flotte in Storagehäusern eingelagert. Praktisch: Angekommen, mit dem Auto zur Garage und schon konnten wir die Boote zum Wasser transportieren. Das ergab bisweilen einen bemerkenswerten Anblick, denn die Leihwagen waren nicht unbedingt für den Transport von Kanus ausgelegt, wir mussten daher mit den Trainern spannende Konstruktionen bauen.

Da Kanutenfrauen nicht den Status von Spielerfrauen hochbezahlter Fußballer haben, was viele Vorteile mit sich bringt, musste ich die Familienanreise aus eigener Tasche bezahlen, was wiederum weniger vorteilhaft ist. Allerdings habe ich eine gute Freundin in Florida, wohlhabend und gastfreundlich. Beim Anbahnen dieser Freundschaft half sicherlich meine Offenheit, die ich von Opa Herbert geerbt hatte, unvoreingenommen auf andere Menschen zuzugehen. Wer weiß, vielleicht hat er mir auch eine Art Amerika-Gen vererbt ... Für meine amerikanische Freundin war es ausgemachte Sache, dass Fanny, die Kinder und ich während des Trainings in Florida bei ihnen im Haus übernachten konnten. Ansonsten wäre diese Reise für uns als Familie nicht zu finanzieren gewesen.

Sonne, um die 24 Grad, angenehme Wassertemperatur. Die wenigen freien Tage nutzte ich für Ausflüge mit Fanny und den Jungs in den Safaripark, Paddeln durch den Mangroventunnel, eine Delfintour, Barbecue und Soulfood am Abend bei den Freunden. Das war ein angenehmes Kontrastprogramm zum Training.

In Florida stand Training im Einer auf dem Programm, um die Leistungsfähigkeit jedes Einzelnen zu entwickeln, an der Technik zu feilen und an all dem, was notwendig ist, um am Ende gemeinsam in Bestform zu sein. Die Mannschaftsboote, also die Zweier und Vierer, würden später nach der nationalen Qualifikation zusammengesetzt werden. Ein Einerfahrer ist meistens der beste und schnellste Kanute. Aber es wäre verfehlt, einen Zweier oder Vierer ausschließlich mit den besten Einerspezialisten zu besetzen – eine Fußballmannschaft besteht schließlich auch nicht aus den elf besten Stürmern, die momentan die meisten Tore schießen. Viel entscheidender ist es, wie die einzelnen Fahrer technisch zueinander passen und die individuellen Stärken so zu kombinieren, dass daraus ein harmonierendes Team wächst. Diese Arbeit ähnelt einem Puzzlespiel.

Dass unser Puzzle damals ein stimmiges Bild ergab, ach was, dass es ein nahezu perfektes Puzzle geben könnte, konnte ich mir allerdings schon zu diesem guten Zeitpunkt sehr gut vorstellen.

Die Trainingswochen in Florida empfand ich vor allem als eine klimatische Wohltat. In Deutschland trainierten wir auf dem Wasser sogar bei Minusgraden, die Hände mit Eis bedeckt. Es gibt zwar Paddelhandschuhe für sibirische Temperaturen. Aber mit denen bekam ich einfach kein Gefühl für die Paddelführung, trug sie daher nur im Notfall. Bei all meiner Liebe zum Wasser – bei der Kälte erfror dieselbe sofort. Mit zunehmendem Alter versuchte ich, um diese eiskalten Einheiten herumzukommen, und suchte Alternativen dafür. Was dazu führte, dass mich jüngere Trainingspartner ob meiner Eisflucht belächelten. Denen rief ich augenzwinkernd zu: „Kommt ihr erst einmal in mein Alter." Wenigstens gab es noch das Paddel-Ergometer auf dem Trocknen und im Warmen, vergleichbar mit dem Ruder-Ergometer. Aber das Prozedere ist nur zu 70 Prozent identisch mit dem Wasser. Später, mit meinem Wechsel zum KC Potsdam, kam ich in den Genuss, dort die einzigartige Gegenstromanlage im Luftschiffhafen, übernommen aus der DDR-Zeit, häufig benutzen zu dürfen. Sensationell, weil neun Kameras das Training aus verschiedenen Perspektiven aufnahmen. Jeder konnte sich die Perspektive, die er für seine Zwecke benötigte, einstellen lassen und sich direkt auf Wasserhöhe auf dem Bildschirm sehen. Aufnahmen, die ich hinterher akribisch studierte, mehrmals. Quasi eine 1:1-Analyse mit anschließender Korrektur. So eine Gelegenheit gab es an keiner anderen Trainingsstätte. Gerade während der Wintermonate arbeitete ich mit dieser großartigen Hilfe akribisch an meiner Technik. Das war allein deshalb wichtig, weil Selbstempfindung und Selbstwahrnehmung mit dem objektiven Blick von außen nicht immer unbedingt identisch sind. Ohne diese unbestechliche Sicht auf dich selbst schleifen sich manchmal Fehler ein, die du in der Aktion gar nicht bemerkst. Das gilt gerade für die Zeit nach einer Verletzung, wenn sich der Körper erst einmal eine Schonhaltung verordnet und du dich wieder Schritt für Schritt an die normale Technik herantastest. Deshalb forderte ich die Videotechnik so oft wie möglich ein, selbst und gerade nach einem großen Triumph (das heißt natürlich: nach der wohlverdienten Feier). Um noch kleinste Schwächen auszumachen, die sich nur durch endlose Wiederholungen beseitigen lassen. Einschleifen, analysieren, wieder einschleifen, wieder analysieren. Dazu das Feedbackprotokoll zurate ziehen, das ständig und unbestechlich mitlief.

Dazu passt der Spruch des deutsch-kanadischen Kaufmanns Willi Meurer: „Erfahrung ist das, was man bekommt, wenn man nicht bekommt, was man wollte." Dann bist du nachher schlauer und suchst eben nach neuen Erfahrungen.

„No pain, no gain", hätte Opa Herbert vielleicht gesagt. Ja, klingt so selbstverständlich und so trivial und abgedroschen: Ohne Fleiß kein Preis. Dafür heißt es aber: Raus aus der Komfortzone. Unter der Sonne Floridas kann man nun mal nicht ständig paddeln. Manchmal geht es eben nicht ohne eisbedeckte, taube Hände.

Im Sommer 2019 nahmen wir eine weitere Etappe auf dem weiten Weg nach Tokio: Anreise zum vorolympischen Wettbewerb. Für den Veranstalter eine Generalprobe genauso wie für uns. Das begann schon bei den Wegen. Wie lange braucht man vom olympischen Dorf zur Regattastrecke, wie kommt man am schnellsten zu welcher Tageszeit dorthin? Wie sind die Wasserbedingungen? In Tokio fanden wir eine Bucht vor, die durch eine Mauer vom Meer getrennt war. Welche Wassertemperaturen würden uns erwarten? In Rio hatten wir Proben entnommen, weil es hieß, das Wasser sei nicht so sauber, wie wir uns das gewünscht hätten. Die Proben waren nicht unbedingt besorgniserregend, aber auch nicht ideal. Beim Rennen schluckt man einiges an Wasser, das ist überhaupt nicht zu vermeiden, allein im Mannschaftsboot kommt dir das Wasser von den Vornesitzenden nur so entgegengeflogen. Manche Kanuten nehmen im Training oder kurz vor dem Rennen einen Schluck Wasser von der Strecke aus der hohlen Hand, um sich den Mund feucht zu machen, der vor Aufregung oder Adrenalin ein wenig ausgetrocknet sein kann. Das unterließen wir in Rio lieber. Nicht dass uns noch eine Infektion und Fieber aus den Latschen gehauen hätte.

Wichtig für uns war nicht nur die Wasserqualität, sondern ebenso Wasserhärte und Wassertemperatur. Je kälter das Wasser ist, desto schwerer erscheint einem wegen der höheren Dichte das Paddeln. Denn durch die höhere Dichte erfährt das Boot bei der Fortbewegung mehr Widerstand im Wasser. Das bedeutet: Der Kraftaufwand ist für den Kanuten bei gleicher Geschwindigkeit höher. Da man aber nun einmal nicht mehr Kraft einsetzen kann, als man hat, wird die Fahrtzeit länger. Der gleiche Effekt tritt beim Paddel selbst auf, wenn es aufs Wasser trifft. Die höhere Dichte bringt es mit sich, dass es schwerer ist, das Paddel durch das Wasser zu ziehen. Das fühlt sich an wie Beton. Ist das Wasser wärmer, geht das besser von der Hand, man ist schneller unterwegs. Das gleiche Prinzip gilt für die Wasserhärte.

Ich greife ins Wasser und kann sagen, was Sache ist. Ich bin nun mal Wassersportler durch und durch, Kanu, Kanupolo, Surfen. Wasser ist mein Element.

Allerdings verlassen sich unsere Spezialisten nicht nur auf die Gefühle eines Athleten mit 25 Jahren Erfahrung, sondern sie stellen zusätzlich wissenschaftliche Untersuchungen an. Und ihre Erkenntnisse fließen in die Entscheidung ein, welche Trainingslager für die direkte Vorbereitung auf die Olympischen Spiele infrage kommen. Sie wählen also Regattastrecken aus, die den Bedingungen des Austragungsortes möglichst gleichen.

Eine weitere Frage, die uns in Tokio umtrieb: Wie würden wir mit den drückenden Temperaturen und mit der Luftfeuchtigkeit zurechtkommen? Wie würden wir nach der Zeitverschiebung und unter den klimatischen Gegebenheiten regenerieren, um unsere beste Leistung abzurufen? Wie schlügen sich die Bedingungen auf den Schlaf nieder? Wie viele Tage würde es dauern, bis der Körper zur Höchstleistung bereit wäre?

Nach dem Training probierten wir Kühlwesten und Kühlstirnbänder aus, weil der überhitzte Körper nach dem Training und den hohen Belastungen Zeit benötigt, um wieder abzukühlen. Dafür wendet er einiges an Energie auf. Unter mitteleuropäischen Bedingungen unterstützt ihn dabei der natürliche

Schweißfluss. Aber eine derart hohe Luftfeuchtigkeit wie in Tokio verhindert einen Großteil der Verdunstungskälte. Die Kühlwesten sollten uns helfen, schneller zu regenerieren, damit der Körper nicht zu viel Energie aufbringen muss und so wenig Reserven wie möglich angreift.

Nichts wurde dem Zufall überlassen. Pulskontrolle, Überwachung der Schlafphasen, Blutproben, Laktattests. Als würden wir zu einer Weltraummission aufbrechen. Aber unsere Mission war ja eine ähnliche, sie war unser Griff nach den Sternen, unsere „mission possible".

Eine Regatta gab es auch noch, aber eher der Form halber. Sie diente vor allem dazu, die Abläufe, die Atmosphäre und die Strecke kennenzulernen. In dem Fall begnügten wir uns mit einer Leihflotte, da die Resultate in diesem Wettkampf eher zweitrangig waren und ein Transfer der eigenen Boote dem Verband eine Stange Geld gekostet hätte. In einem Jahr würde das anders sein: Dann würden wir selbstverständlich mit unserem Paradeboot an den Start gehen.

Vorher aber nahmen wir die Gelegenheit für etwas wahr, für das man während der Spiele selbst keine Minute Zeit hat: Land und Leute und die Kultur des Gastgeberlandes ein wenig kennenzulernen, was gleichzeitig dem Zusammenhalt des Teams dient. Quasi zum Auftakt unserer Kulturtour trugen mich Tom, Max und Max wie einen Teppich über die berühmteste und meistfrequentierte Kreuzung der Welt, Shibuya Crossing, die auf den vier Zebrastreifen in jeder Ampelphase alle zwei Minuten bis zu 2500 Menschen überqueren. Das war ein Gag mit mir, gewissermaßen als Alterspräsident der Crew. Mein Transport zog viele Blicke auf sich, denn wir wurden von einem Fernsehteam der ARD begleitet, das eine Dokumentation über mich drehte. Vielleicht dachten die Passanten, ich sei ein bekannter Schauspieler und die Kulisse würde mal wieder für einen Hollywoodfilm eingesetzt, wie schon für *Lost in Translation* und *The Fast and the Furious*.

Am meisten beeindruckte mich aber die japanische Provinz, das Weitläufige, die kleinen Häuser vor den Bergen, hinter denen die Sonne unterging, und besonders der Besuch eines buddhistischen Tempels. Die Pagode als zentrales Heiligtum, die ausgiebig geschmückte Halle und die Laubengänge strahlten etwas Erhabenes und Ruhe aus. Ein Ort, der meinem Wesen entsprach. Gerne hätte ich hier mehr Zeit verbracht, um noch länger in diese Atmosphäre eintauchen zu können. Aber nicht nur beim Training gab es einen strikten Zeitplan, sondern auch beim Kulturprogramm. Ich muss nicht noch einmal die Shibuya-Streifen kreuzen, möchte aber unbedingt noch einmal zu diesen Tempeln aufbrechen. Schon drängten die anderen zum Aufbruch. Ich verließ den Tempel aber nicht, ohne meine Wünsche auf einen Zettel zu schreiben, den man in eine Schale legen konnte. Was ich mir wünschte? Weiß ich noch genau, nämlich ... aber halt, vielleicht ist das so wie bei dem Sichten einer Sternschnuppe; da soll man auch seinen Wunsch für sich behalten, sonst geht er nicht in Erfüllung. Aber die, denen mein in der japanischen Provinz aufgezeichneter Wunsch galt, wissen eh, dass ich an sie gedacht habe.

Das Jahr 2019 verlief also blendend, die Vorfreude auf die Spiele im August 2020 wuchs. Im Februar 2020 stand ein Trainingslager im warmen Sevilla an. Wir waren so was von gut in Schuss, ich würde mal sagen, wir näherten uns bereits der 110-Prozent-Marke, die Spiele hätten morgen beginnen können. Wir waren bereit, mehr Motivation ist kaum möglich.

Dann kam Corona. Und die Olympischen Spiele, meine letzten, standen auf der Kippe.

Flüstern, glucksen, stürmen

Wenn ich mir das Foto aus dem Jahr der Jahrtausendwende anschaue, kommt es mir vor, als sei das erst gestern gewesen. Ich bin dort als Achtzehnjähriger neben dem gerade mal zwei Jahre älteren, einen halben Kopf größeren Tim zu sehen. Auf unseren Köpfen kräuseln sich blonde Haare. Dreitagebart, ich trage einen Ohrring. Ein beinahe scheues Lächeln huscht über unsere Gesichter. Ein wenig ungläubig, als seien sie zerbrechlich, halten wir unsere Medaillen in die Kamera. Ich empfinde das so, als würde ich durch ein Fernrohr in die Vergangenheit blicken. Dann jedoch streiche ich mir verunsichert über das inzwischen kahle Haupt: Wo ist die Zeit versickert, was ist alles seitdem passiert? Die Zeit ist wie im Flug vorbeigeströmt, wie ein Spurt über 200 Meter im Kajak. Ich glaube, mich noch in den Kerl von damals hineinversetzen zu können, der mir emotional überhaupt nicht so weit entfernt oder gar fremd scheint, trotz der gut 24 Jahre Unterschied. Ich kann das Gefühl noch greifen, das mich bei meinen ersten Olympischen Spielen im Jahr 2000 erfasste. Ein Schüler, der am Ende Bronze in den Händen hielt. Und die Welt nicht mehr verstand. Quatsch, das ist eine Überlegung aus der Jetztzeit. Es war so überwältigend, dass ich es geschehen ließ, mich schlichtweg freute und nichts hinterfragte.

Vielleicht war die Freude nicht so weit von einem Fußballer der Bezirksliga entfernt, der für seinen Verein den entscheidenden Elfmeter verwandelt, für den es das Größte ist, was er an diesem Tag hätte erreichen können. Da mag es kaum einen Unterschied gegeben haben zwischen mir am Penrith Lake in Australien und jenem Kicker im Volkspark für den FC Wilmersdorf.

In den Rückspiegel geschaut: Ist das nicht ein Wahnsinn, was du gemacht, was du gewagt, was du geleistet hast? Und ich überlegte: Würdest du, könntest du noch einmal von vorn beginnen, irgendetwas anders machen? Nein, ich würde tatsächlich im Wesentlichen schon alles wiederholen. Vor allem, weil ich in meinen Sport zwar viel investiert, aber ihm nicht mein Leben geopfert habe. Weil ich an anderen Dingen ebenso Freude fand und diese hoch gewichtete, also nie die Balance verlor. Weil in meinem Kopf der Sand nicht nur in eine Ecke rutschte.

Nicht der Erfolg allein macht glücklich. Ich würde viel eher behaupten: Glücklich sein ist die Voraussetzung dafür, dass du Leistung bringst und etwas vorweisen kannst.

Nachdem mich Landestrainer Eckehardt Sahr als Dreizehnjährigen ins Landesleitungszentrum Berlin geholt hatte, gelangen mir enorme Fortschritte, ohne dass ich mir dessen bewusst gewesen wäre. Das Trainingspensum steigerte sich auf zwei bis drei Stunden täglich. Mein Vater hatte ein wachsames Auge auf das Pensum, mischte sich jedoch nie ein, fuhr, wenn ich das einforderte, vor besonderen Wettkämpfen noch mal mit mir allein raus aufs Wasser meines Heimatvereins. Ohne ihn und meine Mutter wäre ich nie so weit gekommen. Es gilt einfach die Formel: Erfolg im Leistungssport bedeutet Talent, Fleiß, Wille und fahrende Eltern: von der Schule zum

Training, vom Training nach Hause, am Wochenende zu Tests oder zu Wettkämpfen.

Ich kann keinen bestimmten Zeitpunkt ausmachen, an dem ich beschloss oder gar andere für mich bestimmt hätten: Das ist jetzt Leistungssport. Vielmehr steigerte sich das Training langsam, das floss, ja, es floss unaufhaltsam wie ein Fluss, ohne dass meine Trainer und ich uns einmal an einen Tisch gesetzt hätten, um einen Masterplan auszuarbeiten. Mir kam alles ganz natürlich vor, so als würden Klassenkameraden nachmittags zum Bolzen zusammenkommen oder sich bei langen Videonächten in der Wohnung auf irgendeinem Sofa fläzen. Wobei: Selbst solche Sessions musste ich trotz der gesteigerten Anstrengungen nicht per se absagen.

Sicher, ohne eine gewisse Ordnung, ohne einen bestimmten Rahmen ist Leistungssport nicht denkbar. Ich spürte jedoch nie Zügel, die mir angelegt worden wären und die mir ins Fleisch geschnitten hätten, es überwog immer der Spaß an der Sache, für die ich mich engagierte. Natürlich kam bei Rückschlägen Frust auf, wie bei allen anderen Menschen auch, die die Mauer des Gewöhnlichen, des Mittelmaßes zu überwinden versuchen und mit dem Hosenbein mal an der Mauerkrone hängen bleiben und sich die Hose dabei zerreißen. Die Lebensweisheit meines Vaters im Sinn, wonach der Gewinner in jedem Problem eine Chance sieht, schrie ich in prekären Situationen mit Sicherheit nicht: „Hurra, jetzt kannst du die Maxime ja mal am eigenen Leib testen!" Ich rückte vielmehr die Frage für mich in den Mittelpunkt: Wie gehst du mit dem Rückschlag, wie gehst du mit dem Scheitern um?

Heute weiß ich: Der große Wurf gelang deswegen, weil ich mir nicht gleich die Sterne zum Ziel setzte, sondern erst einmal die Wolkendecke. Schritt für Schritt, Fortschritt für Fortschritt. Es waren die kleinen Herausforderungen, an denen ich mich orientierte, aus denen ich meine Erfolgserlebnisse saugte. Es bereitete mir Spaß, eben diese Herausforderungen immer wieder zu suchen, nie nachzulassen. Die Technik verbessern, das Gewicht der Hantel steigern. Nie Topzeiten oder Rekordgewichte im ersten Anlauf im Blick haben, sondern sich peu à peu heranrobben. Das mag mir nicht jeder glauben, aber es ist so: Mein Ziel war es nie, Jahr für Jahr Weltmeister zu werden. Vielmehr ging es mir darum, meine Grenzen stets aufs Neue auszuloten und diese Energie in neue Boote zu transportieren. Mir selbst immer wieder neue Grenzen zu setzen, für mich selbst die Messlatte immer wieder ein wenig anzuheben, das begeisterte mich über all die Jahre meiner Karriere hinweg. Dass ich ab einem gewissen Leistungsstandard auch Erfolge haben wollte, die sich auch in Medaillen und guten Platzierungen abbildeten, will ich nicht abstreiten – aber sie waren für mich nie ein zu erzwingendes Nonplusultra, dessen Verfehlen mich ins Taumeln gebracht hätte. Diesen Druck zu vermeiden, ist das beste Mittel gegen einen drohenden Burn-out und eine drohende Depression. Das gilt meiner Meinung nach nicht nur für den Spitzensport und das Berufsleben, sondern es zieht sich bis hinunter zu den Bundesjugendspielen.

Diesen Weg musste ich aber erst mal auskundschaften, ich musste auf ihm sehr viel lernen. Gerade der unruhige, aufgeregte junge Athlet möchte am liebsten Rom in weniger als sieben Tagen erbauen. Wenn ich mich dann nach all diesen Halbetappenerfolgen in ein Finale gekämpft hatte und zuvor den Rennverlauf vor meinem Auge abspulte, dann allerdings sah ich mich sehr wohl auf dem Treppchen stehen, da wollte ich unbedingt hoch. Alles andere wäre unehrlich gewesen, schließlich nahm ich nicht an einem Wettbewerb im Topfschlagen teil.

Ausgerichtet durch Papa und Opa musste mir keiner beibringen, dass ohne Selbstreflexion und ohne Selbstkritik Erfolg nicht denkbar ist. Außerdem: Nimm dich selbst nicht so verdammt wichtig Aus der Selbstkritik schöpfte ich Kraft für Herausforderungen und Aufgaben, sie hielt mich als ständiges Hintergrundsummen bei der Stange, um nie in Selbstgenügsamkeit, Eitelkeit oder in den Modus der Selbstzufriedenheit zu fallen. Ein weiterer Erfolgsmoment: wenn du selbst verstehst, was schiefgelaufen ist und wie du es beim nächsten Mal besser machen könntest.

Manchmal ist es ein schmaler Grat zwischen Selbstkritik und Selbstzweifeln bis hin zum Verzweifeln an sich selbst. Ich lande wieder bei meiner Forderung, Kinder und Jugendliche zu stärken, was bedingt, sie nicht ständig in Watte zu packen, sie vielmehr auch mal aus ihrer Komfortzone zu scheuchen, damit sie sich etwas zutrauen können. Wird keine Käseglocke über sie gestülpt, lernen sie, mit Fehlern klarzukommen und die nicht so angenehmen Dinge des Lebens zu meistern. Hektisch gegen diese Forderung anfuchtelnd: Helikoptereltern, die ihre Kinder auf Schritt und Tritt begleiten, ihnen keine Freiräume lassen, um sich selbst auszuprobieren und, sorry, auch mal auf die Schnauze zu fallen. Überall Triggerwarnungen, sie machen selbst vor Märchen, Sagen, Mythen nicht Halt Überall Warnungen vor dem gefährlichen Leben überhaupt. Als würden Kinder den Rest ihrer Tage in Bullerbü über die Wiesen tollen können. Das heißt nicht, dass wir Kinder aus dem kindlichen Paradies, wenn sie denn überhaupt darin leben, verstoßen sollten. Vielmehr heißt das, ihnen unsere eigenen Erfahrungen, Geschichten von anderen Menschen mit an die zu Hand geben, ihnen erklären, dass es später durchaus rauer zugehen kann, sie sich aber wieder aufrappeln können, nachdem sie gestolpert sind. Etwas mehr Pippi Langstrumpf wagen!

Kinder kommen sehr wohl mit Rückschlägen klar, wenn wir ihnen das Rückgrat stärken. Wo könnten sie das besser lernen als beim Sport? Kinder kommen damit klar, wenn sie bei den Bundesjugendspielen keine ganz großartige Punktzahl erreichen. Hauptsache, wir nehmen sie hinter der Ziellinie in Empfang und sind ehrlich zu ihnen. Es gibt nichts Feigeres als falsches Lob und Mogelworte. Weil wir sie ernst nehmen sollten, dürfen sie von uns Ehrlichkeit erwarten und nicht bloß Schönwetterreden. Dass sie im Schlagballwerfen nicht gerade herausragend sind, aber dafür andere Stärken besitzen und, wenn sie dieses und jenes beachten, vielleicht ja doch den ein oder anderen Meter weiter werfen könnten, wenn sie wollen. Wir stehen an deiner Seite.

Ich habe von einem Experiment des Psychologen und Verhaltensforschers Curt Richter gelesen, das er so heute wahrscheinlich überhaupt nicht mehr anordnen dürfte. Seine Mitarbeiter füllten Glaszylinder mit Wasser, in das sie Wanderratten hineinwarfen. Jene, die kurz zuvor in der Natur eingefangen worden, also an das Leben draußen gewöhnt waren, gingen schneller unter als jene, die schon länger in Gefangenschaft lebten. Richter wusste das nicht zu interpretieren und änderte die Versuchsanordnung. Die Ratten landeten erneut im Wasser, aber Richters Mitarbeiter fischten sie nach einigen Minuten wieder heraus und setzten sie anschließend wieder ins Wasser. Siehe da: Plötzlich paddelten die kurz zuvor geretteten Tiere fünfzig bis sechzig Stunden im Wasser. Sie hatten Hilfe bekommen und erfahren, dass es so etwas wie Hoffnung gibt.

Das ist es, was unsere Kinder brauchen: Hilfestellung, Erfahrung, Hoffnung. Richtigstellung meinerseits: Nicht, dass mir das jetzt einer zu unterstellen versucht – der Rauhe fordere dazu auf, Kinder ins Wasser zu werfen, damit sie diese Erfahrung machen.

Wie ich darauf kam, dass Kritik und Selbstkritik so wichtig sind? Kann ich nicht sagen; ich kann bloß meine Erfahrungen weitergeben. Meinen jüngeren Partnern, die später mit mir im Boot saßen, fiel das nicht immer auf Anhieb leicht, wahrscheinlich weil ich dieses Prinzip seit jeher sehr intensiv verfolgte. Wie etwa Tom Liebscher. Anfangs, wenn wir im Team die Analysen besprachen, fasst er Kritik fast als Beleidigung auf.

Ich machte ihm klar, dass meine Kritik einzig und allein dazu diente, weiterzukommen, Fortschritte zu machen. Dass Kritik nicht bedeutete, ihn anzuprangern. Das war ein ehernes Prinzip für mich, weil es meiner Mentalität entsprach und weil es Vertrauen schuf: Kritik blieb im Raum, wo sie besprochen wurde. Sie gelangte nie nach außen, von etwaigen Schuldzuweisungen ganz und gar zu schweigen.

„Das ist nicht, um mich selbst über dich zu heben. Im Gegenteil: Wenn wir beide im selben Boot sitzen und ich etwas kritisiere, nehme ich mich selbst davon nicht aus. Außerdem", sagte ich zu Tom, „wenn mich Trainer und Kameraden unter vier Augen oder auch mal bei einer Mannschaftssitzung ins Visier nehmen, bin ich dankbar dafür. Das ist ein Geschenk. Weil ich merke: Jemand will mir helfen voranzukommen. Nichts zu sagen und den Mund zu halten – das ist das Einfachste und Bequemste der Welt, bringt uns aber keinen Zentimeter weiter."

Natürlich verstand ich, warum gerade junge Menschen empfindlich auf Kritik reagieren – weil sie mit Herzblut bei der Sache sind und sich dafür zerreißen. Deshalb wirkt Kritik nur im Verbund mit Empathie. Ich spreche nicht von herrischen, cholerischen, besserwisserischen Chefs, die andere aus Boshaftigkeit, Wut oder einem Minderwertigkeitsgefühl heraus in den Senkel stellen. Wann immer ich die Verantwortung in einem Team übernehmen durfte, versuchte ich, nie durch Gehabe oder Tonfall heraushängen zu lassen, dass ich die Leitfigur bin. Das war nicht meine Art und das wäre der Sache nicht dienlich gewesen. Je weniger die anderen merkten, dass sie etwas an die Hand genommen wurden – beispielsweise, um in ihrem Training bessere Leistungen zu erzielen –, desto besser machte ich meinen Job als Führungsperson.

Auch Tom verinnerlichte das schnell, wir fuhren auf derselben Wellenlänge schöne Erfolge ein. Noch länger zusammen und noch erfolgreicher war ich mit Tim Wieskötter, ja, wir beide gründeten eine Ära, die fast ein Jahrzehnt anhalten sollte.

In jedem Frühjahr standen für die Saison zwei entscheidende Sichtungen auf der Regattabahn Wedau in Duisburg an. Die nationale Qualifikation fuhren wir noch in den Trikots unserer Vereine, danach erfolgte die Berufung in die Nationalmannschaft. Im ersten Trainingslager nach der Nominierung, meist in Duisburg oder in Kienbaum, wurden die Boote, wenn nötig, neu besetzt. In der Regel bauten die Trainer zwei Boote, die beim Worldcup miteinander konkurrierten. Die Gewinner, und nur diese, durften im Sommer zur Weltmeisterschaft, und die wiederum bedeutete im vorolympischen Jahr die Qualifikation für das große Ereignis im Folgejahr. Wenn ein Land dafür die Fahrkarte löste, durfte es nur eine Besetzung zu den Spielen schicken, abweichend von anderen Einzel- oder Mannschaftssportarten. Dieses Prozedere hat sich allerdings seit Tokio 2021 ein wenig geändert.

1999 ging es also um die Wurst für 2000 in Sydney. In diesem Jahr fuhr in der Nationalmannschaft keine ausgemachte Besatzung für den Zweier über die 500-Meter-Strecke, der Trainerstab tappte im Dunkeln: Kein Zweier bei den Spielen, das wäre so gewesen, als würden die deutschen Fußballer nicht die Qualifikation für das WM-Turnier schaffen.

Ich ging mit Vorschusslorbeeren in die heiße Phase der Ausscheidung, denn bei den Juniorenweltmeisterschaften in Zagreb hatte ich gleich drei Goldmedaillen geholt. Chefbundestrainer Josef Capoušek , berief mich schon sehr früh in die Trainingslager der Senioren, damit ich dort Luft schnuppern konnte, was mir den Übergang später sehr erleichterte. Als Einzigen der Junioren nahm er mich mit zur Seniorenweltmeisterschaft drei Wochen später nach Mailand, ausgetragen auf dem Idroscalo, einem künstlichen See. Obwohl nach wie vor das Nesthäkchen des Teams, sahen die Älteren mein Talent und respektierten mich. Sie kannten mich inzwischen recht gut, weil ich bereits einige Trainingslager in ihrem Kreis absolviert hatte. Was zu meiner Anerkennung sicherlich beitrug: Ich versuchte, mich ab dem ersten Tag zu 100 Prozent in die Mannschaft einzufügen. Außerdem: Dreimal Gold bei den Junioren, das war durchaus eine Empfehlung.

Vor dem Beginn war besprochen worden, dass ich bei der WM, quasi als „Belohnung" für meine Erfolge in Zagreb und um Erfahrungen zu sammeln, die 200 Meter im Einer fahren dürfe. Davon abgesehen war ich, obwohl erst siebzehn, intern der Schnellste auf der Strecke. Das Potenzial war unübersehbar, aber dass es bei diesem Debüt gleich Bronze wurde, kam schon einer Sensation gleich. Und meine Teamkollegen waren ein wenig stolz darauf, dass ich es den alten Hasen der anderen Nationen gezeigt hatte.

Vielleicht würde auch das zweite Experiment derart gut gelingen, hoffte die Trainercrew: Bevor im Kajakzweier Schiffbruch und die Teilnahme an den Olympischen Spielen zu scheitern drohte, wollten sie zwei Jungen eine Chance geben, die nicht mehr ganz so grün hinter den Ohren waren. Es war ein außerordentliches Maß an Vertrauen, das die Trainer uns entgegenbrachten.

Immerhin waren die Vorbereitungen direkt vor der Weltmeisterschaft mit unterschiedlichen Kombinationen alles andere als optimal verlaufen. Für mich überraschend, bezogen mich die Trainer bei den Zweiertests nun mit ein und setzten mich mit Tim zusammen. Wir kannten uns zwar von den

Junioren her, waren aber noch nie zusammengefahren. Geboren 1979 in Emsdetten im Münsterland, zweitjüngster in der Mannschaft, trat der baumlange Sportsoldat Tim Wieskötter auch für den KC Potsdam an. Und diese Kombination lief auf einmal. Weil Tim der ältere und erfahrenere Kanute war, saß er zunächst vorn im Kajak. Der Vordere lenkt das Boot und gibt im Rennen den Takt an. Bei dieser Konstellation war allerdings Sand in unserem Getriebe.

„Versuchen wir es einmal andersherum", entschied Josef Capoušek. Nun waren wir noch schneller, vor allem schneller als unsere internen Rivalen. Wir hatten gerade mal neun Vorbereitungstage gehabt, aber schon lief es. Normalerweise dauert es bei den Herren zwei bis drei Jahre, bis junge Kanuten es fertigbrachten, bei den Senioren derart anzukommen. Wir waren beide eben früh dran.

Keiner hatte uns auf der Rechnung: In Mailand landeten wir als jüngste Starter bei den Großen auf dem sechsten Platz und hatten somit den K 2 für Olympia qualifiziert. Es war ein total verkorkstes Rennen, ein Fluchtrennen. Raus, Vollgas, als sei der Teufel hinter uns her. Bei der 300-Meter-Marke lagen wir sogar vorn, brachen dann jäh ein. Hoppla, jetzt komm ich, funktionierte noch nicht. Mangelnde Erfahrung, doch noch etwas grüne Farbe hinter den Ohren. Was zählte: Wir hatten das Ding nach Hause gefahren. Ein deutscher Zweierkajak über 500 Meter würde in Australien dabei sein. Ob Tim und ich den Job übernehmen dürften, würde sich noch zeigen.

Was für mich neben diesen Erfolgsrennen ähnlich begeisternd war: Ich durfte im pinken Boot sitzen – in einem davon hatte ich acht Jahre davor meinen Vereinskameraden Oliver Kegel zum Olympiagold fahren sehen. Dieses Boot hat eine besondere Geschichte, nahe einer Legende. Das FES, das Institut für Forschung und Entwicklung von Sportgeräten, fertigte diese Topgeräte seit etwa 1962 nicht nur für Kanuten, sondern auch für Radfahrer, Ruderer, Segler, Rennrodler und Bobfahrer an. Das FES steht aufgrund dieser technologischen Entwicklungen auf Weltniveau Pate für viele Medaillen. 1992 hatten sie für Barcelona erstmals pinkfarbene Kanus entwickelt. Die Ingenieure hatten herausgefunden, dass Boote mit dieser Farbe bei einem Fingernagelzieleinlauf einen optischen Vorteil gegenüber einem Boot in Schwarz hatten, weil die damaligen Kameras negativ geprägt waren. Das Pink wurde dunkel und dadurch größer. Das mochte so sein oder nicht, ich kam mir jedenfalls wie ein Formel-1-Fahrer vor, der ein Rennen in einem der legendären Silberpfeile absolvieren durfte. Außerdem standen die Pinkies für die Wiedervereinigung der west- und ostdeutschen Flotte. Immerhin waren es 1992 die ersten Olympischen Spiele mit einer gesamtdeutschen Mannschaft seit Tokio 1964 gewesen.

Als der angebliche Vorteil wegen neuer Kameras nicht mehr zog, verflüchtigte sich das pinke Design. Erst 2012 erschienen wieder derartige Applikationen, und 2016 lagen die legendären Pinkboote nach einer längeren Pause erneut am Start. Ich hatte das mitinitiiert, war einer der Fürsprecher gewesen, weil diese Farbe für mich der Inbegriff von Teamgeist war, für das Zusammenwachsen und das Zusammenarbeiten von Ost und West. Es sollte auch ein Zeichen an die Konkurrenz sein: Pink steht für schwarz-rot-goldene Macht auf dem Wasser.

Obwohl ziemlich verschieden – aber vielleicht machte die Verschiedenartigkeit gerade unseren Erfolg aus –, hatten Tim und ich schnell zusammengefunden. Tim der Ruhige, ich eher der Impulsive, er eher der Ausdauermensch, ich der Sprinter. Wenn man so lange zusammenarbeitet, bei jedem Trainingslager und bei jedem Wettkampf ein Zimmer teilt (es gab Phasen, da verbrachten wir mehr Zeit miteinander als mit unseren damaligen Partnerinnen), bleiben Reibungen nicht aus, und wir gerieten hin und wieder aneinander. Nie wegen persönlicher Differenzen, sondern weil wir in der Sache andere Meinungen vertraten. Wenn sich das gegenseitige Schweigen auflud und sich Grabeslaune ausbreitete, war ich es, der für eine Weile das Zimmer verließ. Aber: Trotz all der Reibungspunkte fanden wir einen Konsens, sahen das Positive, übten das Konstruktive bei diesen Auseinandersetzungen schon in jungen Jahren ein. In jeder guten Beziehung kracht es einmal, aber umso stärker festigte sich unsere Gemeinschaft, wenn sich die Aufregung gelegt hatte. Wir hielten zusammen, wir gingen durch dick und dünn, zwischen uns beide hätte kein Blatt gepasst. Kein Wunder, wenn man in diesem Alter Vertrauen zueinander haben muss, um mit dem Druck von außen klarzukommen. Was uns außerdem auszeichnete: dass wir uns nie mit dem Erreichten zufriedengaben. Dass wir es hinbekamen, unsere Ansichten, mochten sie auch noch so verschieden sein, zu filtern, um für uns als Team das Optimale zu erreichen.

Krise? Mit der Zeit lernt man, wann es Zeit ist, sich aus dem Weg zu gehen. Die beste Empfehlung, um einer Eskalation vorzubeugen. Ich sagte es bereits: Sich selbst nicht so wichtig nehmen, mal die Punkte des anderen anhören,

Zugeständnisse gestatten und innerlich lächeln. Das zauberte Freude auf das Gesicht des anderen.

Tim musste lernen, dass ich als Sprinter andere Qualitäten hatte als er, der Steher. Und er akzeptierte mich als Vordermann, der vor dem Start eine Rennstruktur vorschlug und während des Laufs den Takt vorgab und dafür Verantwortung übernahm. Um die Struktur, um die Taktik auszutüfteln, schauten wir uns mit den Trainern Videos der Konkurrenten an, wie sie in der Regel ihre Rennen anlegten. Es galt zu überlegen: Wie lange fuhren wir den Start, wie lange das Mittelstück, wann sollte der Endspurt einsetzen? Nachteil, wenn man zu früh anzieht: man kann nicht mehr weiter beschleunigen. Wenn man dagegen zu spät anzieht, wird es psychologisch schwierig: der Gegner ist vor einem, man hat plötzlich Blei statt Blut in den Adern. Es wird schwerer, schwerer und noch schwerer, du bildest dir ein, die Kräfte seien geschwunden, du kommst nicht mehr voran, bist auf Schleichfahrt, fährst wortwörtlich hinterher. Während des Rennens galt es, die anderen im Blick zu behalten, um unmittelbar reagieren zu können, falls sie eine unerwartete Attacke fuhren.

Die Rennen waren so schnell, das Paddeln, das Wasser, die Zuschauer erzeugten einen derartigen Lärm, dass keine direkte Kommunikation mit meinem Partner möglich war. Aber Tim und ich spielten uns derart gut aufeinander ein – irgendwann musste es sich ja auszahlen, dass wir so viel Zeit miteinander verbrachten, dass ich mit einem leichten Ruck meiner Schulter eine Erhöhung der Schlagfrequenz einforderte. Wir kannten nur zwei verbale Kommandos: „Hopp", wenn ich nach dem Start in den Streckenschlag wechselte, „Hopp", wenn es am Ende um alles oder nichts ging. Am Anfang 180 Schläge pro Minute, die weich und rhythmisch auf 110 in der Mittelfrequenz sanken, ehe wir am Ende wieder hochfuhren, was eben noch möglich war, meist so auf 140 Schläge.

Immer das Schielen zum Gegner, immer der Versuch, den taktischen Vorteil auf der eigenen Seite zu behalten, mit den eigenen Stärken zu spielen. Tim und ich waren für unseren Endspurt berüchtigt, da konnte die Konkurrenz nicht mithalten. Deshalb versuchten viele unserer Gegner, schon vorher Druck auf uns auszuüben und möglichst einen Vorsprung herauszufahren, bevor wir so richtig loslegten. Wenn der Moment kam, mein entscheidendes „Hopp", die anderen aber bereits an ihrem Limit fuhren, brachen viele von ihnen ein, blieben regelrecht stehen. Um den besten Zeitpunkt für die Attacke abzupassen, musste ich spüren, ob Tim oder andere Partner genug Kraft für einen langen Endspurt hatten. Tim wiederum schaute nicht auf die Blätter meines Paddels, sondern auf die Blätter meiner Schultern und erkannte allein daran die angesagte Frequenz. Wir waren bis ins kleinste Detail eingeschliffen, wir fuhren – wie man so schön sagt – präzise wie ein Schweizer Uhrwerk. Auf die Tausendstelsekunde genau tauchten wir die Paddel ins Wasser, wobei das bei idealem Verlauf nie zur gleichen Zeit sein durfte. Optimal war es vielmehr, wenn Tim eine Nuance früher eintauchte als ich. Noch wichtiger ist das beim Vierer. Der Hintere taucht zuerst ein, dann Tick auf Tick der Zweite, der Dritte und der Vierte. Wie die Bewegung einer Raupe. Durch die winzige Verzögerung verhilft der jeweils Hintere seinem Vordermann zu einem kleinen Schub, das Boot an sich ist weniger abgebremst und hat dadurch eine längere Vortriebsphase. Filigranarbeit. Ob im Zweier oder im Vierer.

Nach einem Jahrzehnt mit Tim waren wir so gut im Strumpf, da hätte man mir die Augen verbinden können und ich wäre wie im Schlaf gefahren, hätte die kleinste Bewegung, die ich von hinten spürte, richtig gedeutet.

Wir wurden oft als das Traumduo im K 2 bezeichnet. So etwas gab es vorher nicht und wird es, vermute ich mal, auch in Zukunft nicht mehr so schnell geben. Umso bitterer, dass unsere Traumfahrt mit einer Enttäuschung endete.

Seit der Weltmeisterschaft in Mailand war erst einmal klar, dass Tim und ich für den K 2 zumindest gesetzt waren. Im Frühjahr 2000 mussten wir dennoch unsere Form jeweils im Einer und im Zweier unter Beweis stellen. Aber wir schlugen alle anderen aus dem Feld. Meine Familie fieberte von Rennen zu Rennen mit. Obwohl es gut aussah und es keiner aussprach, saßen sie bei den Qualifikationsrennen auf der Kante der Tribünenplätze oder des Sofas vor dem Fernsehapparat und sagten sich: „Noch zwei Rennen müssen die beiden gewinnen, noch ein Rennen müssen sie gewinnen und dann ..." Was neben diesen ersten Plätzen die Erwartungen weiter steigerte: Dreimal fuhren wir in Trainingslagern Weltrekord, das heißt offiziell Weltbestzeit.

Endlich war es so weit, der erste Vorgeschmack auf Olympia: Einkleidung in einer Kaserne, in einer Riesenhalle in Mainz. Das glich dem Gang durch ein XXL-Kaufhaus, allerdings mit vorgegebenen Wegen und ausgewählten Artikeln.

Am Ende verließ ich die Halle mit zwei Riesentaschen voller Utensilien, die es nirgendwo zu kaufen gab. Olympiaklamotten, auf die ich mächtig stolz war!

Da die Kajakfahrer traditionell erst in der zweiten Olympiawoche an der Reihe sind, habe ich nie eine Eröffnungsfeier erleben dürfen. Dafür wurde das 100-Meter-Finale in der Leichtathletik so etwas wie mein Olympiaritual. Bei fast allen Spielen hatte ich die Gelegenheit, dieses Spektakel live mitzuverfolgen. Und angesichts der Atmosphäre wünschte ich mir manchmal, doch lieber Leichtathlet zu sein.

Direkt vor den Spielen in Sydney reisten wir an die Gold Coast an der Südostküste von Queensland, um uns auf den Wettkampf einzustimmen und um uns an das Klima und die Zeitzone zu gewöhnen. Drei Tage vor unserem ersten Lauf zogen wir ins olympische Dorf ein. Untergebracht wie die über 10 000 Sportler in insgesamt 630 Drei- und Vierfamilienhäusern, deren Architektur die Vorstadtbungalows und die Bauform der Gebäude in der Innenstadt Sydneys vereinigte.

Von Weitem schon erkannte ich an den Fahnen die Unterkunft der deutschen Sportler. Das war ein besonderes Gefühl: Ich war hier, jetzt ging es wirklich los, ich vertrat mein Land.

Schade – aber das war nun mal der Vorbereitung, der Anspannung und den Anstrengungen geschuldet –, dass ich nur kurze Zeit im olympischen Dorf verbringen konnte. Ich empfand dieses Zusammenkommen wie ein Familientreffen. Schnell kam ich mit Sportlern aus anderen Ländern ins Gespräch, da gab es überhaupt keine Berührungsängste. Egal ob das nun die Basketballstars der NBA waren oder Mittagessen mit dem amerikanischen Schwimmstar Michael Phelps. Zwar bewegte auch der sich im Wasser, erhielt von seinen Sponsoren jedoch Millionen. Aber bei den Spielen zählte beim Zusammenkommen dieser finanzielle Unterschied nicht. Jeder, der es hierhergeschafft hatte, wusste, was andere geleistet hatten, um dabei zu sein, ganz gleich auf welchem Niveau sich die jeweiligen Leistungen einpendelten. Das nötigte der überwiegenden Mehrheit der Sportler Respekt ab, ob sie nun mit dem Geld der Sporthilfe über die Runden kommen mussten oder sich durch das Tragen einer bestimmten Badehosenmarke ein Millionenvermögen erschwammen. Außerdem: Im olympischen Dorf gab es immer irgendwo eine Feier, Anlass: egal. Gerade am Abend, nach dem letzten Wettkampf, nachdem die unglaubliche Anspannung abgefallen war. In Sydney ging es nach der Abschlussfeier in Clubs, die erst ab 21 Jahren Zutritt gewährten. Aber meine älteren Kollegen schleppten mich mit, teilweise unter dem Vorhalten von Ausweisen, die nicht unbedingt dem Original entsprachen. Das nennt man Teamspirit!

Die Regattastrecke befand sich eine Autostunde von Sydney entfernt am Penrith Lake. Die Kosten für den Bau der Anlage hatten sechs Millionen australische Dollar betragen (was heute rund 7,3 Millionen Euro entspräche). Wegen der ursprünglich mit zwölf Millionen australische Dollar veranschlagten Baukosten erwog das Internationale Olympische Komitee zwischenzeitlich die Streichung eines Teils der Kanuwettbewerbe. Das verhinderten die Kanuverbände, die Stadt und die Region, indem sie finanziell aushalfen. Fragt sich, ob sie bei den Kosten für das Stadion der Leichtathleten oder der Fußballer auch so ein Bohei gemacht hätten.

Nun, dieses Vorgeplänkel konnte mir egal sein. Ich war da, ich war dabei, und ich durfte in einem speziell von der FES für uns entwickelten Boot sitzen. Nachdem Pink erst einmal out war, fuhr unsere Flotte erstmals in Schwarz. Die Idee hinter diesem Wechsel: Durch die Farbe Gewicht zu sparen und dafür lieber in die Steifigkeit des Bootes zu investieren. Die Techniker gingen bis ins Nanodetail, wollten nichts dem Zufall überlassen. Der Mythos der FES-Entwicklungen war ungebrochen.

Am Abend vor den Läufen schauten wir uns mit dem Trainer und dem Trainingswissenschaftler Videos von Rennen der Gegner an, um deren übliche Rennstruktur zu interpretieren. Vor dem Einschlafen ging ich in Gedanken wieder und wieder den Rennverlauf durch, wie ein Fahrer der Formel 1 die Geraden und Schikanen des Rennkurses. Bei welcher Marke würde ich die Frequenz absenken, bei welcher Marke würde ich wie beim Pokerspiel entscheiden: all in, alles auf eine Karte.

Beim Aufwachen kribbelte eine gewisse Nervosität im Körper – das sollte sich vor den wichtigen Rennen nie wieder ändern. Damit der Kreislauf in Schwung kam, stand ich immer spätestens dreieinhalb Stunden vor dem Wettkampf auf. Müsli zum Frühstück. Tim hielt sich da eher zurück. Im Laufe der Jahre erkannte ich an der Menge, die er mit Ach und Krach herunterbrachte, den Grad seiner Aufregung. Anderthalb Stunden vor dem Rennen für dreißig Minuten volles Programm auf dem Wasser. Genau sechzig Minuten vor dem Beginn raus aus dem Boot, umziehen, leichte Aufwärmübungen an Land. Zwanzig Minuten davor paddelten wir vom Bootsplatz langsam hoch zum Start.

Zweimal lief das bestens, wir gewannen den Vorlauf, wir hatten im Halbfinale die Nase vorn, jeweils mit Bestzeit aus allen Läufen. Tja, und dann der Tag des Finales.

Es sollte ein berüchtigter Tag in der internationalen Kanugeschichte werden. Vorgesehen war der Start für 8 Uhr morgens. Doch die Wellen des Penrith Lakes schlugen so hoch, dass einige Boote beim Einfahren regelrecht kenterten, auch Tim und ich havarierten unter klarem Himmel, mussten danach die Bootsluken zusätzlich mit Klebeband dicht machen, damit die Spritzdecke, die über die Luke gespannt wird, um Wasser abzuhalten, richtig dichthalten würde und nicht absprang, wenn die Wellen dagegen prallten.

Das zehrte an den Nerven. Stundenlang saßen wir wie auf heißen Kohlen. Mal um Mal wurde der Beginn verschoben. Warm gemacht, die innere Sanduhr auf Start gekippt, dass es jetzt endlich losgehen würde. Erneutes Kopfschütteln, sich nicht mehr glättende Sorgenfalten in den Gesichtern von Trainern und Funktionären, deren Krawatten wegen des Windes auf Viertel nach drei standen. Im Hintergrund gestikulierten die Bäume aufgeregt mit ihren Ästen. Würde das überhaupt noch etwas werden? Das wäre ein Treppenwitz gewesen – erste Olympische Spiele und dann vom Wasser verschaukelt. Aber ja doch, hieß es unentwegt, das Rennen muss heute über die Bühne gehen, denn morgen erlischt das olympische Feuer und dann wird dieses Buch für dieses und für die nächsten drei Jahre zugeklappt.

Um 19 Uhr die neue Parole: Wir ziehen das jetzt durch. Es folgte ein Rennen, das ich so nie mehr gefahren bin. Tim und ich waren körperlich noch Leichtgewichte, ich war noch nicht einmal ausgewachsen. Wir kamen uns noch viel mehr als unsere 25- bis 30-jährigen Mitbewerber vor wie Spielbälle auf den hohen Wellen, hatten eher mit dem Element der Natur zu kämpfen als mit der Weltelite der Kanuten. Ich sage mal: Bei regulären Bedingungen hätten Tim und ich nach all den Vorzeichen und Fahrzeiten Gold nach Hause holen müssen. Aber wer weiß, wofür es gut war, was es mit uns gemacht hätte, wären wir in diesem Alter auf Platz eins gefahren. So retteten wir uns auf den dritten Platz, und alles war gut.

Zu Hause war richtig Bambule angesagt, das kann man sich vorstellen. Familie, Freunde, Verein und Schule.

Nach diesen Erfolgen war ich vollkommen aufs Wasser geeicht, sah meinen Weg klar vor mir, wollte mich nach dem Abitur ausschließlich und professionell auf den Sport konzentrieren, wollte aus Bronze Gold machen.

Erfolge sind das eine, meine Verbundenheit mit dem Wasser das andere, vielleicht sogar das Wichtigere. Trotz meiner Zuneigung zu anderen Sportarten kam für mich nichts an die Bewegung mit und auf dem Wasser heran, Kanu, Kanupolo, Surfen waren meine Leidenschaften. Eine Liebe zum wichtigsten Element, das Leben überhaupt erst ermöglicht, das uns am Leben hält. Es steht für Geburt, es steht für Vorwärtskommen, für die Erkundung der Welt. Keiner, der nur auf der Landmasse unterwegs war, kann es mit Odysseus, mit Kolumbus, Weltumsegler Fernando Magellan und mit dem Pazifikseefahrer James Cook aufnehmen (selbst die ersten Menschen auf dem Mond nicht, Neil Armstrong und Edwin Aldrin). Draußen in der Natur allein mit sich selbst, sportlich im Einer, allein mit seinen Gedanken. Oder in einem Boot – sportlich im Zweier oder Vierer –, um in der Gemeinschaft etwas zu leisten und zu erleben. Das Wasser ist mit dir, trägt dich, oder das Wasser ist gegen dich wie in Sydney und stellt dich vor Herausforderungen. Wir sind halt eine Outdoorsportart und müssen uns den Gegebenheiten und wechselnden Bedingungen anpassen. Das macht es aber auch besonders. Nicht meckern, sondern Lösungen finden. Egal, wie das Wetter ist. Wir müssen damit umgehen.

Der letzte Schlag IV

Ich saß auf dem Steg und blickte hinaus auf den See. Im Rücken das Haus. Obwohl es ein kühler Tag war, baumelte ich mit den Beinen im Wasser und hing meinen Gedanken nach. Falls es mit den Spielen nichts würde, was würde ich mit mir anfangen? Ich fand keine Antwort auf diese Frage.

In diesen Tagen schwankte ich zwischen Wut und Verzweiflung, Niedergeschlagenheit und unterdrückter Aggression. Mir schienen die Felle wegzuschwimmen, da war kaum noch ein Hoffnungsschimmer.

Meine Gedanken kreisten im Kopf und fanden keinen Ausweg. Auf der einen Seite waren da die eigenen Wünsche und Ziele, auf der anderen Seite das schlechte Gewissen darüber, dass ich überhaupt noch an meinen Traum glaubte.

Aber dann richtete ich den Blick auf das Naheliegende, unser Haus. Ich hatte meiner Familie unbedingt ein Heim schaffen wollen und einfach gemacht und losgelegt.

Aufgewachsen bin ich in einer Wohnung in Spandau, das heißt, als ich sechs, sieben Jahre alt war, zogen wir in ein Haus in Tegel direkt am Rand zu Spandau. Um sich sein Studium zum Lehrer zu finanzieren, hatte mein Papa nebenher als junger Kerl auf dem Bau malocht. Mit handwerklichem Geschick gesegnet, lernte er jede Menge von den Kniffen, die beim Hausbau zu beachten waren. Er nutzte dieses Können beim Kauf des eigenen Hauses, in das er viel Arbeit und Zeit steckte. Manchmal frage ich mich: Hatten die Menschen früher mehr Zeit? Wie brachte Papa das alles unter einen Hut? Beruf, Verein, Haus und Familie? Vielleicht hatten die Menschen zu seiner Zeit auch schlicht weniger Ablenkungen, mit denen sie Stunden vergeudeten, und taten stattdessen etwas, das sie befriedigte.

Ich jedenfalls war oft an seiner Seite, wusste früh mit Hammer, Schraubendreher und Spachtel umzugehen, konnte recht geschickt Holz bearbeiten. Das bereitete mir Freude. Vor allem: Ich konnte das, was ich – zunächst noch unter Papas Anleitung – geschaffen hatte, anschauen, anfassen, in Gebrauch nehmen. In Wirklichkeit und nicht im kindlichen Spiel, wir tun mal so als ob.

In einem Haus aufgewachsen, die Vorzüge der Unabhängigkeit genießend, die ein solches mitbringt, wollte ich unbedingt irgendwann ein Haus mein Eigen nennen.

Als ich 23 war, stieß ich beim Radfahren auf das Grundstück am Falkenhagener See, gelegen in Falkensee, einer Stadt, die einst aus den Gemeinden Falkenhagen und Seegefeld mit ihren mittlerweile rund 50 000 Einwohnern im Landkreis Havelland entstand. Sie stößt im Nordwesten direkt an Berlin, an Spandau. Ein Katzensprung von meinem Zuhause entfernt. Ein Hauch von ländlichem Leben und dennoch bist du schnell in der Großstadt.

Es sind diese Momente, die du dir auch später nicht erklären kannst. Schicksal? Zufall? Bestimmung? Ich legte jedenfalls just an dieser Stelle einen Halt ein. Es war früher Abend, ich nahm einen Schluck aus der Trinkflasche, sah, wie sich die Sonne allmählich hinter den Horizont zurückzog, die Bäume und Büsche, die kreuz und quer auf diesem Grundstück wuchsen, mit ihren letzten Strahlen streifte. Mir schoss der Gedanke durch den Kopf: Das ist es, das Grundstück musst du haben. Das ist das Grundstück, auf dem das Haus, das du doch irgendwann einmal bauen willst, stehen soll. Denn wenn ich schon ein Haus bauen oder kaufen wollte, musste das natürlich am Wasser stehen, wo sonst? Das Meer war zu weit weg, klar. Ein Fluss wäre gut gewesen. Aber dieser See hier, schöner ging kaum. Ich stieg ab, streifte durch den Wildwuchs hinab zum See. Ich war sofort in das Grundstück verliebt und hatte tausend Bilder im Kopf, was hier entstehen könnte. Von dem Steg an dieser Stelle würde ich im Kanu direkt auf meine private Trainingsstrecke ablegen. Ich stieg aufs Rad, fuhr zum Rathaus nach Falkensee und holte einige Erkundigungen ein. Schließlich fasste ich mir ein Herz, kratzte meine Ersparnisse zusammen und kaufte kurzerhand dieses Grundstück, das damals noch recht erschwinglich war. Alles andere würde sich ergeben! Denn als Sportsoldat mit einem Ein-, maximal einem Zweijahresvertrag bekam ich natürlich keinen Kredit, der mir mehr, als zunächst Land und Boden zu kaufen, erlaubt hätte. Mochte mich die Presse als herausragenden Sportler feiern, bei den Bankern zählten statt der Medaillen die Nullen, die vor dem Komma standen.

In den nächsten Jahren geisterte wiederholt der Gedanke in meinem Kopf herum: Gut, jetzt hast du ein Grundstück, aber wie soll es weitergehen damit? An freien Tagen als stolzer Grundstücksbesitzer dort anrücken, ein Tuch zum Sonnenbaden auslegen und in dem See tauchen – immerhin mit privatem Zugang –, das konnte es nun auch nicht sein. Ich wollte doch hier wohnen, das war das Ziel gewesen. Finanziell hatte ich mich wieder etwas saniert, aber große Sprünge waren nicht drin. Ich googelte, scrollte mich durch Kleinanzeigen, ohne eigentlich zu wissen, wonach ich suchte. Dabei stieß ich auf Mobile Homes, die in den USA weit verbreitet sind. Was meine Aufmerksamkeit auf sich zog, war eine Art Container bestehend aus zwei kleinen Gebäuden, Holzständer auf einem Stahlgerüst. Dadurch konnte man sie anheben, und sie waren transportabel. Darin hatte ein Unternehmer in Hannover eine Taxizentrale betrieben. Achtzig Quadratmeter. Achtzig Quadratmeter, überschaubar. Zumindest wäre mal ein Anfang gemacht, das eigene Nest zu errichten. Diejenigen, denen ich von meiner Idee berichtete, schauten mich fragend an: Was willst du damit? Als wollte ich eine Baracke oder Notunterkunft errichten. Ich hatte aber eine Vorstellung und ließ mich nun, da ich einmal den Entschluss gefasst hatte, nicht mehr davon abbringen. Für 3500 Euro ersteigerte ich die Container und ließ sie über Nacht von Hannover nach Falkensee transportieren. Das übernahm ein Freund meines Vaters, der eine Speditionsfirma besaß. Allerdings kam mich der Transport doppelt so teuer wie der Kauf meiner spartanischen Bungalows zu stehen, weil wegen Überbreite und Überhöhe teilweise die Autobahn gesperrt werden musste.

Aber sie landeten auf meinem Grundstück in Falkensee, wo ich vorher den Dschungel ein wenig gerodet hatte, um Platz für mein vorübergehendes Heim zu schaffen. Rund um die Stahlträger errichtete ich das erste Haus. Wann immer mir neben dem Sport Zeit blieb, entkernte ich das gesamte

Gebäude und baute es mit Rigips von innen auf. Ich zog mit meiner damaligen Freundin ein und blieb dort für die nächsten acht Jahre wohnen.

Ich konnte wieder etwas Geld sparen, und 2013 war ich bereit für den eigentlichen Hausbau, inzwischen war Fanny an meiner Seite. Viel Zeit hatte ich damit verbracht, hatte im Internet getüftelt und recherchiert, holte fachliche Meinungen und Angebote ein, wie es von außen und innen ausschauen sollte. Für mich war das ein idealer Zeitvertreib in den Trainingslagern, eine ideale Abwechslung zum Beruf des Sportlers, aber einer, der mir neben der Ablenkung zum Nutzen gereichen sollte. Erst recht, als das Bauen Konturen annahm. Eine Fachfirma übernahm die großen Partien des Hausbaus und ich schloss mit meinen Projekten an. Das war nichts anderes als die Phasen des Durchbeißens beim Sport. Momente, in denen ich nicht mehr konnte, blieben nicht aus. Aber dann hieß es eben, erneut wie beim Sport, raus aus der Komfortzone, Arschbacken zusammenkneifen und weitermachen. Nahmen die Gedanken überhand, das Bauprojekt würde vielleicht doch zu viel für mich, das gehe über meine Grenzen, riss ich mich eben wie beim den Körper erniedrigenden Intervalltraining am Riemen und überschritt die imaginären Grenzen. Ich steigerte mich regelrecht in meine Aufgabe als Baumeister hinein, weil ich wusste, für wen ich das machte und was ich am Ende davon haben würde. Zudem war auch Verlass auf die helfenden Hände von Familie und Freunden.

In meinen trainings- und wettkampffreien Zeiten schuftete ich bis 2 Uhr morgens auf der Baustelle, spuckte ab 8 Uhr wieder in die Hände, um die Aufgaben des Tages anzugehen, bis weit nach Mitternacht die letzten Balken des Fachwerks geschliffen und gestrichen waren. Das Haus an sich wurde von einer Fachfirma am Computer geplant, das Holz im Werk zurechtgeschnitten und vor Ort zusammengesetzt. Dieser Prozess ging relativ schnell voran.

Bevor die Balken die Zimmerei im Spreewald verließen, fuhren wir mit der Familie dorthin, um drei Tage lang jeden einzelnen von ihnen anzustreichen. Fanny und ich hielten also jede Strebe, die später im Haus steckte, mindestens einmal in unseren Händen.

Es ist nur natürlich, dass man zu solch einem Haus, für das man monatelang Blut und Wasser geschwitzt, sich manche Narben und Schwielen an Händen, Armen und Beinen geholt hat, ein ganz anderes Verhältnis aufbaut, als wenn eine Firma mit einem Kran ein Fertighaus auf das Grundstück hievt und du als einzigen Akt nur noch die Schlüssel, die sie dir in die Hand gedrückt haben, im Schloss herumdrehen musst.

Es ist aber nicht nur das Haus an sich, das mich heute mit guten Gefühlen darauf blicken lässt. Es ist vielmehr die tiefe Zufriedenheit, ein Projekt, das in meinem Kopf entstanden und gewachsen ist, mit meiner Frau, mit meinen Eltern, mit Freunden vollendet zu haben. Darin stecken Vorstellung, Passion, Leistung, Sinnhaftigkeit. Und das Wissen, dass du etwas Großes erreichen kannst, wenn du es dir vorgenommen hast und unbedingt erreichen willst. Auch das ist eine Parallele zum Leistungssport. Ich möchte sagen: Der ideelle Wert übertrifft für mich den materiellen. Ich bin überzeugt und kann deshalb nur dazu ermuntern: Jeder, der sich einer Aufgabe abseits von seinem Beruf stellt, wird daran wachsen, wird für sich und vielleicht auch für andere Sinn stiften, neue Facetten an sich selbst kennenlernen, wird beflügelt, kann sich Zufriedenheit schaffen. Das muss nun wahrlich kein Haus sein, denn es gibt genug Menschen, die gerade die Unabhängigkeit von Wohneigentum suchen. Ach, mir fallen so viele Möglichkeiten ein. Schrebergarten, Autos restaurieren, Kleider schneidern, malen, töpfern, Deutschland zu Fuß durchqueren, im Caravan durch Sibirien kreuzen, Lieder komponieren, ja, auch das: ein Buch schreiben. Je nachdem wo ein Mensch seine Neigungen verspürt. Hauptsache, anfangen und machen und sich nicht von anderen, die selbst kein Projekt haben und deshalb neidisch auf diesen Enthusiasmus blicken, kirre machen lassen. Einmal mehr: Zunächst raus aus der Komfortzone, um eine Zone der Erfüllung, der Lebenslust zu entdecken.

Dass das Unmögliche, dass das Undenkbare eintreten könnte, wurde uns an einem Nachmittag im März 2020 im spanischen Sevilla klar, wo wir uns im La Cartuja vorbereiteten, dem am Fluss Guadalquivir gelegenen Kompetenzzentrum der Hochleistungskanuten und -ruderer. Direkte Anfahrt auf die Spiele im Sommer in Tokio. An einem Morgen rief uns Bundestrainer Arndt Hanisch zusammen. Nicht nur unseren Vierer auf Goldkurs, sondern die komplette Olympiamannschaft, Frauen und Männer. Dieses Zusammenkommen hatte nicht auf der Tagesordnung gestanden, es musste sich um etwas Außergewöhnliches handeln.

Mein erster Gedanke war: Dopinggroßkontrolle. Besonders vor Olympischen Spielen passiert es in Trainingslagern manchmal, dass eine ganze Mannschaft en bloc kontrolliert wird.

Für mich selbst spielte Doping nie eine Rolle, ich verbrachte nicht einen Gedanken damit, ich könnte nicht einmal sagen, welche Substanzen für einen wie mich überhaupt hätten nützlich sein können. Die Antwort, warum ich mich nicht damit beschäftigte, mag für manche vorsintflutlich klingen, aber es ist nun einmal so: Idealismus. Wenn ich den nicht hätte und wenn ich den nicht gelebt hätte, könnte ich heute nicht guten Gewissens meine Forderungen erheben für die Förderung von Schul- und Leistungssport, die Forderung, mehr Leistung zu wollen. Und ich hätte natürlich nie Opa Herbert, Papa oder Fanny und meinen Jungs in die Augen sehen können.

Davon abgesehen unterlag ich wie alle anderen Hochleistungssportler dem strengen Regime von Dopingkontrollen. Was im Leben des Normalbürgers zu einem kollektiven Aufschrei führen und Datenschutzbeauftragte sofort auf den Plan rufen würde, verbunden mit der Forderung nach Rücktritt derjenigen, die das Durchröntgen veranlasst hatten, das war das gültige Menschen-, das heißt Athletenbild bei uns.

Über die Internetplattform ADAMS (Anti-Doping Administration and Management System) musste ich jeweils drei Monate vorher bekannt geben, wo ich mich wann aufhalten werde („Whereabouts"), voraussichtlich. Für diese Meldung trug ich selbst die Verantwortung. Diese Aufgabe an wen auch immer in meinem Umfeld abzudrücken, galt bei dieser Rund-um-die-Uhr-Aufenthalts-Bürokratie nicht. Damit nicht genug: Sobald ich wusste, wo ich landen und vorübergehend bleiben würde, hatte ich einzutragen, wo genau ich anzutreffen und wie ich telefonisch zu erreichen sei. Eine Abwesenheit von mehr als 24 Stunden vom regulären Aufenthaltsort (beispielsweise in meinem Haus) musste ich ebenfalls melden. Ganz gleich, ob ich spontan zum Paddeln auf die Havel fuhr, im Trainingszentrum ein Video analysierte oder mich vom Physio behandeln ließ. Ob ich Lust auf eine Fahrradtour hatte, meinem Papa an dessen Haus bei einer Arbeit half oder mit der Familie spontan zu einem Wochenendtrip ins Umland aufbrach – die Administration wusste alles über mich. Möglichst genaue Angaben, also am besten gleich mit Zimmernummer, Position des Hotelbettes und denkbaren Fluchtwegen.

Die Mitarbeiter der Nationalen Anti Doping Agentur (NADA) oder der WADA, der weltweit agierenden World Anti-Doping Agency – je nachdem in welchem Land ich gerade unterwegs war – kreuzten, ohne sich anzukündigen, acht- bis zehnmal im Jahr auf (in einem Olympiajahr auch häufiger und oft verbunden mit einem Bluttest). Sie konnten jederzeit im Kanal auftauchen, mich morgens um 6 Uhr in Falkensee aus dem Bett klingeln. Die frühe Uhrzeit hatte wenigstens den Vorteil, dass die Blase nach dem Aufstehen noch voll war, der Dopingkontrolleur die geforderten 110 Milliliter Urin schnell ins Röhrchen bekam, und ich vielleicht noch mal eine Mütze Schlaf nehmen konnte. Das Reglement besagt: Trafen sie mich bei der Kontrolle nicht an, musste ich nach einem Anruf des Kontrolleurs innerhalb von einer Stunde auffindbar sein. Verstecken oder wegpaddeln war nicht ohne Sanktionen möglich. Wenn ich innerhalb von sechzig Minuten nicht greifbar war, hätte ich einen sogenannten „missed test" hinnehmen müssen. Dann drohten Sanktionen, so ähnlich wie für Kraftfahrer, die gegen die Straßenverkehrsordnung verstoßen und Punkte in Flensburg sammeln.

Bei einem ersten Verstoß gegen die Meldepflicht gab es eine Verwarnung, bei einem zweiten innerhalb von achtzehn Monaten nach dem ersten Verstoß eine mindestens dreimonatige Sperre. Bei einem dritten Verstoß innerhalb desselben Zeitraums drohte eine einjährige Sperre, bei einem vierten folgte der zweijährige Bann. Damit es auch jeder mitbekommt, war die Veröffentlichung der jeweiligen Sanktion im Verbandsorgan vorgeschrieben.

Nur fürs Protokoll: In meinem sportlichen Flenspunktkatalog gab es nie einen Punkt.

Aber in dem Moment, als uns Arndt Hanisch zusammentrommelte, ging es nicht um einen Dopingverdacht. Wegen Corona, wir hätten doch davon gehört, müssten wir noch heute aus Sevilla aufbrechen. Boote aufladen, Taschen packen und so schnell wie möglich über die Grenze kommen.

„Genau genommen bis 20 Uhr. Danach ist die Grenze erst mal dicht und wir müssten hier versauern."

Diese Aufforderung sickerte erst allmählich ins Bewusstsein, in den klaren Verstand. Wie? Packen und abreisen? Wegen was? Nein, das war auch keine Aufnahme für die Fernsehshow *Verstehen Sie Spaß?* Die Miene von Arndt brachte vielmehr den Ernst der Lage zum Ausdruck. Ein Kerl wie ein Baum, normalerweise durch nichts zu erschüttern, aber jetzt, in diesem Sitzungszimmer, seine schweigende, ratlose Mannschaft vor sich, schien er tatsächlich ein wenig zu schwanken.

Im Februar hatten wir von dem Virus gehört, das seinen Weg vom chinesischen Wuhan auch nach Deutschland gefunden hatte. Da in dieser Phase keiner krank werden wollte, legten wir Wert auf besondere Hygiene wie Händewaschen und Abstand halten, wie wir es bei einer Grippewelle nicht anders getan hätten. Im März erreichte die Coronawelle Spanien, unsere Ärzte riefen uns zu besonderer Sorgfalt auf. Am 10. März verfügte die spanische Regierung ein Landeverbot für alle aus Italien kommenden Flugzeuge. Am 11. März erklärte die Weltgesundheitsorganisation WHO Covid-19 zur Pandemie. Am 14. März rief der spanische Ministerpräsident Pedro Sánchez den Notstand aus und verhängte eine Ausgangssperre, am 19. März strich die Lufthansa rund 95 Prozent ihrer Flüge.

Dazwischen hingen wir in der Luft. Das heißt: Packen und sofort ab durch die Mitte. Die Trainer luden die Kanus auf einen Trailer, der an einem Bus hing, den sie selbst steuerten, um so schnell wie möglich die Grenze La Jonquera/Le Perthus passieren zu können. Später erfuhren wir, dass das Gespann, gerade mal zwei Minuten bevor die Schranken fielen, noch die Grenze passiert hatte. Auch der weitere Weg war nicht unproblematisch. Es dauerte drei, vier Tage, bis Trainer und Boote wieder sicher im Heimathafen angelegt hatten.

Für den Rest des Teams – Sportler, Trainer, Wissenschaftler, Physios – konnte die Teammanagerin von keinem spanischen Flughafen mehr in der Kürze der Zeit Flüge buchen. Also mieteten wir Autos, wir bestellten sogar Taxis, um in einer Nacht-und-Nebel-Aktion die 200 Kilometer nach Faro an der portugiesischen Algarve zurückzulegen. Wir hörten, dass die Kontakte auch über die Bundesregierung gelaufen waren, damit Sportler und Touristen zurückfliegen konnten. Die Lage war beunruhigend.

Sportler auf der Flucht. Ich nahm das noch sportlich, als einen kuriosen Meilenstein auf dem Weg zu den Olympischen Spielen. Da wirst du später einmal etwas zu erzählen haben, dachte ich, hinter dem Lenkrad des Mietwagens sitzend. Angenehm warme Luft strömte durch den Schlitz des ein wenig heruntergelassenen Autofensters. Die Pinien- und Wacholderwälder links und rechts der Strecke registrierte ich nur beiläufig. Über die vielen Wege, die nach Tokio führen.

Im Pine House, in der Nähe des Aeroporto de Faro, konnte unsere Teammanagerin noch einige Hotelzimmer für uns buchen. Am nächsten Tag ging es in aller Frühe mit dem Flugzeug zurück nach München, wo diejenigen Athleten, die nach Berlin aufbrechen mussten, ein weiteres Mal Autos anmieteten.

Da saß ich nun zu Hause. Das Leben hielt an, nichts mehr schien wie noch vor wenigen Wochen zu sein. Das war so surreal, wie in einem Science-Fiction-Film. Ein Film, der meinen Traum von der sechsten Olympiateilnahme infrage stellte.

Lorbeer und Bambi

„Der Mann macht seinem Namen keine Ehre", stellte die *Berliner Zeitung* im August 2001 fest. „Er lacht und ist witzig – Typ Kumpel, der auf der Sonnenseite des Lebens steht. Von Rauheit keine Spur." Schön, diese Lockerheit von neutraler Seite attestiert zu bekommen. Und mit eben dieser Lockerheit, bei aller notwendigen Konzentration, fuhren Tim Wieskötter und ich nach unserem olympischen Bronzecoup von Sydney 2000 zur 31. Kanuweltmeisterschaft ins polnische Posen. Wir hatten allen Grund, die nächste Herausforderung gelassen anzugehen. Vier Wochen zuvor hatte ich allein und im Zweier mit Tim insgesamt dreimal Gold bei den Europameisterschaften von Mailand geholt.

Eine Erfolgsserie, die wir auf dem künstlich angelegten Maltasee in Posen fortsetzten. In 35,42 Sekunden kam ich im Einer über 200 Meter als Erster ins Ziel. Im Zweier holten wir über 200 Meter nach 32,62 Sekunden Silber, und auf unserer Paradestrecke über die olympischen 500 Meter schlugen wir nach anderthalb Minuten die gesamte Konkurrenz aus dem Feld. Das war kaum noch zu überbieten, ich war gerade mal neunzehn Jahre jung. Wen hätte es da gewundert, dass mein Herz vor Glück hüpfte.

Diese Medaillen, orakelte der Reporter der *Berliner Zeitung*, seien „potenzielle Sprungbretter zu den Sponsoren". Im

Interview hielt ich ihm nüchtern entgegen: „Kanuten haben es schwer als Helden in den Medien."

Allerdings lag der Journalist mit seiner Mutmaßung nicht einmal so weit daneben. Der damalige brandenburgische Ministerpräsident Matthias Platzeck war kanubegeistert, besuchte Kanuwettbewerbe und übernahm auch schon mal die Schirmherrschaft von Meisterschaften. Großartig, dass das Herz eines derart prominenten Politikers auch für eine Sportart schlug, die es nur selten in die Schlagzeilen schafft. Im Februar 2005 heftete ihm deshalb unser Sportdirektor Jens Kahl bei der alljährlichen Kanuparty des KC Potsdam als erstem Ministerpräsidenten die Verdienstmedaille des Deutschen Kanu-Verbandes (DKV) ans Revers. Das war, einen Tag nachdem Opa Herbert seinen 80. Geburtstag feiern durfte. Natürlich wurde auch Opa, so bekannt und beliebt wie ein bunter Hund in der Kanuszene, zu dieser Party eingeladen. Er freute sich über meine Ehrung für die jüngsten Erfolge, hatte aber etwas an der Tanzmusik auszusetzen. Das sei nichts für ihn als Standard- und Lateintänzer, sagte er schmunzelnd einem Reporter.

Am Rande von Wettbewerben hatte ich mich hin und wieder mit Matthias Platzeck unterhalten, er zeigte bei jeder Begegnung Interesse dafür, welchen Weg die deutschen Kanuten einschlugen. Bei einem dieser Gespräche brachte irgendwer – ich kann überhaupt nicht mehr sagen, wer es war – die Schnapsidee auf, es sei doch einen Versuch wert, das Telekommunikationsunternehmen O_2, das in Berlin eine Hauptstadtrepräsentanz unterhielt, zu fragen, ob ein Sponsoring infrage komme.

Unser damaliger Vereinsmanager Jürgen Eschert übernahm die Aufgabe, eine mögliche Bootwerbung zu entwerfen. Jürgen war in doppelter Hinsicht vom Fach: Er kennt sich im Marketing und im Kanusport aus. Fast im gleichen Alter wie ich, mit zwölf Jahren, begann er zu paddeln. Startete aber 1963 für den ASK Vorwärts Potsdam. Sein größter Erfolg war die Goldmedaille im Einercanadier bei den Olympischen Sommerspielen von 1964 in Tokio, das sind jene Kanufahrer, die nicht sitzen, sondern knien. Für die Olympischen Spiele 1968 wurde er nicht nominiert, obwohl es von der Leistung allemal gerechtfertigt gewesen wäre. Gleichzeitig absolvierte er ein Studium zum Diplomsportlehrer und promovierte anschließend über die Ausdauer von Jugendlichen. Dann kam es – aus DDR-Sicht – zu einem Eklat. Als Armeeangehöriger zeigte er sich in aller Öffentlichkeit mit einem geschenkten T-Shirt, auf dem die Stars-and-Stripes-Fahne aufgedruckt war. Das ging den Funktionären im Osten über die Hutschnur, sie warfen Jürgen während der WM-Qualifikation 1971 aus der Nationalmannschaft, er musste seine Laufbahn aufgeben. Wegen eines als unangemessen empfundenen Kleidungsstücks, das muss man sich mal vorstellen. Immerhin durfte er in seinem Klub weiter die Junioren trainieren. 1975 folgte aber auch dort die fristlose Kündigung. Sein „Vergehen": Er unterhielt trotz des Verbots von Westkontakten für Angehörige der NVA, der Nationalen Volksarmee, Kontakte zu seinem ehemaligen Konkurrenten Detlef Lewe aus dem Westen, der für die BRD bei Olympischen Spielen Silber und Bronze geholt hatte. Nach diesem Rauswurf arbeitete Jürgen als Sportlehrer an der Ingenieurschule für Bauwesen in Potsdam. Nach deren Schließung nach der Wende fand er eine Anstellung bei einer Versicherung.

Nach der Wende schenkte er sein Wissen und seine Energie umfassend dem Kanu-Club Potsdam (KCP) im Olympischen Sport Club (OSC), dem Nachfolgeverein des ASK Vorwärts Potsdam. Jürgen war ein außergewöhnlicher Motivator, inszenierte, mobilisierte und brachte Marketingideen in den Verein und für unseren Sport überhaupt ein. Zum Beispiel stellte er für das Trainingslager in Florida ein Boots- und Gästehaus vor Ort auf die Beine. In Potsdam organisierte er öffentlichkeitswirksame Kanusportveranstaltungen wie den jährlichen Drachenbootcup, den Kanukanalsprint und die Potsdamer Wasserspiele.

Kaum einer wäre besser gewesen als Jürgen, um für uns eine Werbekampagne mit O2 zu entwerfen. Matthias Platzeck reichte die Zeichnung an das Unternehmen weiter – und siehe da, Tim und ich waren die beiden ersten Kanuten Deutschlands, die einen individuellen Sponsorenvertrag von einem derart großen Konzern an Land zogen. Was es außerdem noch nie gab: Dass das gesamte Boot als Werbefläche des Sponsors gebrandet wurde. Die nächsten Jahre waren Tim und ich im blauen Boot unterwegs, es hatte eine ähnliche Farbe wie mein erstes Kanu überhaupt, der „blaue Wal". Lediglich bei den Olympischen Spielen mussten wir auf die Werbung verzichten, weil diese eigenen Marketingregularien unterliegen. Der Clou aber: Die Farbgestaltung unseres Boots und der Paddel blieb auch bei den Spielen bestehen. Das Branding hatte sich bei den Zuschauern derart eingeprägt, dass wir als O_2-Boot wahrgenommen wurden.

Wir strichen eine für deutsche Kanuten beachtliche Summe ein; es könnte sein, dass es in dem Bereich lag, was Fußballer in der Dritten Liga erhalten. Hin und wieder war ich ähnlich wie hochbezahlte Sportler an strikte Klauseln gebunden, beispielsweise was meine Teilnahme an Extremsportarten betraf. Hätte ich mich auf einem derartigen Spielplatz für die großen Jungs verletzt und hätte deswegen nicht bei Kanuwettbewerben antreten können, hätte ich Geld an den Telefonnetzanbieter zurückzahlen müssen. Weil ich mir keine Schulter auskugeln und kein Bein brechen würde – mit dieser zuversichtlichen Haltung gehe ich einfach durchs Leben –, hängte ich meine Beteiligung an derartigen Nervenkitzeln einfach nicht an die große Glocke. Dabei ging es um diverse Extremsportarten oder um auf Hobbyniveau ausgetragene Motorradrennen. Auf dem Motorrad sitzend gab ich darauf acht, dass der Helm schön festsaß. Ich zog ihn, um unerkannt zu bleiben, erst lange nach dem Zieleinlauf aus. Musste nicht jeder erfahren, womit ich mir die Freizeit vertrieb. Bei all den Zielen, die ich konsequent im Kanurennsport verfolgte, wollte ich mir nie andere Dinge nehmen lassen, die mir ein hohes Maß an Freude bereiteten, die mir wichtig waren, die mir etwas gaben. Ich möchte sogar sagen, dass die anderen Sportarten nicht nur der Abwechslung und Ablenkung, sondern irgendwo auch als Antrieb für meine Kanuwettkämpfe dienten. Der eindimensionale Athlet – das war nie eine Verlockung für mich. Heute kann ich das natürlich einfach behaupten, aber: Wäre mir all das verboten worden, halte ich es nicht für ausgeschlossen, dass ich das Kanu beiseitegeschoben hätte, zumindest im Hochleistungsbereich.

Ein anderer Zeitvertrieb interessierte O$_2$ weniger, er hätte eher die Trainer aufhorchen lassen – bei anderen Schützlingen zumindest. Aber sie kannten mich nun mal, sie wussten, dass ich bei meinen gelegentlichen Besuchen von Diskotheken und Clubs kein Hallodri war und nicht scharf auf skandalträchtige Schlagzeilen im Strudel des Berliner Nachtlebens. Einfach mal in diese Welt des lockeren Vergnügens ab- und eintauchen, tanzen, ungezwungen quatschen, Musik hören (es gab ja auch jenseits des Jazz Hörbares ...) – aber kein einziges Mal, um mir einen hinter die Binde zu kippen. Die *Bild*-Zeitung begleitete mich bei einem Besuch ins 90 Grad, damals einer der angesagtesten Clubs in Berlin, untergebracht in einer ehemaligen Autowerkstatt. Die brachten die Story groß in dem Stil, Olympiakanute Ronald Rauhe mache am Wochenende die Clubs unsicher. Bilder mit einer Frau links und rechts im Arm bekamen sie nicht, weil ich nicht dieser Typ von Disco- und Draufgänger war. Dennoch hätte ich mich im Nachhinein nicht auf diese Fotostrecke einlassen sollen. . Denn was die Zeitung natürlich nicht schrieb: Dass ich vom 90 Grad aus direkt zum Training aufbrach. So kannten mich die Trainer, und sie taten die spektakulär anmutende Fotostory mit einer beiläufigen Geste ab. Wäre ich nach einer Disconacht mal nicht pünktlich zum Training erschienen, dann hätte es allerdings einen auf die Glocke gegeben ...

Nach dem Abitur stellte sich Frage: Was nun? Ausbildung, Studium, Sport? Für mich kam zunächst nur eins infrage: das Kanu. Nur dem Sport galt erst einmal meine Obsession. Bei allen denkbaren Unwägbarkeiten – Verletzungen, Krankheiten, Konkurrenten, dass gleich Kometen aus dem Weltall neben mit einschlagen könnten – wusste ich, dass das Kanu meine Welt war. Das Terrain, auf dem ich mich auskannte, das ich beherrschte. Die dafür aufgebrachte Zeit würde keine vergeudete sein. Da alles, was uns wertvoll ist, nun mal viel Zeit in Anspruch nimmt, gab es für mich nur die Perspektive, Profikanute zu werden.

Um meinen Sport professionell weiter betreiben zu können, gab es nur eine Möglichkeit: die Bundeswehr. Später kamen als Alternativen noch die Bundespolizei und die Feuerwehr hinzu. Aber selbst wenn diese beiden Organisationen schon damals zur Verfügung gestanden hätten, hätte ich mich gewiss für die Bundeswehr entschieden. Denn ich wollte später unbedingt studieren, und das ging nur bei der Bundeswehr.

Auch meine Eltern waren damit einverstanden. Ich empfand es als Auszeichnung, 2003 in die Spitzensportförderung der Bundeswehr aufgenommen zu werden. Es war nun nicht so, dass jeder, der mal oben auf einem Treppchen gestanden hatte, gleich in diesen Kader aufgenommen wurde. Vielmehr schlugen die jeweiligen Verbände nur solche Sportler vor, denen sie die größten sportlichen Erfolge zutrauten.

Ich musste, wie jeder andere Soldat auch, eine sechswöchige Grundausbildung absolvieren. Nach der Saison mussten wir dazu jährlich eine weitere Ausbildungsstufe nehmen, und zwar für vier bis sechs Wochen in einer Kaserne. Ich fand dort tatsächlich Aufnahme, sprich finanzielle Unterstützung und versicherungstechnische Absicherung für maximal zwei Jahre. Das bedeutete: In jedem Jahr musste ich mich für den Kaderstatus neu qualifizieren. Verständlich: Es standen genug Kandidaten bereit, die diese Chance auch gerne wahrgenommen hätten.

Parallel zur Aufnahme in diese Elitegruppe verließ ich 2003 meinen angestammten Verein, den Ruder- und Kanuverein Berlin, den RKV, meinen Heimatverein, und wechselte zum KC Potsdam, zum Bundes- und Landesstützpunkt, gelegen im Luftschiffhafen. Ich ging zum damaligen Bundestrainer Rolf-Dieter Amend, wo auch Tim trainierte. Wir waren begeistert von der dort vorhandenen, weltweit einmaligen Gegenstromanlage. Der Wechsel hatte mir ziemliche Kopfschmerzen bereitet, weil ich nicht wusste, ob es die richtige Entscheidung war. Der RKV Berlin war immer schon mein sportlicher Hafen gewesen, Papa ist mit dem Verein tief verwurzelt. Aber es fiel kein böses Wort. Funktionäre, Trainer und Sportler akzeptierten meine Entscheidung, weil sie wussten, dass ich sie nicht gegen den Verein, sondern für meine Laufbahn getroffen hatte. Und der wollte keiner im Wege stehen. Im Gegenteil – alle im Verein beteuerten, ich sei jederzeit ein lieber und gern gesehener Gast bei ihnen am Spandauer See. Nach diesen ehrlichen Bekundungen fiel mir das Hinüberpaddeln nach Potsdam noch leichter.

Ab und an werde ich gefragt, was um Himmels willen die Bundeswehr mit dem Leistungssport am Hut habe. Soldaten sollten doch, denken die Fragesteller, nur Gewehr bei Fuß stehen für den Fall eines Angriffs auf unser Land oder ihren Mann und ihre Frau bei notwendig gewordenen Auslandseinsätzen.

Allerdings haben viele Sportarten einen militärischen Hintergrund. Das gilt besonders für die klassischen olympischen Disziplinen wie Boxen und Ringen, Speerwerfen und Marathonlauf, aber auch für die Wintersportdisziplin Biathlon. In der Antike waren es zunächst Krieger verfeindeter griechischer

Staaten, die bei Olympischen Spielen gegeneinander antraten – allerdings unter dem Signet des olympischen Friedens.

Sportler sind Vorbilder und Botschafter nicht nur für ihre jeweilige Disziplin, sondern auch für die Gesellschaft. Mit ihrer Förderung übernimmt die Bundeswehr einen wichtigen Auftrag („Wir fördern Vorbilder"). Für die leistungssportliche und berufliche Laufbahn bietet die Förderung der Bundeswehr einen ausgezeichneten Rahmen. Das kann außer den bereits erwähnten Bundesbehörden keine Organisation in Deutschland auch nur im Ansatz gewährleisten.

Der Deutsche Bundestag hatte am 8. Mai 1968 an die Bundesregierung den Aufruf gerichtet, „zur Förderung bundeswehrangehöriger Spitzensportler ... Fördergruppen einzurichten, die so weit wie möglich an Leistungszentren der Sportverbände angelehnt werden sollten".

Im selben Jahr waren die Bundesrepublik und die DDR erstmals mit eigenen Mannschaften bei den Winterspielen in Grenoble und bei den Sommerspielen in Mexiko-Stadt angetreten. Im Bundestag forderte der damalige Abgeordnete und spätere Bundesverteidigungsminister Manfred Wörner pathetisch „Maßnahmen für die biologische Grundsubstanz unseres Volkes, für die Leistungskraft unseres Volkes". Nicht zu Unrecht warf der Westen der DDR und den anderen Staaten des Ostblocks vor, mit „Staatsamateuren" in den Wettkampf zu ziehen. In der Zeit des Kalten Krieges sahen die sozialistischen Länder im Sport ein geeignetes Mittel, um ihre Überlegenheit gegenüber dem „Klassenfeind" zu demonstrieren (ein weiterer Vorteil für die DDR: Der Westen kam bei den Wettkämpfen nicht umhin, ihre Existenz ausdrücklich zu erwähnen). Diese

Überlegenheit mag der DDR in sportlicher Hinsicht – unter Einsatz verbotener Mittel – durchaus gelungen sein, im Bereich der Wirtschaft und bei dem Versuch, eine offene und freie Gesellschaft zu bilden, scheiterte sie jedoch.

Da Werbung, also die Berücksichtigung von Sponsoren, in dieser Zeit strikt verboten war, stellten die Sportfördergruppen der Bundeswehr und die von ihr finanzierten „Sportförderplätze" eine glänzende Lösung dar. Der Bundesregierung kam es darauf an, „die Repräsentanz Deutschlands bei internationalen Wettkämpfen zu gewährleisten, den deutschen Spitzensportlerinnen und Spitzensportlern Chancengleichheit gegenüber Sportlerinnen und Sportlern anderer Staaten einzuräumen und den Anschluss an die internationale Leistungsspitze während des Wehrdienstes zu ermöglichen".

Von 1971 bis 2012 ist die Zahl der Förderplätze von 430 auf 744 angestiegen, derzeit gibt es über 900 „Dienstposten" für Sportler, die insgesamt rund 70 Sportarten nachgehen. In der Regel ist das Training integriert in die Infrastruktur der Olympiastützpunkte oder der Bundes- und Landesleistungszentren der einzelnen Sportverbände. Rund 28 Millionen Euro gibt der Bund dafür jährlich aus. Mit der Ausschreibung einer speziellen Feldwebellaufbahn können die Bewerber mittlerweile auch den Rang eines Berufssoldaten erreichen.

In einer Imagekampagne vor den Olympischen Spielen 2016 in Rio de Janeiro ließ die Bundeswehr verlauten: „Wir kämpfen für die Freiheit. Und um Medaillen."

Hinter dieser Maxime stehe ich zu 100 Prozent und möchte sie ergänzen: Es geht um den Wert des Sports, um dessen Bedeutung für unsere Gesellschaft an sich. Wir sprechen von körperlicher Fitness, von der Gesundheit ganzer Generationen. Nachdem im Zuge der in den 1950er-Jahren in der Bundesrepublik einsetzenden Wohlstandswelle die Zahl an Herzkreislauferkrankungen und an Diabetes eklatant zunahm, rief der Deutsche Olympische Sportbund gemeinsam mit Politik und Ärzten 1970 die „Trimm-Dich-Bewegung" ins Leben mit dem Maskottchen „Trimmy" als Werbefigur (die DDR zog vier Jahre später mit der Aktion „Eile mit Meile" nach). Millionen Westdeutsche, Kinder wie Alte, machten sich auf die Socken, um sich in Form zu bringen und in Form zu halten. Eine Kampagne, die längst wieder vonnöten wäre. Sie müsste auf breiten Füßen stehen, müsste unter Einbeziehung von Prominenten aus Sport, Politik und Kultur auf allen denkbaren Kanälen werben. Um der Gesellschaft plakativ in Erinnerung zu rufen, was eigentlich jeder tief im Inneren weiß: welche enorme Bedeutung der Sport hat. Haben sollte.

Ich habe nichts dagegen einzuwenden, wenn Krankenkassen für Sportkurse werben oder viel Tamtam um neue Trendsportarten gemacht wird, bis der nächste Trend neue Sportgeräte und angeblich neue und nun noch effektivere Bewegungsformen anhimmelt. Es sollte aber meiner Meinung nach eher um Nachhaltigkeit gehen, um Wertevermittlung, nicht bloß um eine Mode oder einen zeitlich abgesteckten Kursus, der nach einem halben Jahr schon wieder vorbei ist. Wobei das zum Jahreswechsel mit guten Vorsätzen erworbene Abonnement für das Fitnessstudio ignoriert wird.

Sport ist ein idealer Kitt, um die Gesellschaft zusammenzuhalten. Unabhängig von Status, Milieu, Bildung, Herkunft, Alter, Geschlecht, weltlicher oder religiöser Ausrichtung. Wer

Mozart hört, wird vielleicht nicht unbedingt Rammstein abspielen. Wer im Louvre bewundernd vor der Mona Lisa steht, wird möglicherweise an Graffitis von Banksy vorbeigehen. Wer sich gerne im Heimatroman verliert, wird nicht unbedingt Stephen Hawking im Buchregal stehen haben. Sport jedoch kennt keine Grenzen, Sport reißt Grenzen ein, ganz gleich, ob er aktiv oder passiv betrieben wird. Alle sind gleich beim Fußball, bei der Leichtathletik, beim Basketball. Alle sitzen eng an eng im Stadion oder beim Public Viewing, und wenn sie selbst in einer Freizeitmannschaft kicken, feuern sie sich gegenseitig an oder müssen gemeinsam eine Niederlage verdauen. Die einzige Unterscheidung mag bloß im Bekenntnis zu einzelnen Sportlern oder Vereinen liegen.

Sport ist das Medium, um Menschen, die aus anderen Ländern zu uns kommen, Menschen, die sich nicht dazugehörig fühlen, die ausgegrenzt sind, zusammenzuführen, Gemeinsamkeiten zu vermitteln, Emotionen zu teilen, Leistungen kooperativ zu erarbeiten, Erfolge gemeinsam zu feiern. Dafür ist nicht einmal die Sprache nötig, denn die Regeln und die Werte des Sports sind universal.

Menschen mit Behinderung werden integriert, werden nicht über ihr Handicap, sondern über eine Leistung definiert. Es gibt diese wunderbare Idee der Paralympics, eigene Olympische Spiele für Menschen mit körperlichen Einschränkungen, die inzwischen starke mediale Beachtung finden. Wer weiß schon, dass es die Paralympics bereits seit 1960 gibt, im Zusammenspiel mit den damaligen Olympischen Spielen in Rom?

Das alles macht den Sport aus. Wir sollten daran denken, wenn wir die Basis betrachten und den Blick nach oben zu den Vorbildern richten, die die Kraft des Sports immer wieder aufs Neue demonstrieren. Aber: Ohne die Bundeswehr (und ohne die anderen Bundesbehörden) wäre Hochleistungssport, zumindest jenseits der profitablen Publikumssportarten, in Deutschland unmöglich. Und sie erhält die Vielfalt an Sportarten, für die sich die Menschen begeistern können. Denn von den wichtigen Zahlungen der Sporthilfe kann kein Sportler leben. Bei all den hehren Ansprüchen ist das die tiefe Wahrheit. Manchmal habe ich den Eindruck, große Teile der Gesellschaft wollen nur die eine Seite der Medaille sehen: die goldene, silberne, bronzene. Die Kehrseite der Medaille erzählt neben den körperlichen und psychischen Anstrengungen von Schmerzen, Verletzungen, von dem Kampf, materiell zu überleben. Und von Existenzängsten, wenn das letzte Tor geschossen, die Ziellinie zum letzten Mal überquert, die Landung nach dem letzten Sprung gelungen ist.

Deshalb bin ich dankbar dafür, dass mir die Bundeswehr ab 2005 neben der Sportförderung noch die Möglichkeit bot, Marketing zu studieren. Universität und Stützpunkt in Potsdam lagen gerade mal drei Kilometer voneinander entfernt. Das war zeitlich gut zu machen. Für den Bachelorabschluss brauchte ich allerdings etwas länger als die üblichen drei Jahre, eine Verzögerung, die ausschließlich dem zeitlichen Aufwand für den Sport geschuldet war.

Schon vor meinem Eintritt in die Bundeswehr paddelten Tim Wieskötter und ich gemeinsam weiter auf Erfolgskurs. Kurz nachdem ich 2002 mein Abiturzeugnis in den Händen halten durfte, ging es ab zu den Weltmeisterschaften nach

Sevilla, wo ich zum erfolgreichsten Teilnehmer dieser Weltmeisterschafen avancierte: Gold im Einer über 200 Meter, Bronze mit Tim über dieselbe Distanz, und wir beide holten Gold über unsere Sahnedistanz, die 500 Meter. Exakt denselben Erfolg verbuchten wir und ich ein Jahr später auf dem Lake Lanier im US-Bundesstaat Georgia.

Wer sollte uns bei den Olympischen Spielen 2004 in Athen über 500 Meter nun noch aufhalten? Nur wir selbst hätten uns im Weg stehen können. Wäre ich auch glücklich gewesen, hätten wir „nur" Silber oder wie vier Jahre zuvor in Sydney „nur" Bronze geholt? Kann schon sein. Aber nach einer derartigen Dominanz – drei Jahre ungeschlagen – willst du auch Gold gewinnen. Was auch sonst?

Olympische Spiele sind die einzige Gelegenheit für uns Kanuten und für andere sogenannte Randsportarten, in die Mitte der Bühne zu treten, sie sind der Goldstandard. Meine Weltmeistertitel? Die tauchten mitunter nur im klein gedruckten Ergebnisteil der Sportseiten in den Tageszeitungen auf. Wenn es gut lief, brachten wir es vielleicht in die *Sportschau* oder die *Sport-Reportage*. Bei den Spielen aber kannst du größer herauskommen. Mit Gold oder – das ist schon recht zynisch – mit einem spektakulären Zwischenfall. Dann ist sogar eine Meldung auf der Titelseite drin. Leute kennen dich plötzlich, die sich vorher nicht für dich interessiert, die noch nie von dir gehört haben. Heraus aus dem jahrelangen Schatten, du spürst ein wenig Wertschätzung. Aber seien wir ehrlich: Erlischt das olympische Feuer, trittst du wieder in den Schatten zurück. Rasch verpufft der Erfolg. Dann übernehmen andere Sportarten die Regie.

Aber: Wir Kanuten sind nicht masochistisch veranlagt. Wir wissen um unseren Stellenwert in Deutschland, sind wahrscheinlich deswegen so bodenständig, sind gefeit vor arroganten Höhenflügen. Es ist die pure Leidenschaft für unseren Sport, die uns antreibt. Das kann ja nicht anders sein, wenn man weiß, dass selbst beim Aufstieg auf den Olymp die Kasse nicht klingeln wird. Wir wissen, dass wir keinen Ruhm außerhalb unserer überschaubaren Anhängerschaft ernten werden. Nur manchmal tut es schon ein bisschen weh, weil wir uns ein wenig mehr Anerkennung für unsere Leistung, für unseren Einsatz für dieses Land wünschten.

In anderen Kanunationen nehmen Kanuten grundsätzlich einen höheren Stellenwert ein. In Ungarn folgt unser Sport in der Popularität gleich hinter Wasserball und Fußball. Auch in Spanien liegt der Kanusport weit vorn.

Athen 2004 waren allein schon wegen des historischen Hintergrunds besondere Spiele, immerhin hatten hier 1896 die ersten Olympischen Spiele der Neuzeit stattgefunden. Wie sehr die Griechen dieses Ereignis zelebrierten, spürte ich auf den Straßen und in den Wettkampfstätten. Die Menschen lebten Olympia, die Athener waren stolz darauf, in ihrer Stadt die Welt zu Gast zu haben. Die Verantwortlichen würdigten das historische Vermächtnis, indem sie den erfolgreichen Sportlern nicht nur die obligatorischen Medaillen um den Hals hängten, sondern ihnen zudem einen Olivenkranz aufs Haupt setzten. Im antiken Griechenland wurde den Olympiasiegern der Olivenkranz als Zeichen der Ehre und der Stärke überreicht. Es waren die Zweige des Olivenbaums, der direkt neben der Statue des Zeus stand.

Sie sollten besondere Kraft verleihen. Erstmals seit der Antike wurden außerdem zwei Wettbewerbe – das Kugelstoßen der Männer und Frauen – im antiken Stadion von Olympia ausgetragen.

Unsere Wettbewerbe wurden ins Olympic Rowing and Canoeing Centre in Schinias verlegt, einem östlichen Stadtteil von Marathon. Direkt daneben befand sich ein Naturpark. Da seinerzeit bei den Spielen der Einersprint und die 200 Meter im K2 nicht auf dem Programm standen, gingen wir vor rund 14 000 Zuschauern nur in unserer Spezialdisziplin über 500 Meter ins Rennen. Im Finale ließen wir keinen Zweifel an unserer Stärke aufkommen und verwiesen Clint Robinson und Nathan Baggaley aus Australien sowie Raman Petruschenka und Wadsim Machneu aus Belarus auf die nächsten Ränge. Unser erster olympischer Goldstreich nach einer bislang schon überaus erfolgreichen Laufbahn. All unsere Anstrengungen hatten sich gelohnt, unsere Hoffnungen hatten sich erfüllt, wir waren den Erwartungen, vor allem unseren eigenen, gerecht geworden.

Den Olivenkranz auf dem Kopf sah ich wie die schwarz-rotgoldene Fahne zu unseren Ehren in die Höhe gezogen wurde, unsere Hymne erklang. So wie vor zwölf Jahren, als ich Oliver Kegel vor dem Fernsehapparat sitzend bewundert hatte. Meinen Olympiahelden. Und in mir damals der Wunsch entstand, wenigstens einmal bei den Spielen dabei sein zu dürfen, von einer Medaille ganz zu schweigen. Da lief vor mir ein Film ab: Ein Junge träumt davon, den entscheidenden Ball im Tor beim Finale der Fußballweltmeisterschaft im Maracanã-Stadion von Rio zu versenken. Seinen Gegner im Kampf um die

Boxweltmeisterschaft im Madison Square Garden zu Boden zu schicken. Oder bei den Olympischen Spielen mit den Besten der Welt um die Wette zu paddeln. So etwas passiert aber eben nicht nur im Film oder im Buch. Weil du daran geglaubt, weil du hart dafür gearbeitet hast. Weil du Menschen in deinem Umfeld hast, die zu dir gehalten, die dich bedingungslos unterstützt haben. So wie Opa Herbert, Papa und Mama, die nun sahen, wie ich mit Tim oben auf dem Treppchen stand. Gänsehaut rieselte mir hoch und runter, ich schluckte und Tränen liefen mir die Wangen hinab. Es war ein Traum, der sich in der Wirklichkeit abspielte.

Und meine Lieben bekamen das direkt mit. Opa Herbert, meine Schwester, meine Eltern, meine damalige Freundin sowie zwei Freunde meiner Eltern aus dem Verein waren live an der Strecke dabei. Sie wohnten in einem Dorf in einem kleinen Ferienhaus eine Stunde entfernt direkt am Meer. Da die Rennen früh stattfanden, mussten sie zeitig aufstehen und losfahren. Auf dem Heimweg, erzählten sie mir, lag ein Fischgeschäft. Wenn sie von den Wettkämpfen zurückfuhren, legten sie dort einen Halt ein. Da es erst Mittag war, kauften sie frischen Fisch, den sie vor ihrem Ferienhaus grillten. Anschließend genossen sie die Wasserfreuden im Ägäischen Meer. Für meine kleine „Fangruppe" war das wie ein Ritual – das mir Glück brachte.

Das größte Feuerwerk, das Athen je gesehen hatte, ein Meer aus Blautönen, gut 3700 Tänzer, eine Weizenfeldspirale, die sich am Ende in die olympischen Ringe verwandelte – Tim und ich mittendrin in diesem fantastischen Trubel der Abschlussveranstaltung. IOC-Präsident Jacques Rogge bedankte sich bei Athen, bei den Athenern für die Ausrichtung der Spiele. Bürgermeisterin Dora Bakogianni übergab die olympische Fahne an Pekings Bürgermeister Wang Qishan. „Auf Wiedersehen in Peking", rief Rogge den Sportlern in aller Welt zu. Ausgelassen in der fröhlichen Menge von Sportlern aus aller Welt tanzend, schlugen Tim und ich uns gegenseitig auf die Schultern. In diesem Moment bedurfte es keiner Worte, aber wir wussten beide, unsere Geschichte sollte hier noch nicht zu Ende sein. Ohne es auszusprechen, hatten wir beide schon das nächste Ziel im Auge: Peking.

Aus Athen nahm ich nicht nur die Goldmedaille und den Olivenkranz mit nach Hause, sondern ich erhielt im November auch noch den Bambi, Deutschlands wichtigsten Fernsehpreis, verliehen alljährlich vom Burda-Medien-Konzern. Bei der Verleihung im Theater am Hafen in Hamburg nahmen das goldene Rehkitz neben Tom Hanks, Elton John und Bruno Ganz die „Goldkanuten von Olympia" in Empfang, Tim, Birgit Fischer, sechs weitere Kanuten und ich. Für unser Engagement, für unser faires Auftreten in Athen.

Der Bambi verhalf mir später noch zu der Teilnahme an einem spektakulären Event, der Teilnahme an der über 13 600 Kilometer führenden Rallye Paris–Peking, die an das erste transkontinentale Autorennen 99 Jahre zuvor erinnerte, ein Promotionevent von Mercedes Benz für die damals neue E-Klasse. Wir befanden uns quasi schon in der Vorbereitung auf die Spiele von Peking, und die Organisatoren fragten Tim und mich, ob wir nicht im „Bambi-Team" mitfahren wollten, und zwar die letzte Etappe, die in die chinesische Hauptstadt führte, eine Art olympischer

Vorgeschmack. Klar, dass wir sofort zusagten, uns an diesem Abenteuer zu beteiligen. Bei dieser Fahrt ging es nicht in erster Linie um die Fahrzeit, die die Mannschaften zurücklegten, sondern vor allem um einen Belastungstest für die neue Mercedes-E-Klasse, gerade was Emissionen, Sparsamkeit und Reichweite betraf. Crews mit insgesamt 360 Fahrern aus 35 Nationen gingen im Oktober 2006 auf die Reise, darunter das „Bambi-Team". Tim und ich waren in diesem Team dazu bestimmt, die letzte, rund 2000 Kilometer lange viertägigen Etappe von Lanzhou im Nordwesten von China nach Peking zu bewältigen. Nach meinem Gusto war das die attraktivste Teilstrecke dieser Rallye.

Wir drehten den Zündschlüssel unseres Wagens mit der Startnummer 8 am 14. November morgens bei strahlendem Sonnenschein und zwölf Grad Celsius in der Millionenstadt Lanzhou in der Inneren Mongolei um, umgeben von Lehmbergen, ganz in der Nähe der alten Seidenstraße. Durch das breite Tal des Gelben Flusses, immerhin der achtlängste Strom der Erde. Fast golden schimmerte die gelbliche Färbung, die durch Lössabtragungen entstanden ist. Wir fuhren durch Ningxia, das autonome Gebiet der muslimischen Hui-Chinesen, von deren Anwesenheit prächtige Moscheen kündeten, deren goldene Kuppeln in der Sonne glänzten. Das war ein Schnelldurchlauf, eine Schnelldurchfahrt durch chinesische Geschichte, durch Weltkultur. Obwohl wir auf die Tube drücken mussten, nahmen wir uns immer wieder Zeit, einen Halt vor kulturellen Einrichtungen und bei den Menschen einzulegen. Moscheen und über 2000 Jahre alte Buddha-Grotten, imposante Pagodengebäude, die 108 Dagobas aus der frühen Ming-Dynastie, eindrucksvoll in einem Dreieck angeordnete, weiß gekalkte, vasenartige Ziegelsteinkegel. Allerorten freundliche und aufgeschlossene Menschen. Ein Lehrer, der im schwarzen Anzug auf einem Rad vorbeiradelte, lud uns spontan ein, dem Unterricht seiner Schulklasse beizuwohnen. Ein Angebot, das wir leider nicht wahrnehmen konnten, wir hatten ja noch etwas vor.

Vom Fahren her war das eine relativ sichere Sache, allein schon, weil dieses Hightechfahrzeug mit Navigation ausgerüstet und ständig mit einem Hubschrauber verbunden war.

Tim und ich mussten diese Hilfe sogar in Anspruch nehmen. Teilweise ging es über kaum befahrene Autobahnen. Alle hundert Kilometer sah man dort vielleicht einen Menschen, der den Sand vom Asphalt fegte. Da wir mit den anderen Teams über Funk in Verbindung standen, gab es gelegentlich Tipps von den anderen, auf welchem Streckenabschnitt man Gas geben konnte, weil es offensichtlich keine Polizeikontrolle gab. Dann der Schreck aus heiterem Himmel. Mit knapp 130 Stundenkilometern fuhr ich unser goldfarbenes Geschoss über einen größeren Fremdkörper, der plötzlich vor uns auftauchte. Wie in einem Actionfilm wurden wir hochgeschleudert, sofort löste das Sicherheitssystem die Gurtstraffer und die Airbags aus – wir kamen mit dem Schrecken davon. Tim hatte danach stundenlang eine rot leuchtende Wange, denn der Seitenairbag hatte die Sonnenblende abgeschossen, die ihm eine Backpfeife gab. Lustig war das in diesem Moment natürlich nicht – aber am Abend konnten wir darüber umso mehr lachen.

Nur wenige Minuten nach dem Unfall landete der Notfallhubschrauber neben uns. Die Serviceleute machten den Wagen so weit fit, dass wir bis zum Ziel des Tages kamen, und entdeckten bei der dortigen Inspektion, dass der Gegenstand auf der Autobahn ein faustgroßes Loch in den rechten Längsträger geschlagen, das Bodenblech durchdrungen und den Beifahrersitz aus seiner Verankerung gehoben hatte. In einer Nachtschicht behob das Serviceteam bei zwei Grad Celsius den Schaden, so gut es ging, und ersetzte die Airbags durch Pendants, die sie kurzerhand aus einem Begleitfahrzeug ausbauten. Ohne Verzögerung konnten wir am nächsten Morgen unsere Abenteuerfahrt fortsetzen.

Nun ging es durch Steppen- und Wüstenlandschaft, flankiert von den sogenannten Singenden Dünen, ein bis zu mehr als 110 Meter hohes Naturschauspiel. Dünen, die ein markantes Geräusch entwickeln können. Die Teamleitung hatte uns grinsend gewarnt: Der Legende nach sollten diese Gesänge Reisende in die Wüste und somit ins Verderben locken. Glücklicherweise blieben sie bei uns stumm. Steppe und Wüste wechselten sich ab, Fahrbahnen von unterschiedlicher Beschaffenheit, wegen der Ausbauarbeiten teilweise abseits befestigter Wege. Chinesischer Pragmatismus: Runter von der Straße, ab über den Acker, wobei sich der Allradantrieb als äußerst nützlich erwies. Besonders zog mich die unendlich erscheinende mongolische Steppe in ihren Bann. Am Abend erreichten wir Hohhot, mit 2,4 Millionen Einwohnern die Hauptstadt der Inneren Mongolei mit einer beeindruckenden Tempelarchitektur in der Altstadt. Und beim

Bummel durch die Stadt stellte ich mir die Frage, ob es nicht nur in Beijing nine million bicycles gebe.

Das vorletzte Etappenziel vor der Einfahrt nach Peking hieß Badaling. Vorbei an der Chinesischen Mauer und mitten in der Landschaft war an den Hängen die überdimensionierte Beschriftung „One World One Dream" zu lesen – ein Hinweis auf die Olympischen Spiele in anderthalb Jahren in Peking.

„Schau mal", stupste ich Tim an und deutete auf die Werbung. Bei dem Anblick kam bei uns beiden richtig die Vorfreude auf die Spiele auf.

Kurz vor Badaling hatte ein umgestürzter Lkw einen achtzehn Kilometer langen Stau ausgelöst. Abermals half der chinesische Pragmatismus: Ortskundige Kräfte lotsten uns über Feldwege hinein in die Stadt.

In diesen Tagen, in diesem Rausch der Sinne, waren wir teilweise durch Dörfer gefahren, deren Bewohner noch nie ein Auto, noch nie einen Menschen aus der westlichen Welt gesehen hatten. Bei einem Abstecher zu einem abgelegenen Tempel etwa, zu dem wir auf Sandwegen gelangten. Nach dem Halt kamen dreißig, vierzig Kinder angerannt, fassten mit weit aufgerissenen Augen ungläubig das Auto an und, nachdem wir ausgestiegen waren, tasteten die Gesichter von Tim und mir ab. Kinder, die in einer Art von Erdlöchern hausten, sie waren bedeckt mit einer Haube aus Geäst und Lehm. Menschen, die, um sich ihrer Notdurft zu entledigen, nahe einer Schlucht hockten, Menschen, denen es an allem fehlte, vor allem an Nahrungsmitteln. Diese Begegnung war für mich einer der emotionalsten Momente dieser Tour. Nach dem Besuch dieser Orte schwiegen wir lange, als wir weiterfuhren. Jeder hing seinen eigenen Gedanken nach, zu besprechen gab es nach diesen Eindrücken nicht viel. Ein wenig dem schlechten Gewissen geschuldet, vor allem aber, um in diesen Flecken, in die wir aus der Zivilisation einbrachen, wenigstens nicht mit ganz leeren Händen aufzutauchen, stopften wir jeden Morgen den Kofferraum des Mercedes voll mit Lebensmitteln, um sie dort zu verteilen.

Was uns fast peinlich war, weil so surreal und so grotesk: dass wir vor der letzten Etappe direkt an der Chinesischen Mauer (die wir natürlich bestiegen) in einem Steigenberger übernachteten, bestrahlt von fünf Sternen. Dort stand Tim und mir ein eigenes Haus zur Verfügung. Diesen Kontrast mussten wir erst einmal verdauen, diese Unvereinbarkeit, die wir als grotesk empfanden. Ich dachte: Mensch, Ronny, wie gut meint es das Leben mit dir? Erhältst einen Bambi, darfst dieses Abenteuer erleben, das du dem Sport zu verdanken hast, siehst Flecken dieser Erde, auf die die meisten nie einen Fuß setzen werden, triffst Menschen, die dir wieder einmal vor Augen führen, was für ein privilegiertes Leben du führst, ganz abgesehen von deinen sportlichen Erfolgen.

Wie geht es uns doch gut. Eine Floskel, die wir nach Schicksalsschlägen, Rückschlägen, Verlusten, nach schwierigen Tagen bemühen. Eine Floskel, die wir auch als Übersprunghandlung bemühen, um schweres Gepäck im Kopf abzuschütteln. Es muss ja weitergehen mit dem Leben. Und das bedeutete für uns, schon mal Pekinger Luft zu schnuppern. Das war jetzt nicht unbedingt ein besonders sinnliches Erlebnis, aber Tim und ich stellten uns vor: In anderthalb

Jahren und in der Zeit der Vorbereitung würden wir alles dafür geben, dass diese Stadt uns in goldener Erinnerung bleibt. Wir waren uns bewusst, wie schwer diese Aufgabe für uns würde, trotz unserer Favoritenrolle. Aber diese Rolle verleitete uns nie dazu, die Herausforderungen oder unsere Gegner zu unterschätzen. Ich bin überzeugt davon, dass diese Einstellung einer der Gründe für unseren langjährigen Erfolg war.

Für die Rallye von Frankeich nach China waren Tim und ich von den Athletiktests des Verbandes in Kienbaum freigestellt worden. Gleich nach unserer Rückkehr, so war es vereinbart, würden wir direkt in die lange Vorbereitungsphase für Olympia 2008 einsteigen, für unsere Rallye Potsdam–Peking.

Nach wie vor waren Tim und ich mit Vollgas unterwegs, weiterhin ungeschlagen, nach Athen war es erfolgreich weitergegangen. Weltmeistergold über 500 Meter 2005 auf dem Jarun-See im kroatischen Zagreb. Die Zweitplatzierten, Marek Twardowski und Adam Wysocki aus Polen, lagen fast eineinhalb Sekunden hinter uns – das war eine kleine Welt, die zwischen uns und ihnen klaffte. „Der Wahnsinn geht weiter", jubelte unser Interims-Cheftrainer Jens Kahl. Womit er nicht uns herauspickte, sondern die gesamte Nationalmannschaft lobte: Mit neun Goldmedaillen in den olympischen Disziplinen war Zagreb die erfolgreichste WM aller Zeiten für uns deutsche Kanuten gewesen.

Rekordmarken kamen im Jahr darauf im ungarischen Szeged auf der Regattabahn Maty-ér hinzu: Die Weltmeisterschaft mit den bislang meisten Teilnehmerländern – aus 94 Nationen reisten die 1200 Kajak- und Canadierfahrer an. Zehntausende

Zuschauer bildeten an all den Tagen die Kulisse, Menschen, die entlang der Strecke bis zum Start standen, weil die Tribüne pickepackevoll war, illustrierten die Kanubegeisterung der Ungarn, die einen riesigen Erfolg ihres Teams bejubeln durften. Denn im Medaillenspiegel lagen sie mit zwölf Goldmedaillen vorne.

Was es bis dahin kaum gegeben hatte: Ich durfte ein Triple feiern. Gold im Einer über 200 Meter, Gold mit Tim über die gleiche Distanz und noch mal Gold mit Tim über den halben Kilometer, wiederum mit beinahe einer satten Sekunde Vorsprung. Dieses Mal ließen wir die Kanadier Richard Dessureault-Dober und Andrew Willows hinter uns. Der Reporter des Fernsehsenders Eurosport bezeichnete mich nach dem dritten Gold als „Rekordmann" und „Sprintkönig". Wenn man so etwas aus berufenem Mund hört, klar, das schmeichelt natürlich.

Ein Jahr darauf fuhren wir die Weltmeisterschaft auf einer meiner Lieblingsregattastätten aus, die ich gerne als „mein Wohnzimmer" bezeichnete: auf der Wedau im Sportpark Duisburg. Ein Jahr nach dem „Sommermärchen" der Fußballer legte sich unser Verband mächtig ins Zeug bei der bis dahin größten Weltmeisterschaft mit 1400 Kanuten aus 91 Nationen, die in insgesamt 27 Disziplinen ihre Kräfte maßen. Auch das Drumherum konnte sich sehen lassen. Erstmals begleitete ein Kulturprogramm eine Kanu-WM mit zahlreichen Konzerten auf der WM-Plaza direkt neben der Strecke. Es spielten Künstler wie Jan Delay, MIA, Silbermond und die Duisburger Philharmoniker. Auch die Foodmeile im Kanuvillage trug zu einer regelrechten Volksfeststimmung bei. Ein schönes Beispiel dafür, wie auch Menschen für unseren Sport zu begeistern waren, die ansonsten nicht unbedingt zu Kanuwettkämpfen strömten. Alle Finaltage waren ausverkauft und wir enttäuschten unsere Fans nicht. Gemeinsam mit den Ungarn holten unsere Kanuten die meisten Goldmedaillen, jeweils neun. Ja, auch Tim und ich erfüllten im vorolympischen Jahr unsere eigenen und die von außen an uns gerichteten Erwartungen. Silber über 200 Meter, Gold über 500 vor den Belarussen Raman Petruschenka und Wadsim Machneu.

Die Zeichen für Peking waren gesetzt.

Was macht eine derartige Erfolgsserie mit jungen Sportlern? Tim und ich schienen schier unbesiegbar über die 500 Meter, die Fachleute rechneten in jedem Rennen mit unserem Sieg, auch wir selbst. Das entsprach auch dem Anspruch, den wir an uns hatten. Was also macht eine derartige Erfolgsserie mit jungen Sportlern, immerhin war ich zu diesem Zeitpunkt gerade mal 25 Jahre jung? Ich kann zumindest sagen, was nicht passierte: Ich (und ich darf an dieser Stelle auch für Tim sprechen) hob nie hab, verfiel nie in das Gefühl, ich sei der König der Welt. Im Gegenteil: Ständig schärfte ich meine Sinne und meine analytischen Fähigkeiten, um auch dem klitzekleinsten Fehler auf die Spur zu kommen. Nie gab ich mich mit dem Erreichten zufrieden, ich verfiel überhaupt nicht erst auf den Gedanken, wir seien perfekt. Denn Perfektion gibt es nicht, und hätten wir uns dieser Vorstellung hingegeben, hätte das Stillstand bedeutet. Viel eher hieß es für mich, Mankos auszumachen, dort weiterzumachen, wo es zu schmerzen anfing. Stets aufmerksam zu sein. Ständig auf der Suche nach dem Kratzer im Lack, den von außen kaum einer wahrnahm, den nur Tim und ich finden konnten. Fehler zu entlarven, unser Potenzial noch tiefer auszuschöpfen – das waren die kleinen Erfolgsmomente zwischen den Wettbewerben. Das war mein Antrieb, nicht nachzulassen. Viel eher, noch einen Zacken zuzulegen. Was mir zugutekam: Obwohl ich genauso oft wie Tim die Videoanalyse nach dem Training einforderte, damit jeder erst einmal seine eigenen Fehler suchte, um sie dann im Team zu besprechen, hatte ich stets schon im Boot ein gutes Bild von meinen Bewegungen im Kopf, sah mir gewissermaßen von außen im Boot sitzend zu. Dieses Vorstellungsvermögen, dieses Körpergefühl, diese Vorstellung von Körperkoordination, rührte vielleicht daher, dass ich als Jugendlicher verschiedene Sportarten ausprobiert hatte.

Was die meisten, die sich kaum mit dem Kanusport beschäftigen, die höchstens mal mit Kind und Kegel am Sonntag zu einem Paddelausflug auf dem heimischen Fluss für drei, vier Stunden aufbrechen (und anschließend über dicke Arme klagen), nicht ahnen: Es gibt nur wenige Sportarten, die ähnlich komplexe Bewegungsabläufe abverlangen. Für manche von uns ist es eine Lebensaufgabe, eine saubere Technik hinzubekommen. Diese Technik wird auf allen körperlichen Ebenen abverlangt, sozusagen dreidimensional. Rotierende Bewegungen auf beiden Körperseiten, auf der einen Seite Luftarbeit, dreidimensional in verschiedenen Ebenen und gleichzeitig in verschiedenen Elementen. Rumpf und Beine sind extrem gefordert, wobei die Beine entgegengesetzt zum Rumpf arbeiten. Beide Köperpartien müssen gegenhalten, damit das Boot so ruhig wie möglich im Wasser liegt, da es dann besser gleitet und weniger Widerstand im Wasser hat. Der gesamte Bewegungsablauf soll gut ausgebildet sein, Arme, Oberkörper, Rumpf und Beine müssen eine Einheit bilden. Deswegen ist das Krafttraining so wichtig. Aber nur Muckis bringen nicht vorwärts. Ich habe muskelbepackte Athleten erlebt, die die Aerodynamik und die biodynamischen Kräfte nicht ideal einsetzten, denen wortwörtlich die Übersetzung ins Wasser gefehlt hat.

Bei all diesem Bemühen, Schwächen offenzulegen, zu überlegen, wie ich es alleine oder mit meinen Partnern besser machen könnte, lernte ich unweigerlich meinen Körper zunehmend besser kennen. Das bereitete mir stets Freude, hineinzufühlen, welche und wie viel Belastung ich benötigte, effizientere, zielführendere Trainingsmethoden auszuarbeiten. In den letzten Jahren meiner Laufbahn, als ich manchmal nach einem harten Trainingstag mit dem Gefühl aufwachte: „Huch, bist du über Nacht zehn Jahre gealtert?", trainierte ich wesentlich weniger als zuvor, aber punktueller, trainierte das, was mein Körper brauchte. Und ich wurde bei dieser neuen Herausforderung an mich selbst noch besser. Natürlich hielt ich am Ende wie alle anderen auch gerne eine Medaille in den Händen. Aber mich zu entwickeln, neue, erfolgreiche Wege im Training zu entdecken, fand ich manchmal spannender und reizvoller.

Dazu kam ein nie nachlassendes Einnorden dessen, was eigentlich selbstverständlich war, selbstverständlich sein sollte. Was für ein Glück ich gehabt hatte, an einem Ort geboren zu sein, an dem meine Familie und damit auch ich nicht täglich um unsere Existenz kämpfen mussten, sondern an dem ich meine Talente in der Schule und im Sport mit einer Leidenschaft entwickeln durfte, die mich erfüllte. Dieses Geschenk werde ich immer mit Demut behandeln. Denn ich bin glücklich und mir darüber bewusst, dass das keine Selbstverständlichkeit ist. Besonders geholfen hat mir stets mein Umfeld, das mir zur Seite stand, das mir Liebe zeigte und das mich so nahm, wie ich war. Das erdete mich und gab mir eine feste Basis. Ich wusste immer, dass ich zu Hause von meiner Frau und meinen Kindern geliebt wurde. Ganz egal, welche Platzierung in der Ergebnisliste stand. Es war nur ein Rennen. Obgleich: Edelmetall in Peking 2008 – natürlich war das zumindest unser Anspruch.

Peking war als Austragungsort nicht unumstritten. Diskussionen um Pressefreiheit, Menschenrechte, Ärger um den Fackellauf, bei dem sich die chinesische Regierung protibetanische Kundgebungen verbat. Aber diese berechtigten Einwände trübten nicht meine Begeisterung für die Olympischen Spiele an sich als Öffnung und Begegnung von zwei völlig verschiedenen Welten, eine Öffnung in beide Richtungen. Und Peking war wirklich gigantisch. Zwischen dreißig und vierzig Milliarden Euro, nach seriösen Schätzungen, waren in die aus dem Boden gestampften Bauten und die Infrastruktur geflossen. Allen voran das 91 000 Zuschauer fassende, wegen seiner ausgefallenen Hülle „Vogelnest" genannte Olympiastadion und das danebenliegende Schwimmstadion, der „Wasserwürfel", zwei neue Wahrzeichen der Stadt. Peking war perfekt organisiert, an manchen Orten standen zehn Helfer zur Verfügung, wo einer genügt hätte. Hinzu kam Hightech im olympischen Dorf. Auf das Etikett „grüne Spiele" legten die Veranstalter viel Wert. Manchmal blieben die Tribünen leer, manchmal kamen Zuschauer in Bussen zu den Wettkämpfen. An das Verhalten der Zuschauer musste ich mich gewöhnen, denn geklatscht wurde nur, wenn gerade etwas passierte, und natürlich, wenn Landsleute in Erscheinung traten. Ich spürte die Freude der Menschen, für die Welt den roten Teppich ausrollen zu dürfen, das Erlebnis, ein derartiges Event auf die Beine stellen zu können. Aber: In Athen hatten die Leute ihre Spiele regelrecht eingesaugt. In Athen hatte das olympische Herz geschlagen. In Peking war alles sehr viel klinischer.

Die Kanuwettbewerbe fanden im eigens für die Spiele errichteten Ruder- und Kanupark im Stadtbezirk Shunyi statt. Unser Finale stieg am Samstag, 28. August, um 10:35 Uhr Ortszeit. 1:28 Minuten später erlitten Tim und ich unsere erste Niederlage nach acht Jahren im Zweier über die 500 Meter. Geschlagen um den Wimpernschlag von neun Hundertstelsekunden. Aber Wimpernschlag war Wimpernschlag. Ausgerechnet im Finale der Olympischen Spiele. Keine faulen Ausreden und billigen Ausflüchte. Die Fachwelt staunte. Damit hatte keiner gerechnet. Erst recht nicht Tim und ich. Natürlich spukte im Kopf schon der Gedanke, dass unsere Siegesserie nicht ewig anhalten würde. Aber beim olympischen Finale in Peking sollte sie nun nicht unbedingt reißen.

In diesem Endlauf war ich zum ersten Mal auf den damals 23-jährigen Spanier Saúl Craviotto gestoßen. Seit diesem Tag sollte uns eine dreizehnjährige Rivalität und Freundschaft verbinden, mit bisweilen merkwürdigen Parallelen. Es war eine von gegenseitigem Respekt geprägte Rivalität und echte Freundschaft. .Saúl, im Fernsehen einmal zu unserem Verhältnis befragt, sagte dazu: „Es ist doch schön, wenn man gegen jemanden antreten kann, den man bewundert." Ein Kompliment, das ich uneingeschränkt zurückgeben kann. Obwohl mir Saúl meine bis dahin bitterste und schmerzlichste Niederlage bereitete. Im Nachhinein minderte es den Schmerz ein wenig, dass es gerade Saúl war, der als Schlagmann seinen Zweier zu diesem Meisterstück gegen Tim und mich führte.

Es war ein „Alles-oder-Nichts"-Rennen von Saúl und seinem Partner Carlos Pérez. Bekannt dafür, dass im Endspurt keiner gegen Tim und mich eine Chance hatte, setzte Saúl alles auf eine Karte: ein Fluchtrennen, auf und davon. Teilweise lagen die beiden um anderthalb Bootslängen vor uns.

Können die nicht durchhalten, können die unmöglich durchhalten, die brechen ein, wir schlucken die, die nehmen uns das Gold nicht weg. Gedankenpartikel, die in dieser extremen Anspannung und Anstrengung durch meinen Kopf sirrten.

Augenwinkelblick nach rechts. Als hätten sie heimlich einen Außenbordmotor angebracht, pflügten die Spanier das Wasser. Die werden einbrechen. Damit kommen sie nicht durch. Hopp! Fulminante Explosion in unserem Boot. Jetzt schien es, als hätten *wir* einen verdeckten Motor eingeschaltet. Ich hatte es doch gewusst. Nicht mit uns. Wir nähern uns. Kommen noch näher. Gleich haben wir sie, sie bleiben regelrecht stehen. Jetzt. Oder? Die Hupe, die den jeweiligen Zielübertritt signalisiert, eine Doppelhupe beinahe im gleichen Moment.

Ich wette, keiner der Zuschauer hörte den Unterschied heraus. Ich aber wusste sofort, dass es nicht gereicht hatte. Ich weiß nicht, ob Tim es in diesem Moment auch wusste. Falls nicht, erkannte er spätestens an meinen herabgesunkenen, erschlafften Schultern, dass es das für uns gewesen war.

Psychologen sagen, jeder Moment, den wir erleben, daure drei Sekunden. Mehr nicht. Danach gehört dieser Moment der Vergangenheit an. Und doch kann ich diesen Moment des Zieleinlaufs von Peking heute noch spüren, fast körperlich, auf alle Fälle tief in meiner Seele.

Nein, über dieses Silber konnte ich mich nicht wirklich freuen. Wohl wissend, dass ich mir damit in gewisser Weise widerspreche, habe ich doch an anderer Stelle unterstrichen, dass Titel nie mein oberstes Ziel waren. Das stimmt auch. Aber wenn man acht Jahre eine Disziplin derart beherrscht, wie Tim und ich das taten, dann kann man sich am Ende nicht mit Silber zufriedengeben, dann kann nur Gold die logische Folge sein.

Opa Herbert sagte, ein guter Gewinner sei der, der weiß, wie man anständig verliert. Das tat ich, wenngleich mit essigsaurem Beigeschmack. Selbstverständlich gratulierten wir Saúl und Carlos, wie es sich gehört, obwohl wir eine deftige Niederlage erlebten. Weder Tim noch ich moserten, schoben niemandem die Schuld zu, suchten nicht nach Ausflüchten, respektierten das taktische Können der Spanier. Dass bei der Siegerehrung keine rechte Freude aufkommen wollte, dass ich ein wenig verdrossen dreinschaute, selbst nach dem aufmunternden Tätscheln meines Arms durch Thomas Bach, den damaligen Präsidenten des Deutschen Olympischen Sportbundes (man hatte ihn wohl für diese Siegerehrung ausgewählt, weil man fest von unserem Sieg ausging), möge man mir nachsehen.

Jahre danach habe ich eine Umfrage unter Medaillengewinnern der Spiele von 1992 in Barcelona gelesen. Demnach waren sehr viel mehr Bronzemedaillengewinner glücklich als jene, die mit einer Silbermedaille nach Hause fuhren. Wahrscheinlich, weil die Bronzenen froh waren, noch in die Medaillenränge gekommen zu sein, und die Silbernen damit haderten, den großen Sprung verpasst zu haben.

Das einzig Gute an dieser Niederlage war ein Fakt, der meine Verbindung mit Tim noch mehr festigte: Er machte mir mit keiner Andeutung auch nur einen Vorwurf, dass ich wegen meiner Renntaktik möglicherweise unser Rennen versaut hätte. Dass ich den Spurt hätte früher anziehen sollen. Ich war einfach zu überrascht gewesen vom forschen Angehen Saúls; ein kleiner Moment, in dem ich mich hätte anders entscheiden können, sollen, müssen. Aber mir huschte ein Gedanke durch den Kopf: Nie und nimmer halten die das durch, bloß nicht auf diese Taktik hereinfallen, lass dich nicht kirre machen, bleib bei deiner Struktur. Ich selbst wälzte schon genügend Gedanken (mache ich das eigentlich gelegentlich heute noch?), ob ich früher hätte anziehen sollen ... hätte, hätte, Fahrradkette. Umso dankbarer bin ich Tim bis zum heutigen Tag, dass ich nie auch nur einen Anflug in dieser Richtung von ihm hörte. Das nahm mir einiges von der Last, der Verantwortung, die ich spürte. Und es bewies, was für ein großartiger Partner Tim war. Sportlich und menschlich.

Wenn du in einem Loch sitzt, solltest du nicht noch anfangen zu buddeln. Was hatte es mit dieser Niederlage auf

Mein erster Paddelausflug – gerade mal zehn Monate jung ...

Auf zur ersten Regatta, ohne elterliche Unterstützung im Boot!

Ein Traum geht in Erfüllung: Vor der Abreise zu den Olympischen Spielen 2000 in Sydney.

Vier Generationen in einem Boot: Opa Herbert, mein Papa und unser Ältester Til.

Erste Olympische Spiele – und auf Anhieb Bronze mit meinem langjährigen Partner Tim Wieskötter ...

... und aus Bronze schmiedeten Tim und ich in Athen vier Jahre später Gold: der Zieleinlauf ...

Mit Olivenkranz an der Geburtsstätte von Olympia.

Zum Abstempeln freigegeben – immerhin mal auf eine Briefmarke gepaddelt (nach Athen 2004).

Verlieren will gelernt sein ... aber immerhin Silber mit Tim bei den Spielen 2008 in Peking.

Volle Kraft voraus, aber bei den Olympischen Spielen 2012 reichte es für Jonas Ems und mich trotzdem nur für den achten Platz.

Rio 2016 sollten eigentlich meine letzten Olympischen Spiele sein: Fünfter Platz mit Tom Liebscher im Zweier ...

... und Bronze im Einer, zeitgleich mit meinem großen Rivalen und Freund Saúl Craviotto.

Ein toller Empfang nach der Rückkehr vom Zuckerhut in Berlin-Tegel!

Einer der bewegendsten Momente meiner Laufbahn: Fahnenträger bei der Abschlussfeier der Olympischen Spiele 2021 in Tokio.

Wir haben es tatsächlich geschafft: Unser Vierer überquert in Tokio als erstes Boot die Ziellinie (vor mir Max Rendschmidt).

Emotionen pur: Das letzte Rennen meiner Laufbahn – und dann noch einmal Gold!

© Imago / Sven Simon

Unser Goldvierer von Tokio: links von mir Max Rendschmidt, rechts Tom Liebscher und Max Lemke.

Nach der goldenen Medaille von Athen gab es 2004 noch etwas Goldenes:
Einen Bambi gemeinsam mit anderen deutschen Olympia-Kanuten.

Demütig und stolz: bei der Verleihung des Verdienstordens
des Landes Brandenburg 2016.

Bei der Sportler-des-Jahres-Gala 2021 wurde ich als „Vorbild des Sports" geehrt.

Fanny immer an meiner Seite

ZDF-Experte

Meine Frau Fanny und ihre Tante Birgit Fischer, die erfolgreichste deutsche Sportlerin aller Zeiten, bei der Weltmeisterschaft 2005 ...

... mit der Bronzemedaille.

Meine treusten Fans: Fanny und unser Ältester, Til, bei der Weltmeisterschaft 2014 in Brandenburg an der Havel.

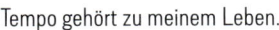

Tempo gehört zu meinem Leben.

Neugierde auf Menschen: Mit Tim und einem Einheimischen bei der Rallye Paris – Peking.

Gerne lege ich Hand an – gerade, wenn es um das eigene Haus geht.

Häuslebau – das lernte ich schon beim Eigenheimbau von Papa.

Das Wichtigste: die Familie

sich? Wie sollte es weitergehen mit mir und meiner sportlichen Laufbahn? Auf die nächsten Olympischen Spiele setzen? Allein oder wieder mit Tim? Wäre das überhaupt eine gute Idee, nach diesem Kentern gemeinsam weiterzumachen? Würden wir uns noch einmal aufraffen können, aus diesem Strudel herauszupaddeln?

Fragen, die ich mir vorher noch nie hatte stellen müssen.

Um mir über einiges klar zu werden, wollte ich raus. Raus aus der Komfortzone, dorthin, wo es eher ungemütlich und ich allein auf mich gestellt wäre. Tief in mich hineinhorchen. Ich erinnerte mich an ein Survivaltraining mit der Trainingsgruppe, das wir zum Abschluss einer Saison vor einigen Jahren absolviert hatten. 48 Stunden auf einem ehemaligen Militärgelände durchschlagen, ein Huhn schlachten gehörte auch noch dazu, rohe Zwiebeln essen und mit primitiven Mitteln Wasser filtern. Wir lernten, wie wir Vögel fangen könnten, nur für den Notfall, kurz vor dem Verhungern. Das „Durchschlagen" wollte ich nun wiederholen, allein, ganz auf mich gestellt. Da ich in der Nähe von uns keinen genügend großen Wald kannte, suchte ich mir ein Terrain kurz vor Kremmen im Landkreis Oberhavel aus. Wenn ich mich dort querfeldein schlüge, würde ich sicherlich keiner Menschenseele begegnen. Was mich neugierig auf mich selbst machte: Wie lange würde ich es allein auf mich gestellt auf diese Art und Weise aushalten, ohne Nahrungsmittel und Trinkwasser zu kaufen, ohne der Versuchung nachzugeben, doch das Bett eines Landgasthofes dem Waldboden vorzuziehen? Ich schaute mir die Landkarte nicht näher an, sondern stellte mein Auto am Rand des Waldes ab, musste folgerichtig am

Ende dorthin zurückkehren. Dann ging ich Anfang Oktober einfach in diesen Wald hinein, ohne Plan. Mit dabei hatte ich lediglich zwei Mülltüten, ein Feuerzeug, ein wenig Wasser zum Trinken, soweit ich mich richtig erinnere, zwei Proteinriegel und einen Nylonstrumpf.

Aus dem Strumpf bastelte ich mithilfe von Sand und Erde einen Wasserfilter, bastelte ein kleines Fass, in das ich Morgentau tropfen ließ. Ich wusste nicht, ob und wo es dort einen Bach, See oder Fluss gab – ich stieß tatsächlich auf kein frisches Wasser –, musste mich also mit dem Morgentau-Plan über Wasser halten.

Einen blauen Müllsack nutzte ich als Schlafsack, stanzte mit einem Ast Löcher hinein, füllte den anderen mit Laub. In den gestanzten schlüpfte ich, damit die Körperfeuchtigkeit durch Löcher entweichen konnte, der laubgefüllte Sack diente als Außenhülle. Ich legte mich in einem Unterschlupf, den ich mir aus Stöcken und Laub zusammengepfriemelt und auf dem Boden errichtet hatte, auf ein „Bett" aus mehreren Schichten aus Reisig und Blättern als Isolierschicht, damit die Kälte nicht vom Boden aus nach oben kriechen konnte, denn nachts wurde es um diese Zeit schon ziemlich frisch. Davor zündete ich ein Feuer an. Richtiggehend gemütlich war das. Das Feuer in Armeslänge, um es auch in der Nacht am Leben zu halten, allein schon, um Tiere von mir fernzuhalten. Denn da kreuchte und fleuchte ja so einiges, von dem ich in der Nacht nicht unbedingt beschnuppert werden wollte. Waschbären, Wildsauen in Begleitung ihrer Frischlinge, auch der Wolf sollte hier und dort in jener Gegend gesichtet worden sein.

In der Hauptsache ernährte ich mich von Beeren, die ich pflückte. Vier Tage war ich unterwegs, und auf die Spitze getrieben hätte ich es noch einige Tage länger ausgehalten. Aber dann hätte ich mich vielleicht auf einem Bauernhof an den Kartoffeln oder einem Huhn bedienen müssen. Schöne Schlagzeile in der *Bild*, wenn ich dabei erwischt worden wäre: „Wegen Frust bei Olympia: Olympia-Held klaut beim Bauern!"

Aber ich hatte mich genug mit mir selbst beschäftigt, hatte mich erneut bestätigt in dem Sinne, dass es meist eine Lösung gibt, sieht man sich mit Problemen konfrontiert. Auch wenn man auf sich allein gestellt ist und nicht mal schnell bei einem YouTube-Tutorial um Rat nachfragen kann.

Als ich einmal durchnässt war, sprang ich aus den Klamotten und trocknete sie über dem Feuer, kauerte derweil davor, pudelnackt; Fuchs und Hase interessierte mein Anblick wohl herzlich wenig. Wenn etwas schiefgeht, du etwa keine Wasserquelle findest, kommst du eben auf deinen eigenen Morgentau-Plan. Hatte mir doch Papa einst auf einen Zettel geschrieben: „Verlierer sehen in der Chance ein Problem..." – aber manchmal ist es doch legitim, das in der Praxis zu überprüfen, was Väter einem so mit auf den Weg geben, nicht wahr? Und er hatte recht, wie er in dieser Hinsicht schon so oft richtiggelegen hatte.

Also, wer im Loch sitzt, sollte nicht anfangen zu buddeln, sollte stattdessen für einen gewissen Zeitraum aus seiner Komfortzone flüchten. Er muss sich nicht tagelang durch den Wald schlagen. Aber er sollte sich schon in eine Situation begeben, von der er nicht unbedingt weiß, was ihn erwartet, eine Situation, für die er keine Regieanweisung in der

Hosentasche mit sich trägt. Der Reiz des Unbekannten, die Herausforderung an sich selbst, und plötzlich hockt man in keinem Loch mehr.

Im Alleinsein, in der Einsamkeit Tag und Nacht (ich begegnete in dieser Zeit wirklich keinem Menschen) ging ich auf Distanz zu Peking, zu mir selbst. Ich blickte aus der Ferne zu mir und auf mein bisheriges Leben, schraubte das Weitwinkelobjektiv auf. Das war bislang schon ein so reiches, erfülltes Leben gewesen, eine so beglückende Laufbahn, wie sie nicht vielen Sportlern beschieden ist, wie sie sich nicht viele Athleten erarbeiten dürfen.

Gegen alle Fährnisse hatte ich das erreicht. Was hätte mir nicht alles in die Quere kommen können, was hätte mir nicht alles die Karriere verderben können, wären nur einige Schrauben in meinem Leben anders gestellt worden.

Wäre ich etwa in einer Gegend aufgewachsen, in der man Kanus höchstens aus Abenteuergeschichten kannte. Eltern, die keinen Bock gehabt hätten, jeden Tag ihren Filius zum Training zu kutschieren. Nicht ausgeschlossen ein schlimmer Autounfall bei diesen Abertausenden von Kilometern, die sie für mich gefahren sind. Eltern, die darauf gepocht hätten, dass ihr Sohn erst einmal eine Ausbildung zum Industriekaufmann absolviert. Missgünstige Trainer, die einen anderen Schützling bevorzugt hätten. Ein Kreuzbandriss, eine bei Kanuten durch die spezifischen Bewegungen nicht seltene Schädigung des Gewebes der Bizepssehne oder ein Bandscheibenvorfall. Eine Freundin, eine Frau, die null Verständnis für den Sport aufgebracht und mich vor die Alternative gestellt hätte: Ich oder dein Sport.

Mal ehrlich: Ganz schön viele Einwände, die meiner bisherigen Karriere in die Quere hätten kommen können. Aber du lieber Himmel: Was mir alles entgangen wäre, von den sportlichen Erfolgen über die Reisen und die Begegnungen mit so vielen wunderbaren Menschen bis hin zur Teilnahme an der China-Rallye, dann war mein Dasein bisher ein einziger, weit gedehnter Glücksfall gewesen. Hart erarbeitet, das schon. Aber das Schicksal kümmert sich nicht um Fleiß und Aufwand.

Und dann wieder einmal diese Empfehlung an mich selbst, die mir unbewusst Papa und die Großväter mit auf den Weg gegeben hatten: sich selbst nicht so wichtig nehmen. Wer würde in einigen Jahren noch daran denken, dass wir in Peking „nur" Silber gewonnen hatten? Klar, meine Söhne würden vermutlich noch von meinen Erfolgen sprechen. Wenn ich nicht mehr da wäre, würden sie das vielleicht noch ihren Kindern weitergeben. Und dann: erloschenes Interesse an Ronald Rauhe, an seinen Erfolgen und Niederlagen, die er erlebt hatte.

Deshalb, so verdichteten sich meine Gedanken im Wald von Kremmen: Wichtig war nur, dass ich das alles für mich machte, in allererster Linie für mich und nicht etwa für den Beifall der Galerie oder für kumpelhaftes Schulterklopfen. Dass ich die Werte, die mir wichtig waren, irgendwann einmal an meine Kinder weitergeben würde.

Wie erfrischend doch so einige Tage im Wald sein können!

Jeder, der einmal in einem Loch hockt, sollte die Vogelperspektive einnehmen, um dann hoffentlich feststellen zu können, dass die Strecke viel mehr zählt als ein vorübergehendes

Scheitern. Am Ende zählt nicht, was du gewonnen, sondern wie du dich gehalten hast. Was war schon die Enttäuschung von Peking gegen das Geschenk dieser Möglichkeiten, die mir geboten worden waren (und die ich genutzt hatte). Bloß drei Sekunden Gegenwart, die Psychologen als einen Moment bezeichnen, der kurz darauf in die Vergangenheit übergeht.

Zugegeben, dieser Moment schmerzte lange Zeit noch, er ging aber irgendwann über in eine Art Phantomschmerz.

Aber weitergehen würde es. Wie hatte ich daran vor meinen einsamen Tagen im Wald zweifeln können?

Der letzte Schlag V

Stell dir vor, du hast monatelang für dein Abitur oder deine Meisterprüfung gebüffelt, ein beständiger Adrenalinfluss hält deine Aufmerksamkeit und deine Konzentration über einen längeren Zeitraum auf einem hohen Niveau, damit du durchhältst, vom Lernen nicht ablässt. Und dann werden die Prüfungen um ein Jahr verschoben, weil es nicht genug Prüfer gibt. Du weißt, wenn du in einem Jahr wieder antreten willst, musst du so lange auf der Stelle treten und ohne Unterlass deine Aufgaben wälzen.

Stell dir vor, du und dein Partner freuen sich auf den schönsten Tag eures Lebens, eure Hochzeit. Monatelang habt ihr geplant, Einladungslisten geschrieben, euch in den prächtigsten Farben die Feier ausgemalt, an die ihr euch bis ans Ende eurer Tage erinnern wollt. Und dann wird die Eheschließung kurz vorher abgesagt, nicht weil es sich einer von euch beiden anders überlegt hätte, sondern weil eure Kirche für das nächste Jahr geschlossen bleibt. Von eurem Elan wird bis dahin vielleicht etwas verloren gehen; könnte es nicht sogar geschehen, dass eure Liebe in dem Vakuum leidet?

Stell dir vor, du hast nach zahllosen Castings, so vielen Hoffnungen, die alle wie ein schlechtes Soufflé zusammengefallen sind, deine erste große Rolle für einen Hollywoodfilm in der Tasche. Ein renommierter Regisseur, erstklassige Kollegen am

Set, ein überwältigender Stoff, der berechtigte Aussichten auf einen Oscar hat, und dann geht die Produktionsfirma pleite, die Klappe wird nicht fallen.

Stell dir vor, du hast dich dreieinhalb Jahre auf die Olympischen Spiele vorbereitet – auf deine sechsten, nur dem Sportschützen Ralf Schumann, dem Springreiter Ludger Beerbaum, dem Tischtennisspieler Timo Boll und der Dressurreiterin Isabell Werth waren in Deutschland sieben Teilnahmen an Olympischen Spielen vergönnt. Es sollen nicht nur deine sechsten Olympischen Spiele werden, sondern es soll dein letzter Wettkampf überhaupt sein, nunmehr wirklich der letzte, großes Ehrenwort. Und dann hängt die Austragung plötzlich in der Luft.

Jedes Jahr feierst du so sicher wie das Amen in der Kirche deinen Geburtstag, jedes Jahr gibt es unter dem Weihnachtsbaum die Bescherung und alle vier Jahre gibt es Olympische Spiele, solange du denken kannst. Unvermittelt gilt diese Gewissheit nicht mehr.

Das heißt, Anfang März 2020 stand ich, standen meine Mannschaftskameraden wie vor den Kopf geschlagen vor einer weißen Wand. Sieg und Niederlage war ich gewohnt, sie waren verlässliche Begleiter eines jeden Sportlers. Aber kaum abfinden konnte ich mich mit dieser Machtlosigkeit, dem Zustand, zur Untätigkeit verurteilt zu sein, nicht in das Geschehen eingreifen und das Schicksal zu meinen, zu unseren Gunsten wenden zu können. Im Lockdown herumzusitzen und nicht zu wissen, was werden würde. Ausgeliefertsein. Japan beteuerte, die Spiele würden stattfinden, das IOC, das Internationale Olympische Komitee, pflichtete entschlossen bei. Jedoch gingen erste Fachverbände auf Distanz, erste Sportler drängten darauf, die Spiele zu verschieben.

Auch mir wurde mulmig zumute. Bis auf Supermärkte schlossen Geschäfte, Kindertagesstätten und Schulen, das heißt, in einem Bundesland wurde das auf eine spezielle Weise gehandhabt, im nächsten wieder anders. Zermürbende Verwirrung tagtäglich. Tourismus und Veranstaltungen heruntergefahren. Die deutsche Eishockeyliga beendete ihre Saison, die Fußballbundesliga unterbrach den laufenden Spielbetrieb, die UEFA verkündete, die Fußballeuropameisterschaft vom Sommer auf das Jahr 2021 zu verschieben, der Eurovision Song Contest wurde abgesagt. Bundeskanzlerin Angela Merkel wandte sich in einer Fernsehansprache an die Nation: „Es ist ernst. Nehmen Sie es auch ernst", und sprach von der größten Herausforderung Deutschlands nach dem Zweiten Weltkrieg. Ein erstes Kontaktverbot wurde erlassen, mehr als zwei Personen durften sich in der Öffentlichkeit nicht mehr treffen. Da kamen auch mir Zweifel, ob es noch etwas werden würde mit meinem letzten Olympiatraum.

Am 24. März 2020 gab Japans Premier Shinzo Abe die Absage der Spiele bekannt, kurz darauf bestätigte das IOC die Entscheidung. Die 32. Spiele sollten ersatzweise im Jahr 2021 stattfinden, weiterhin unter dem Label „Tokio 2020". Die Pushnachricht auf meinem Handy überraschte mich nicht mehr wirklich. Kurz darauf rief mich, wie die anderen Teamkollegen der Nationalmannschaft, Bundestrainer Arndt Hanisch an. Was sollte er schon große Reden schwingen? Er sagte wohl etwas in dem Sinne, wir sollten erst einmal die

Füße stillhalten und uns fit halten, soweit uns das möglich sei, denn gemeinsames Training war nun erst einmal gestrichen. Aus seiner Stimme hörte ich die gleiche Enttäuschung, eine ähnliche Ratlosigkeit, wie sie auch mich überkam.

Ein halbes Jahr später nach meiner damaligen Reaktion befragt, sagte ich dem Sportinformationsdienst, ich hätte die Absage wie einen Messerstich empfunden. Stimmt. Nach einer ersten Erleichterung, dass nun zumindest überhaupt eine Entscheidung gefallen war. Messerstich, Schlag in die Magengrube, Brett auf den Kopf, den Boden unter den Füßen weggezogen, die Luft zum Atmen genommen. Die Welt wischmoppgrau. Nichts von diesen Vergleichen aber traf das, was ich wirklich durchmachte, was mich erschütterte, was mich in die Tiefe zog. Gerade für jemanden, der sein Leben lang in und von der Bewegung gelebt hatte, der sich über die Bewegung ausdrückte und definierte – ich paddle, also bin ich! –, der mit seinem Kopf und vor allem mit seinem Körper seinem Leben einen Sinn gab, war die diktierte Tatenlosigkeit das Schlimmste. Was ich mit Enthusiasmus verfolgt hatte – Fehlern auf die Spur zu kommen, mit den kleinen Erfolgen Stufe für Stufe die Leiter hinaufzuklettern –, wurde jetzt im Keim erstickt. Hand- und Fußschellen angelegt, Halskrause umgelegt, in die Zwangsjacke gesteckt.

Drei Jahre hatte ich auf dieses Ziel hingearbeitet, auf den krönenden Abschluss meiner Laufbahn, alle Pläne, alle Anstrengungen und Gefühle waren darauf ausgerichtet gewesen. Alles war bisher wie geschmiert gelaufen. Fanny stand wie eine Eins hinter mir und meinem Vorhaben. Wir waren uns einig gewesen, dass es der Entwicklung unseres Ältesten, Til, guttäte, ihn noch ein Jahr im Kindergarten zu lassen und ihn erst im Sommer 2021 einzuschulen. So wäre dieser große Tag, den ich um nichts in der Welt versäumen wollte, auch nicht meinen Olympiaplänen 2020 in die Quere kommen. Besser ging es kaum noch.

Dann rauschte der 24. März 2020 wie eine Abrissbirne in mein Leben, wie in das Leben von Millionen Menschen. Mit Vollgas unterwegs gewesen und dann die Vollbremsung. Blackout, futschikato. Ohne diese Spiele absolviert zu haben, das abrupte Ende meiner sportlichen Karriere, ein Ende aus dem Nichts heraus. Ohne den Abschluss in der Öffentlichkeit bei einem finalen Wettkampf mit Familie, Freunden, Sportkameraden, mit den Anhängern meines Sports zelebrieren zu können. Der fade Abgang: Irgendwann, wenn das Virus eingedämmt wäre, Feier in einer Stadthalle, Händedruck, Übergabe einer Urkunde, die mir meine Verdienste bescheinigte. Für einen, der Ehrgeiz zu buchstabieren wusste, war das in etwa so wie die Insolvenz eines Weltunternehmens aus heiterem Himmel, das gestern noch die Märkte rund um den Globus beliefert hatte.

Natürlich wehte das schwache Lüftchen, die Spiele seien ja nur verschoben. Aber: Da nun einmal das vorher Undenkbare eingetreten war, warum sollte sich das im nächsten Jahr nicht wiederholen? Vorher unumstößliche Gesetze und Gewissheiten schienen nicht mehr zu gelten, so als sei das newtonsche Gravitationsgesetz über Nacht zum Humbug erklärt worden. Gelegentlich war die Rede davon, nach Corona sei nichts mehr so wie vorher. Wäre es nicht vorstellbar, dass Großveranstaltungen für lange Zeit abgesagt werden? Selbst wenn Tokio 2021 über die Bühne ginge, was wusste ich denn schon, ob ich ein weiteres Mal die Motivation für diesen langen, für den zweiten Anlauf, für die monatelangen kräftezehrenden Vorbereitungen aufbringen könnte? Meine Form, da malte ich mir keine Fantasiegebilde in die Luft, würde ich nicht für weitere Jahre einfach so konservieren können. Letzten Endes hätte ich mich im Fall eines weiteren, nicht vorhergesehenen Jahres als Profisportler um die Finanzierung kümmern müssen. Schließlich hatte ich eine Familie zu ernähren. Was mich wieder einmal an die unangenehme Frage erinnerte, was denn überhaupt „danach" werden sollte.

Die Wochen, die auf die Absage folgten, waren eine seltsame Zeit. Ich empfand das beinahe wie das Leben in einer unwirklichen Zwischenwelt. Ich hatte das, was ich immer wollte, was ich aber noch nie in diesem Umfang hatte genießen dürfen: genügend Zeit für und mit meiner Familie, so viel Zeit, wie wir bisher noch nie zusammen verbracht hatten. Bis auf Weiteres keine durch Trainingslager und Wettkämpfe bedingten Trennungen. Dafür die Muße, mit meinen Jungs alles Mögliche zu unternehmen, freie Stunden, mit ihnen im Wald herumzustreunen. Das gab mir in dieser unbestimmten Zeit ungeheuer viel Kraft, um mich und mein Tun nicht infrage zu stellen oder mich gar aufzugeben.

In dieser Blase, in der ich, in der wir zeitweise lebten, war es nicht einfach, mit diesen Gegensätzen klarzukommen. Das eine zu leben, was ich sehnsüchtig für mich, für uns erhoffte – und was irgendwann planmäßig eingetreten wäre –, nun aber auf Kosten meiner sportlichen Leidenschaft.

Ich finde, dass ich dennoch das Beste aus der Situation machte, die Millionen von Menschen in ähnlicher Weise oder vielfach noch drastischer durchlitten. Die Jungs waren glücklich, dass sie nun permanent ihren Papa um sich hatten, der wiederum jede Minute mit ihnen genoss. Was mir half, den anderen Verzicht zu verkraften, weil ich draußen im Wald – ein weiteres Mal! – Zeit hatte, über vieles nachzudenken, mir über meine Wünsche klar zu werden, sie zu sortieren, Energie und Zuversicht zu tanken. Ich weiß nicht, wie ich durch diese Zeit gekommen wäre, hätte ich meine Familie nicht um mich gehabt.

Ich versuchte, mich zu Hause einigermaßen in Form zu halten. Nach einigen Wochen wurde für die Kaderathleten die Ausnahmeregel geschaffen, sie in kleiner Zahl in den Stützpunkten trainieren zu lassen. Von dieser Möglichkeit machte ich vorerst wenig Gebrauch, weil mich dabei das schlechte Gewissen plagte. Das passte einfach nicht zu meinem Verständnis von Fairness, dass ich in den Genuss dieses Vorteils kommen durfte. Denn der überwiegende Teil der Bevölkerung musste zu Hause ausharren. Abgeschnitten von vielen Formen des Zusammenkommens, Arbeitens, Feierns – und ich konnte mit meinen Kumpels Sport treiben. So empfand ich das zumindest. Der Gedanke, meinen Sport in Fairness auszuüben, war für mich immer Voraussetzung gewesen, mich hochmotiviert in die Trainingsarbeit zu stürzen.

Ich war in diesen Coronatagen schon auf ganz andere Art privilegiert, indem ich vom Haus aus direkt auf den See paddeln konnte, um in Schuss zu bleiben. Dennoch ging es mir körperlich nicht besonders gut, was wohl daran lag, dass die fein justierten Pläne für Tokio komplett aus dem Takt geraten waren.

Es war eine Zeit zwischen Heulen und Lachen. Meinen Viererkameraden ging es ähnlich, jeder hatte mit seinen Baustellen zu kämpfen, gerade was Beziehungen betraf. Die Freundin von Tom Liebscher beispielsweise wohnte in Ungarn. Der hatte richtige Probleme, weil es wegen der zeitweise geschlossenen Grenzen überhaupt nicht möglich war, sich zu treffen. Seine Situation vor Augen, blendete ich sie schnell wieder aus, weil ich ohne Fanny und ohne die Jungs verzweifelt wäre.

Im Juni schien ein wenig Licht am Ende des Tunnels. Trainingslager in Kienbaum unter strengsten Hygieneauflagen. Keiner durfte in dieser Zeit die Blase verlassen, Besuche von außen waren sowieso verboten. Kienbaum hatte ein eigenes isoliertes Zentrum konzipiert, um uns Athleten des Teams Deutschland das Training zu ermöglichen. Bei den ersten Leistungsprüfungen Ende Juni in Duisburg lag ich in drei von vier Läufen vorn. Wenn das mal kein Zeichen sein sollte.

Im August öffneten in einigen Bundesländern nach den Ferien die Schulen, teils mit Maskenpflicht, teils ohne, schnell kam es nach Coronainfektionen wieder zu Schließungen. Für Reisende, die aus sogenannten Risikogebieten zurückkehrten, bestand eine Testpflicht. Während der Hitzewelle wurden Strände an Nord- und Ostsee teilweise wegen Überfüllung geschlossen, einige Sommerfrischler wies die Polizei ab, weil immer noch ein Verbot von Tagestourismus galt. 40 000 Menschen demonstrierten in Berlin gegen die

Coronapolitik der Bundesregierung, und Bundesgesundheitsminister Jens Spahn brachte schon einmal ein Aussetzen der nächsten Fastnachts(Karneval)-Kampagne ins Gespräch.

Wir aber durften im August unsere Deutschen Meisterschaften in Duisburg auf der Wedau unter Berücksichtigung besonderer Hygienerichtlinien und – eine neue Erfahrung – ohne Zuschauer ausfahren. Ich bestätigte meine gute Form von den vorherigen Leistungsprüfungen und gewann im Einer über 200 Meter.

Nach diesen Meisterschaften stand für mich fest: Ich würde es darauf anlegen, ich würde die verschobenen Olympischen Spiele 2021 in Angriff nehmen. Nicht etwa, weil ich in Duisburg einmal mehr Deutscher Meister geworden war. Nein, vielmehr hatte ich, erneut, mit Fanny lange und ehrliche Gespräche geführt. Sie hatte mir „grünes Licht" gegeben, wohl wissend, welche harte Zeit das für die Familie bedeutete. Ohne ihre Einwilligung und ihr Verständnis hätte ich nie einigermaßen sorgenfrei zu den Trainingslagern und Wettkämpfen reisen können, um dort Höchstleistungen zu bringen. Da ich aber wusste, dass ich mich auf sie hundertprozentig verlassen konnte, dass sie mir den Rücken freihielt, dass zu Hause alles in Ordnung sein würde, hatte ich den Kopf frei für meinen Sport. Sie opferte sich mit ihrem Einverständnis für meinen Traum auf, sie würde Bärenkräfte aufbringen müssen, um die Familie in den nächsten zwölf Monaten zu managen. Fanny und ich konnten dabei jederzeit auf die Unterstützung der Familie setzen, auf meine Eltern, auf ihre Eltern, auf die Familie meiner Schwester. Mission Goldmedaille als Familienunternehmen.

Wir entschieden uns in dieser Zeit, dass Fanny ihrem Beruf als Mitarbeiterin einer Krankenkasse nur halbtags nachging, zumal die Kita oft geschlossen war und sie einen Teil ihres Jobs im Homeoffice erledigen konnte. Aufgrund meiner Abwesenheit wollten wir beide die Versorgung unserer Jungs unbedingt sicherstellen. Wir nahmen sie zeitweise bewusst für fünf Tage aus der Kinderbetreuung, um für mich das Ansteckungsrisiko zu minimieren. Für mich galt es, mich von einer sicheren Blase in die andere zu bewegen. Das nahm mitunter so viel Zeit in Anspruch wie die Abwicklung eines Trainingslagers.

Fanny ist für mich meine Heldin, die Heldin dieser Geschichte überhaupt, schon vorher, erst recht aber, als das Kapitel Olympische Spiele Tokio auf-, zu- und wieder aufgeschlagen wurde. Sie stand auf der anderen Seite des Spielfeldes, das die Öffentlichkeit nicht im Blick hatte. Mehr als medaillenverdächtig.

Die familiäre Situation war der erste und wichtigste Punkt für meine Entscheidung, nicht das Handtuch zu werfen. Dann galt es, die wirtschaftlichen Bedingungen abzuklopfen. Immerhin waren alle Pläne und Verträge auf mein Karriereende hin gestrickt worden. Die Bundeswehr sagte sofort zu, meinen Vertrag um ein Jahr zu verlängern – das empfand ich als außerordentlichen Vertrauensbeweis ebenso wie die Verlängerung von Sponsoringverträgen mit langjährigen Partnern. Vertrauensvorschuss allein schon deshalb, weil kein Mensch wissen konnte, wohin Covid noch führen würde, ob nicht gar 2021 die Spiele noch einmal und dann wohl endgültig für diesen Olympiazyklus abgesagt würden. Viele Unternehmen hatten in dieser Zeit vermutlich andere Probleme, als Ronald Rauhe bei der Umsetzung seines Traums weiterhin unter die Arme zu greifen. Bei vielen ging es um die Existenz, um Verantwortung für ihre Mitarbeiter. Ich wäre in dieser Phase nie auf den Gedanken gekommen, auf diese Partner zuzugehen, weil es bei ihnen teilweise ums Überleben ging, bei mir „nur" um einen leidenschaftlichen Traum. Was mich umso mehr berührte: Es waren sie, die meine Situation wahrnahmen und auf mich zukamen. Sie hinter mir. Neben der finanziellen Seite war das ein enormer Rückenwind für die kommenden Monate.

„Es würde mir das Herz brechen, wenn ich an diesem Punkt, an dem ich alles in meinem Sinne geklärt habe, sagen würde: Das wars", bekundete ich in einem Interview.

Es ging nicht nur um meinen persönlichen Traum, nein, ich dachte auch an das Viererteam, für das ich als erfahrenstes und ältestes Besatzungsmitglied, als Leitfigur, vielleicht auch als Vorbild, die Verantwortung spürte. Ich fürchtete, würde ich zu diesem Zeitpunkt aussteigen, würde das gesamte Vorhaben auseinanderdriften, würde die Crew auseinandergehen, würden die Goldhoffnungen davongeschwemmt wie Treibholz mitten auf dem Ozean.

Nach meiner Entscheidung fühlte ich mich erst einmal erleichtert. Aber in meinem Kopf summte es immer noch wie in einem Bienenstock. Denn nur weil ich mich für die Fortsetzung meiner nächsten olympischen Pläne entschieden hatte, war Corona nicht aus der Welt, wurden die Rahmenbedingungen für diesen Anlauf nicht einfacher, ganz im Gegenteil. Zwar war die Zeit der Geisterspiele in der Bundesliga vorbei, aber bei Veranstaltungen mit mehr als 1000 Zuschauern durften nur 20 Prozent der Plätze belegt werden, es galten nun Obergrenzen für Feiern. Schulen öffneten, Schulen schlossen, Schulen öffneten, die Zahl der täglichen Infektionen stieg wieder an, erreichte mit 2507 an einem Tag den höchsten Wert seit April. Unentwegt schwirrten neue Werte und Bezugszahlen durch die Öffentlichkeit, für viele Menschen kaum noch nachzuvollziehende Berechnungen und Begründungen, was wo mit wie vielen Menschen noch erlaubt war.

Zeit, um den Kopf durchzulüften, Zeit, um wieder einmal die Komfortzone zu verlassen. Da brachte mich mein Freund Robby Densch auf die Idee, beim Dolomitenmann mitzumachen, apostrophiert als „der härteste Teambewerb der Welt". Mit Robby war ich seit vielen Jahren eng verbunden (und bin es bis heute), durch den Kanusport und durch das Kanupolo, eine Sportart, in der ich neben dem Rennsport groß geworden war und in der ich in fast allen Altersklassen ebenfalls Deutscher Meister wurde. Irgendwann hatte ich mich aber aus zeitlichen Gründen entscheiden müssen und natürlich fiel die Entscheidung auf die Olympische Sportart. Dennoch spielte ich immer wieder mal ein Turnier. In Rennsportkreisen hieß es sogar, dass das Kanupolo meinem Sprinttalent förderte. Deswegen bauten wir gezielt Trainingsformen aus dem Kanupolo in mein Rennsporttraining ein. Dass ich nach meiner Rennsportlaufbahn in der Kanupolobundesliga spielen würde, war für mich ausgemachte Sache. Von diesem angeblich so harten Wettbewerb Dolomitenmann wusste ich kaum etwas.

Robby ist einer meiner zwei besten Freunde, Trauzeuge und ein *best buddy* außerhalb des Sports. 2020 hatte er sich nun für den Dolomitenmann angemeldet und berichtete mir Näheres. Seit 1988 gab es diesen Wettstreit in Lienz in Osttirol, dessen Name sich von der Gebirgskette in der Nähe dieser Stadt ableitet. Die einzelnen Staffeln setzen sich aus jeweils vier Spezialisten zusammen: einen für den Berglauf, einen für Paragleiten, einen für Mountainbiken und einen für Kanuslalom, sprich Wildwasserkajak. Damals – und das sollte sich erst 2023 ändern – stand der Wettbewerb nur für Männer offen. Der Erfinder und Organisator Werner Grissmann begründete das damit, er wolle Frauen schützen, da der Wettbewerb „für die Härtesten unter der Sonne konzipiert" sei; er wolle „Frauen nicht so leiden sehen" und die Teilnahme von Frauen sei „mit ihrer Ästhetik nicht vereinbar". Na ja, das war eine recht eigenwillige Begründung.

Jedenfalls hörte sich die Zusammensetzung der Disziplinen für mich abenteuerlich an. Das interessierte mich, und da ich keine besondere Erfahrung im Wildwasser hatte, war es genau das richtige Ding, um zu diesem Zeitpunkt die Komfortzone zu verlassen. Dass ich – wenn auch nur vorübergehend – den Sprung ins wilde Wasser wagte, brauchte keiner zu wissen. Die Sponsoren und die Trainer hätten vermutlich die Hände über ihren Köpfen zusammengeschlagen und mich davon abzubringen versucht, hätten sie von meinem Plan erfahren.

Ich schaute mir Fotos und Videoausschnitte an und schätzte das Gesehene so ein, dass es durchaus vertretbar und machbar für mich sei. Was ich nicht voraussehen konnte: Die Drau führte zum Zeitpunkt des Rennens Hochwasser, trug doppelt so viel Wasser wie üblich, was wiederum bedeutete, es drohten deutlich größere Walzen als üblich. Eine heikle Situation. Was schon für Profis eine Herausforderung darstellte, war für einen, der sich ansonsten maximal anderthalb Minuten auf einem mehr oder weniger ruhigen Gewässer fortbewegt, kaum machbar.

Doch in Lienz mit meiner Familie angekommen, gab es für mich kein Kneifen, wie hätte das ausgesehen? Wer sich bewusst aus seiner Komfortzone begibt, sollte sich nicht beklagen, wenn es einmal etwas ungemütlicher wird

Zwei Tage lang hatte ich wie die anderen Kajakleute Gelegenheit, die Strecke kennenzulernen. Wobei „kennenlernen" ziemlich harmlos klingt. Denn, um es vorwegzunehmen, bei keinem der beiden Trainingsläufe kam ich hinunter ins Ziel. Wenn es die Gelegenheit gegeben hätte, bei diesem Wettbewerb zu wetten, hätte ich sicherlich nicht auf mich selbst gesetzt.

Es war grenzwertig, was uns abverlangt wurde. Vorher hatte ich in mich hineingelächelt und vermutet, der Hauptsponsor, der Brauseproduzent Red Bull, schlage wohl mit dem Slogan des härtesten Teamwettbewerbs der Welt ziemlich aufmerksamkeitsheischend auf die Pauke. Von wegen.

Los ging es mit einem kurzen Lauf, das Kanu unter dem Arm. Das Wasser der Drau war derart kalt, dass es wehtat. Hinauf auf eine Brücke. Ins Boot gesetzt, abgestoßen und sieben Meter hinab in die Drau. Da machten nicht nur ich und das Kanu einen Sprung, sondern auch mein Herz hüpfte ganz schön in die Höhe. Und es fand in der nächsten halben Stunde keinen Moment der Ruhe, es pumpte vielmehr bis zum Anschlag. Im Dauersturm. Volle Konzentration, die schroffen, malerischen Bergflanken der Dolomiten nicht wahrnehmend, nur noch das schäumende, brodelnde, das quirlende, das brüllende Wasser vor mir. Wildwasser, das ich mit all meinem Können, vor allem aber als Unerfahrener mit meiner Intuition beherrschen musste. Flussquerungen, verpflichtende Eskimorolle, Eskimorolle um 360 Grad. Das Boot unter den Arm geklemmt und zwischendurch wieder eine Klippe hinaufgelaufen. Kurz geflucht, was mich geritten hatte, mich auf dieses Höllenspektakel einzulassen, hinein in das Karussell des Isel-Katarakts, einen kleinen Wasserfall hinab. Das alles aber war nichts gegen die Walzen, die auf mich lauerten. Da ging es nicht nur hinaus aus der Komfortzone, nein, da schoss ich direkt hinein in die Gefahrenzone, die mich beinahe zerrissen hätte.

Walzen sind brechende Wellen, rotierende Wirbel, die sich entgegen der Hauptströmung eines Gewässers bilden, an der Wasseroberfläche kommt es daher zu einer Rückströmung. Gerade im Gebirge können Walzen zu lebensgefährlichen Situationen führen, selbst geübten Schwimmern fällt es nicht leicht, sich aus der Strömung zu befreien.

Ich schoss also auf diese Walze zu, die ich eigentlich hätte überspringen oder in einer anderen Art und Weise hätte angehen müssen. War aber nicht so. Ich fand mich mitten in einem Orkan wieder. Das Wasser verschluckte mich. Vom Kanupolo her war ich es gewohnt, die Eskimorolle hinzulegen, also die Drehungen unter Wasser, um auf der anderen Seite wieder hoch- und herauszukommen. War aber hier nicht. Ich hatte das Gefühl, ich stecke in einer Waschmaschine, Vollwaschgang. Rum, rum, rum und noch mal rum, durchgespült, durchgewirbelt, Rauschen, Wasser schlucken, völliger Verlust der Orientierung, ich wusste nicht mehr, wo oben, unten, links oder rechts war. Es war der Augenblick, in dem mir der Schrecken durch den Kopf schoss: Das war es, hier kommst du nicht mehr raus, du bist zu weit gegangen, du hast es überreizt. Mein Körper wirbelte herum, fand keinen Halt, meine Gedanken wirbelten herum. Nun wusste ich, wie sich das anfühlt: pure Todesangst. Bilder aus meinem Leben blitzten auf, Fanny und die Jungs. Ich konnte sie nicht festhalten.

Und dann wurde ich unvermittelt gepackt und aus dem Wasser gezogen.

An dieser gefährlichen Stelle nämlich waren Rettungsschwimmer positioniert, die mit Leinen gesichert waren. Sie erkannten die Gefährlichkeit der Situation sofort, sprangen ins Wasser und zogen mich bei diesem letzten Trainingslauf heraus.

Und nun?

Fanny und die Kinder standen wie viele andere Zuschauer auf einer Brücke, hundert Meter flussabwärts, weil man dort genau in die Walze schauen konnte. Gegenüber Fanny wiegelte ich ab, sprach davon, dass es an einer Stelle recht herausfordernd gewesen sei. So oder so ähnlich trug ich das vor. Fanny aber konnte ich nichts vormachen; sie wusste andererseits, dass mich keiner davon abhalten konnte, trotz – oder vielleicht auch gerade wegen – dieses Vorfalls am eigentlichen Wettbewerb teilzunehmen.

Ich zog mich selbst am Ohrläppchen: Du wolltest raus aus deiner Komfortzone. Bist du. Das ist eben eine andere Nummer, als einige Tage allein durch den Wald zu streifen. Mir war klar: Da musst du durch, das musst du hinbekommen, sonst gehst du am Ende noch mit einem Knacks aus dieser Sache heraus.

Wir zelteten gemeinsam mit Robby und seiner Familie. Am Abend ging ich mit Robby mehrfach durch, wie die Walze anzufahren sei. In der Theorie gar nicht so schwer.

In der Nacht bekam ich kaum ein Auge zu. Immer wieder diese Situation vor Augen. Strudel, Sprudel, die Situation in der Walze vor Augen. Stundenlang unter Adrenalin. Um keine Panik aufkommen zu lassen, fuhr ich in Gedanken ein ums andere Mal an die Walze heran, spielte durch, wie ich sie durchqueren musste, um nicht wieder aus dem Wasser gezogen werden zu müssen.

Ich lag wach, neben mir Fanny und die Kinder, starrte an die Decke des Zeltes und kam ins Grübeln. Riskierte ich mein Leben? Nein, passieren konnte natürlich immer und überall etwas, aber hier standen erfahrene Rettungskräfte bereit, die für kritische Momente ausgebildet waren.

Verstand ich das, was ich da vorhatte, als Mutprobe? War das nicht total bescheuert? Solche Rituale sollte man eigentlich mit Abschluss der Jugend hinter sich haben. Nein, nein, rief ich mich zur Ordnung, das hatte nichts mit Mutprobe zu tun. Es ging mir einfach darum, etwas, das ich mir vorgenommen, etwas, das ich begonnen hatte, nun auch zu Ende zu bringen. Also, im Boot sitzend ins Ziel zu kommen. Auch wenn mir beim Start mulmig zumute sein würde, wollte ich über meinen Schatten springen. Ich musste einfach nur konsequent sein, wie ich so oft die Dinge mit Konsequenz angegangen und durchgezogen hatte.

Hier ging es darum, Ängste, berechtigte Ängste, zu überwinden, sich nicht von ihnen lähmen, beeinflussen zu lassen. Gib der Panik keine Chance! Die Bilder, die aufpoppten, als sie mich – hilflos, aufgeschmissen, verloren – aus dem Wasser zogen, Bilder, die wie in Zeitlupe vor mir abliefen. Dein Kopf, dein Wille, dein Mut sind stärker! Allein aus diesem Entschluss, mich vor meiner eigenen Angst nicht zu verstecken, mich nicht unterkriegen zu lassen, schöpfte ich verdammt viel Mut. Ich würde das deichseln, keine Frage. Nach diesem Zwiegespräch fand ich dann noch drei, vier Stunden guten Schlaf.

Ich wachte auf, schaute aus dem Zelt in den noch diesigen Tag. Es war noch sehr früh. Robby und ich mussten zeitig die Vorbereitungen erledigen, während Fanny und die Kinder noch schliefen. Mein Gefühl in dem noch jungen Tag: Heute kannst du Bäume ausreißen, so viel Kraft ist in dir gespeichert.

Ich gestehe: Ich hatte schon Schiss, ich war deutlich aufgeregter als vor einem Finale bei der Weltmeisterschaft. Aber ich wusste, ich muss da durch. Da gab es kein Zurück mehr. Kurz dachte ich: Das ist so wie vor einem olympischen Finale. Nur dass ich den Dolomitenmann ausschließlich für mich fuhr, ohne dass es auf Zeiten oder gar Medaillen angekommen wäre.

In der Regel verfolgten Tausende von Menschen den Lauf vor Ort, doch wegen Corona waren nur einige Hundert zugelassen.

Ja, ich hatte Angst, als ich mich nach zwanzig Minuten Fahrzeit der Walze näherte. Ich spürte: Das ist jetzt genau die

Herausforderung, die du gesucht hast. Dieser Gedanke pushte mich derart, dass ich in der richtigen Geschwindigkeit an die Gefahrenstelle heranfuhr, eiskalt, berechnend. Die Wassermasse kam direkt auf mich zu, bereit, mich erneut zu verschlingen. Ich fuhr die Walze genau so an, wie es sein musste und wie mein Kumpel Robby es mir am Vorabend noch 100 mal erklärt hat, um im ersten Anlauf durchzukommen, ohne die Lebensretter abermals auf den Plan rufen zu müssen.

Das war die schwierigste Stelle auf dem ungefähr 45 Minuten langen kurs, anschließend ging es noch etwa fünf Minuten durch Stromschnellen, um am Ende in einer vorher bestimmten Zone noch eine Eskimorolle hinzulegen. Am Ufer aussteigen und zu dem Mountainbiker Bernd Fuetsch laufen und ihm den Staffelstab übergeben. Das war für mich so, als hätte ich eine Goldmedaille gewonnen. Dieses Glücksgefühl musste ich mit keinem teilen, das war nur für mich, das spürte ich bis in die letzte Faser meines Körpers. Dass ich 45:22 Minuten für meine Abfahrt benötigte, dass mein Team – der Läufer Philipp Fuchs, der Paraglider Florian Vergeiner und der Mountainbiker Bernd Fuetsch – unsere Staffel in insgesamt 6:39 Stunden absolvierte und wir unter 97 teilnehmenden Teams den 70. Platz belegt hatten, war reine Nebensache.

Viel wichtiger war für mich, eine weitere Extremsituation bestanden zu haben, den Kopf beinahe wortwörtlich durchgespült zu haben von all den belastenden Gedanken um Corona und die Vorbereitungen auf die Olympischen Spiele. Das gab Auftrieb für die bevorstehenden Vorbereitungen, auf das, was die Familie in den nächsten Monaten auf sich nehmen musste. Denn die Situation um uns herum verschärfte sich weiter. Die Zahl der Neuinfizierten innerhalb von 24 Stunden stieg bundesweit auf 6600 Personen an, es folgte eine erweiterte Maskenpflichtphase, das Verbot von touristischen Übernachtungen, von Veranstaltungen, Kultur und Freizeitsport, und nur noch zwei Haushalten waren gemeinsame Treffen gestattet.

Manchmal musst du deine Komfortzone verlassen, wenn du nicht stehen bleiben, wenn du vorankommen, wenn du dich weiterentwickeln willst. Das ist eben meistens nicht so wie bei einer Lotterie, bei der du das Glückslos ziehst. Nicht immer muss es dir dabei ans Leder gehen, wenngleich mir bei dem Gedanken an die Dolomiten sofort eine andere Extremsituation in Erinnerung kommt ...

Drei Finger für Bronze

Wie weit kann ich gehen? Wie weit soll ich gehen? Wo liegt die Grenze, die mich herausfordert? Diese Frage, dieses Suchen, hielt mich immer auf Touren, da lag ein unentwegter Reiz, der immer in mir herumspukte. Grenzen überschreiten, auch wenn dahinter etwas Ungemütliches, Unbequemes droht. Nicht weil mir mein Leben nicht lieb genug gewesen wäre, ganz im Gegenteil. Manchmal waren diese Grenzgänge gewiss nicht ohne Risiko, besser gesagt: Ich redete mir gut zu, dass ich vernünftig genug sei, um das Blatt nicht zu überreizen, dass ich genug Sicherungen eingebaut habe, um mich nicht auf ein Himmelfahrtskommando einzulassen.

Ich bin überzeugt: Nur wenn wir vorübergehend bereit sind, unsere Komfortzone zu verlassen, und diesen Schritt auch wagen, wachsen wir, lernen wir uns besser kennen, erkennen bestenfalls, wo wir in diesem Leben, in unserer Welt stehen, welchen Platz wir einnehmen können und wovon wir lieber die Finger lassen sollten. Wovon wir träumen dürfen und wovon besser nicht, weil wir sonst ins Unglück stürzen. Hoch von der Fernsehcouch, raus aus dem Plüschsessel: Dann gewinnen wir an Stärke, imprägnieren uns gegen Verletzungen, Anfeindungen des Lebens, von Menschen.

Weil wir um Niederlagen wissen, mögen sie uns im Sport vorübergehend ins Wanken bringen, aber sie können uns nicht umhauen.

Das Leben feiert die Freude. Aber zuweilen bricht etwas Unvorhergesehenes über uns ein, bringt uns ins Schwanken. Wie hilfreich kann in solchen Moment eine Schutzhaut sein. Wer immer überbehütet war, wer sich nichts traute, wer sich nichts trauen durfte, zerbricht schnell an der Realität. Wer sein Kind von sportlichen Wettbewerben fernhält, wer selbst Bundesjugendspiele als Zumutung empfindet, wer die Befürchtung ausspricht, Konkurrenz und Wettkämpfe würden Kinder demütigen und in ihrer Seele verletzen, der weiß erstens nicht, welche Freude fairer Wettbewerb bereiten kann. Der weiß zweitens nicht, wie gerade Kinder in ihrer Persönlichkeit dabei wachsen (auch an der Niederlage). Und er ahnt drittens nicht, wie Sport die Kleinen auch ein Stück weit auf das Leben vorbereitet, wenn keine schützenden Hände mehr auf Schritt und Tritt auf sie aufpassen. So entsteht eine Erziehung zum Mittelmaß, das steht für mich fest.

Es geht mir gar nicht um die Erreichung höchster denkbarer Ziele. Manchmal ist es auch schon ein Traum, eine Genugtuung, wenn ein Junge den Schlagball endlich weiter als fünfzig Meter wirft, sich ein Mädchen den Sprung vom Dreimeterbrett ins Schwimmbecken zutraut oder ein Erwachsener auf den Jakobsweg aufbricht, was er sich vorher nicht zugetraut hatte. Ich kann nur sagen: Dann mach es! Dann versuch es! Dann riskiere es! Und wenn du es nicht schaffst, dann hast du es wenigstens versucht. Du hast dann deine Grenzen erkannt und erlebt. Auch das gehört zum Reifeprozess: Erkennen, auf welchem Feld es sich lohnt, eine Herausforderung an sich selbst zu stellen.

Bei mir war und ist einer dieser Bereiche das Motorradfahren, ganz abgesehen davon, dass mir dieses Hobby großen Spaß bereitet, auch jenseits der Herausforderungsgrenze. Meine erste Maschine hatte ich mit neunzehn Jahren, eine Yamaha R1, 1000 Kubik. An sich nichts Besonderes, Tausende von Männern und Frauen brettern täglich mit einer solchen Maschine über die Straßen. Nicht jeden zieht es aber damit auf die Rennstrecke. Etwas, das mir qua Vertrag mit den Sponsoren strikt untersagt war, aus deren Sicht mit gutem Grund. Aber das Fahren auf zwei Rädern ist nun mal auch eine Leidenschaft von mir, auf die ich nicht verzichten wollte.

Zunächst bestritt ich kleinere Rennen auf Strecken rund um Berlin. Aber wenn dich dein Leben lang ein natürlicher Ehrgeiz im Leistungssport vorantreibt, kannst du den nicht einfach ausknipsen. Das Biken erweiterte ich mit Trainingseinheiten, bei denen ein Coach kleine Gruppen von Fahrern unterrichtete. Als ich fit für schnellere und anspruchsvollere Strecken war, beteiligte ich mich an Rennen in Tschechien und auf dem Lausitzring, dort, wo Wettbewerbe der DTM stattfinden, der Deutschen Tourenwagen-Meisterschaft. Das waren freie Rennen, keine offiziellen Meisterschaften, bei denen mein Name in der Teilnehmerliste aufgetaucht wäre. Für diese Rennen hatte ich mir eine KTM zugelegt, die für die Straße nicht zugelassen war. Das war so wie beim Kanu: sich in den Techniken und beim Gewichtestemmen steigern, vorantasten, Schritt für Schritt, um die kleinen Fortschritte zu ermöglichen: Geht die nächste Kurve mit 190 Stundenkilometern, wären nicht sogar 200 drin? Müsste doch gehen! Wäre zumindest einen Versuch wert.

Bei all diesen Rennen bin ich kein einziges Mal gestürzt. Gestürzt bin ich aber auf fatale Weise im stinknormalen Straßenverkehr. Das hätte mich beinahe das Leben gekostet.

Im Frühsommer 2006 stand ein Trainingslager in Kienbaum an, das von Berlin aus gerade mal eine Motorradstunde entfernt ist. In der Regel zogen wir dort die Übungseinheiten zwei Tage durch, am dritten Tag hatten wir ab mittags frei. Um diese freie Zeit noch besser auszukosten, setzte ich mich auf meine Yamaha R1 und fuhr nach Hause.

Bei einer dieser Fahrten bremsten auf der linken Spur der dreispurigen Stadtautobahn von Berlin, warum auch immer, einige Autos plötzlich abrupt ab, was in Bruchteilen von Sekunden eine Kettenreaktion auslöste. Ich war ein Teil davon. In diesen Hundertstelsekunden merkte ich, dass ich bei gut 140 Stundenkilometern keine Chance mehr hatte. Ich ließ die Bremsen los, krachte mit meinem Motorrad in das Fahrzeug vor mir, flog drüber hinweg und landete in mit den Knien in der Heckscheibe des Autos davor, rollte weiter über das Dach und runter über die Motorhaube nach rechts auf die Fahrbahn. Als ich die Augen aufmachte, rauschten nur Zentimeter von meinem Kopf entfernt die Reifen eines LKWs an mir vorbei. Wäre ich nur ein paar Zentimeter weiter auf die Straße gerutscht ... Das alles passierte in Bruchteilen von Sekunden, ohne kreischende Bremsen oder quietschende Reifen, und ich war quasi der Beobachter dieser Szene.

Noch ein Schutzengel innerhalb von einer Minute? So etwas gibts nicht. Nun ja, vielleicht war es ein und derselbe.

So skurril dieser Unfall, so skurril mein Stunt, so skurril das anrollende Monster auf Rädern, so skurril ist es schlicht und ergreifend, dass ich noch lebe. Ich setzte den Helm ab, griff mir an den Kopf, schaute an mir hinab, betastete mich, ging kurz in Gedanken meinen Namen und mein Geburtsdatum durch: Unglaublich, nicht nur der Körper, sondern auch mein Kopf schien nichts abbekommen zu haben. Ich setzte mich auf die Leitplanke. In Lederjacke und in Jeans, ein Outfit, in dem ich sonst auf dem Motorrad nie unterwegs war. Ich hockte dort, als würde ich eine Pause einlegen. War das gerade wirklich passiert? Trubel um mich herum. Völlig irreal. Mir war anscheinend nichts geschehen. Aber die R1 war zerstört. Traurig schaute ich auf den Schrotthaufen. Das war eine Sonderserie. Gewesen. Davon hatte es auf der Welt gerade mal 75 Exemplare zum Jubiläum der Marke gegeben. Völlig grotesk, aber vielleicht tickt der menschliche Geist, der Körper noch voller Adrenalin nach einem derart extremen Erlebnis. Anstatt mich innerlich zu freuen, dass ich aus dieser ausweglosen Situation mit dem Leben davongekommen war, ärgerte ich mich, dass ich das schöne Motorrad gecrasht hatte.

Sirenen, Blaulichter. Polizei, Rettungswagen, Feuerwehr, krächzende Funkgeräte, das ganze Programm. Menschen, die kreuz und quer durcheinanderliefen, „Hilfe"-Rufe. Zwei Feuerwehrleute schauten entsetzt auf den vormals PS-starken Schrotthaufen, machten mich als Beteiligten des Unfalls aus und fragten, wo denn der Fahrer des Motorrades geblieben sei. Ich schaute sie ungläubig an.

„Na ich. Ich bin der Fahrer des Motorrads."

Nun pendelten ihre Blicke skeptisch zwischen mir, dem Typen in Lederjacke und Jeans, und dem Schrotthaufen hin und her, als sei ich ein Aufschneider, der sich auf makabre Weise als Überlebender eines Todesdesasters gerieren wollte.

Beim näheren Begutachten des zerstörten Motorrads war zu erkennen, wie arg der Tank von beiden Seiten zusammengedrückt war. Bei meinem Flug hatte ich, intuitiv, die Oberschenkel mit aller Gewalt zusammengepresst. Bei einem solchen Nahtoderlebnis läuft offenbar sekundenschnell ein Überlebensprogramm ab. Feste die Beine an den Tank zusammengeklemmt, instinktiv die Flugbahn kontrolliert, im richtigen Moment den Lenker losgelassen. Zumindest bescheinigten mir die Polizisten, mein „Flugverhalten" habe mir wahrscheinlich das Leben gerettet. Die Ärzte stellten bei der Untersuchung im Krankenhaus keine Verletzung fest. Wunder Nummer drei an diesem Tag. Anscheinend trug dazu meine Konstitution bei. Wegen der Vorbereitung auf die Weltmeisterschaft in Szeged stand ich gut im Saft, gerade im muskulären Bereich.

Das Einzige, was ich mitnahm, war Muskelkater. Das heißt, Muskelkalter ist überhaupt kein Begriff, denn ich konnte mich kaum bewegen.

Am nächsten Morgen musste ich wieder in Kienbaum antreten, da gab es keine Wahl, einen gelben Zettel konnte ich nirgendwo einfordern und hätte das natürlich auch nie getan. Ich konnte in Kienbaum nicht die wundersame Geschichte von meinem Motorradunfall und meiner unerklärlichen Rettung zum Besten geben. Zu meinem Glück war am Unfallort keine Presse erschienen. Zynischerweise tauchen Reporter meist nur auf, wenn es Tote gibt, und die hatte es bei dieser Karambolage gottlob nicht gegeben (ein weiteres Wunder an diesem denkwürdigen Tag). Also behauptete ich kühn, ich sei vom Dach meines Hauses gefallen; alle wussten, dass ich in meiner Freizeit ständig an meinem Zuhause herumwerkelte. „Corriger la fortune", sagen die Franzosen. Ich korrigierte ein wenig die Wahrheit, die sowieso keinem genutzt hätte.

Nur unseren Arzt, den konnte ich nicht austricksen.

Nachdem es eine Auszeit vom Training gegeben hatte, wurde uns ein wenig Blut aus dem Ohrläppchen genommen, um festzustellen, wie die Muskulatur auf die Pause reagiert hatte. Je nachdem wie die Parameter ausfielen, nahm der Trainer ein wenig Rücksicht auf den Athleten oder nahm ihn sogar vorübergehend aus einer Trainingseinheit, damit sich seine Muskulatur schneller erholen konnte. Es dauerte keine halbe Stunde nach dem Stich, bis mich der Arzt mit ernster Miene zu sich zitierte.

„Was ist los mit dir, Ronny? Was um Himmels willen ist passiert?"

Ich spielte den Unschuldigen: „Was soll denn passiert sein, Doc?"

Er schüttelte nochmals den Kopf. „Dein Wert ist im Vergleich zu der Auswertung davor um das Zweihundertfache in die Höhe geschossen. Das ist ein utopischer Wert!"

Gut, im Angesicht der wissenschaftlichen Expertise musste ich das Versteckspiel aufgeben und ihm die Wahrheit beichten. Nun verstand er die unerklärlichen Werte, die daher rührten, dass ich während des „Flugs" die Muskeln brutal zusammengezogen hatte. Aber der Arzt hielt dicht, Schweigepflicht. Er sagte den Trainern, wir müssten mich mal einen Tag aus dem Training nehmen, meine Werte seien momentan nicht besonders. Den fragenden Augen meiner Trainer konnte ich nicht standhalten und gab die Wahrheit zu. Aber sie waren so solidarisch, dass sie die Geschichte für sich behielten. Dass ich mit Tim über diesen unglaublichen Vorgang sprach – irgendwie musste ich das loswerden und verarbeiten –, verstand sich von selbst. Wenn man im selben Boot sitzt und die gleichen Verträge hat, kann man so einen Zwischenfall nicht vor dem Partner geheim halten.

Meiner Form war der böse Unfall jedenfalls nicht abträglich. Bei der Weltmeisterschaft kurz darauf im ungarischen Szeged gewann ich insgesamt gleich dreimal Gold, zweimal Gold mit Tim im Zweier und einmal im Sprint im Einer. Gerade mal zweieinhalb Wochen nach dem Crash.

Was mich indes über lange Zeit heimsuchte, waren Albträume. Nicht so sehr vom Crash, vom Abheben, dem Flug und der Landung mit dem Motorrad. Vielmehr sausten laufend diese monströsen Räder des Lkw an meinen Augen vorbei. Mal war er noch größer als in der Wirklichkeit, mal kam er in Zeitlupe, mal dröhnte eine ultralaute Fanfare und der Fahrer gestikulierte wild hinter der Windschutzscheibe und ich konnte mich gerade noch wegrollen. Mal überfuhr und zerquetschte er meinen Helm, in dem ich, manchmal, meinen Kopf sah.

Offensichtlich blendet das Gehirn nach einer solchen Schocksituation einiges aus. So kam mir erst später die Erinnerung, dass ich in dem Wirrwarr aus Opfern, Helfern und zusammengedrücktem Blech sogar noch die Fahrerin tröstete, in deren Kombi ich eingeschlagen war. Die stand völlig neben sich. Ich stützte sie beim Aussteigen, weil sie kurz vor dem Zusammenbruch stand. Kann man verstehen. Da knallt einer mit seiner Yamaha in deine Heckscheibe, rollt über das Dach und über die Motorhaube ab. Das musste sie auch erst mal verdauen.

Ich verdaute den Unfall recht schnell, vielleicht weil ich vor der nächsten sportlichen Herausforderung stand und mein Kopf nicht allzu viel Zeit auf die Verarbeitung des Unfalls verschwenden durfte, sondern Wichtigeres am Horizont sah. Ich habe von Fahrern gehört, die nach einem derartigen Horror nie mehr auf eine Maschine gestiegen sind. Ein solches Trauma belastete mich glücklicherweise nicht. Lange zog es mich immer wieder auf meine Ducati 1098s, die ich mir für die Yamaha R1 gekauft hatte. Erst seitdem ich Kinder habe, lasse ich die Maschine in der Garage stehen. Weil das Fahren mit Kindern logistisch nicht ganz einfach wäre, aber auch, weil im Hinterkopf dieser Unfall spukt. Wer weiß, wie viele Schutzengel für mich noch bereitstehen. Da ich so viele Jahre wie möglich mit meinen Jungs verbringen und für sie da sein möchte, verzichte ich lieber auf dieses Vergnügen.

Denkbar, dass dieses Verlassen der Komfortzone mit dem nicht vorhersehbaren Unfall meine Schutzhaut mit einer weiteren imprägnierenden Schicht versah, dass sich das Unterbewusstsein sagte: Jetzt hast du das überlebt, was soll dir bei einer Weltmeisterschaft schon groß passieren?

Derart krass war meine Erfahrung beim Waldaufenthalt nach der Enttäuschung bei den Olympischen Spielen 2008 in Peking – dem Verpassen der Goldmedaille – natürlich nicht gewesen. Dennoch kehrte ich aus dem Wald gestärkt zurück, *reloaded*, bereit, mit Tim die Scharte auszuwetzen.

Wir waren uns einig: Wir kommen zurück, wir greifen noch einmal an, das werden nicht unsere letzten Olympischen Spiele als Duo gewesen sein. Aber Tim erkrankte schwer, eine Infektionsgeschichte, und es war abzusehen, dass er für lange Zeit erst einmal außer Gefecht sein würde. Es dauerte tatsächlich einige Monate, bis Tim das Training überhaupt wieder aufnehmen konnte. Am Anfang der Saison mussten wir eine Entscheidung treffen, wie es weitergeht. Ich hätte gern gewartet, bis er wieder ganz gesund ist, aber mir blieb keine Wahl, weil völlig offen war, wann das sein würde. Also entschied ich mich für den Einer. Tim schaffte es nach seiner Genesung noch in den Kanu-Vierer und gewann 2010 sogar wieder Europameisterschaftsgold über die 1000 Meter. Aber 2014 gab er seinen Rücktritt vom Leistungssport bekannt.

Neues Spiel, neues Glück. Der bisher erkämpfte Lorbeer zählte im neuen Boot nichts, ich musste mich wie jeder andere dafür qualifizieren, um auf internationaler Ebene paddeln zu dürfen. Ich biss mich durch, fuhr nach dem ersten Weltcup zur Europameisterschaft im heimischen Brandenburg und belegte den zweiten Platz. Meine größten Rivalen waren der drei Jahre jüngere Torsten Lubisch, Doppel-Studentenweltmeister von Belgrad im Jahr 2008, und der ein Jahr jüngere Max Hoff aus Troisdorf, der erst 2007 von den Wildwasserfahrern zum Kajak auf ruhigem Gewässer gewechselt war. Als Herausforderer, das war klar, musste ich alle Rennen gegen die „Platzhirsche" gewinnen. Bei einem Weltcup in Polen kam ich nicht gut durch, ein windbelastetes Rennen, irreguläre Bedingungen, ich schaffte es nicht ins Finale. Auch

Max hatte kein besonders gutes Rennen hingelegt, aber er hatte dennoch in der Gesamtwertung die Nase vorn.

„Wir wiederholen das", entschied Max aus freien Stücken, „das ist nicht fair gelaufen."

Das war eine große sportliche Geste von Max. Wenn er darauf gepocht hätte, hätte er die besten Chancen für den Einer auf internationalem Parkett gehabt. Ich finde es jammerschade, dass ein solcher Entschluss nicht größere Aufmerksamkeit in den Medien findet. Denn was Max damals tat, entsprach genau dem Fairnessgedanken, der für mich den Sport an sich so wertvoll macht. Ich bin fest davon überzeugt: Es ist möglich, Menschen zur Fairness zu erziehen, durch Vorbilder wie etwa Max, die nicht nur theoretisieren und schwafeln, sondern handeln. Zumindest im Sport übt man Fairness jedoch kaum ein, wenn es keinen Wettkampf gibt, wenn man Wettstreit schon für Kinder und Jugendliche und überhaupt verteufelt. Denn in einer Situation wie jener in Polen erweist sich menschliche Größe.

In Kienbaum wiederholten wir das Weltcuprennen unter Ausschluss der Öffentlichkeit. Mann gegen Mann, beinahe ein wenig archaisch. Ich gewann das Duell. Max nahm seine Niederlage wie ein echter Sportsmann, genauso wie er sich als Fair-Play-Athlet bewiesen hatte. Er konzentrierte sich anschließend auf die längeren Distanzen und avancierte dort im Laufe der Jahre zu einem der erfolgreichsten deutschen Kanuten mit drei olympischen Medaillen und acht Weltmeistertiteln. Und gesellte sich in die Reihe jener, die in einer Herausforderung kein Problem, sondern eine Chance sehen.

Bei den Deutschen Meisterschaften in Duisburg holte ich kurz danach meinen fünfzigsten deutschen Meistertitel, schlug Torsten Lubisch aus dem Rennen und war somit auch über die 500 Meter für internationale Aufgaben qualifiziert. Mein Talent, das mir nun mal für das Paddeln gegeben war, bewies sich recht schnell in den neuen Disziplinen. Bei den Europameisterschaften musste ich mich über 500 Meter noch dem Schweden Anders Gustafsson geschlagen geben – ausgerecht bei einer Heim-EM, auf der Regattastrecke Beetzsee in Brandenburg an der Havel. Silber holten wir in jenen Tagen auch über die 4-mal-200-Meter-Staffel. Wer fuhr neben mir zu Gold? Mein alter neuer Freund Saúl Craviotto.

Aber schon kurz darauf schlug im kanadischen Dartmouth in der Provinz Nova Scotia meine Stunde: Ich wurde Weltmeister über 200 Meter vor dem Ukrainer Oleh Charytonow, und ich gewann Gold über 500 Meter vor Anders Gustafsson. Zum ersten Mal seit gut zwei Jahrzehnten holte ein deutscher Kajakfahrer den Weltmeistertitel über die olympische 500-Meter-Strecke. Es waren übrigens die ersten Weltmeisterschaften in unserem Sport, in denen auch Menschen mit Handicap in ihren Disziplinen antraten.

Nach dieser WM kam der Weltverband auf die Idee, bei den nächsten Olympischen Spielen die 500-Meter-Konkurrenz aus dem Wettbewerb zu streichen und dafür erstmals den 200-Meter-Sprint ins Programm zu hieven. Solche Wandlungen – man kann davon halten, was man will – gab es immer wieder in der Hoffnung, damit die Wettkämpfe für ein breiteres Publikum attraktiver und telegener zu machen, um möglichst höhere Einschaltquoten zu erzielen.

Als olympische Sprintdisziplin blieb nach dieser Änderung tatsächlich nur noch die 200-Meter-Strecke übrig. Das wiederum hatte zur Folge, dass sich jetzt unheimlich viele Kanuten auf diese Distanz stürzten. In Deutschland hatte der Schwerpunkt immer auf den längeren Strecken gelegen, den 1000 Metern. Alle Trainingsprogramme und Methoden waren darauf abgestimmt, der Sprint war stets ein wenig stiefmütterlich behandelt worden. Wegen der dem neuen olympischen Reglement geschuldeten Konzentration hatten andere „Sprintnationen" nun plötzlich einen Vorteil, weil sie mit ihren Methoden und Techniken wesentlich besser über diese Distanz ausgebildet waren als wir.

Meine Erfolge nach der Trennung von Tim waren in erster Linie meinem Bestreben geschuldet, dass ich mit dem mir selbst auferlegten neuen Ziel richtig lag und mich auch alleine durchsetzen konnte. Noch nie legte ich einen derartigen Trainingsfleiß an den Tag wie in dieser Zeit. Nun musste die Trainingswissenschaft nachziehen, um der Konkurrenz nicht das Feld zu überlassen. Das nahm viel Zeit in Anspruch. Gemeinsam mit meinem Trainer schrieb ich zunächst mehr oder weniger allein die neuen Trainingspläne; wir fingen im Prinzip bei null an.

Beim Sprint kam es auf jede Millisekunde an, da gab es im Gegensatz zu den 500 Metern keine Rennstruktur, in der die Schlagfrequenz erhöht oder gesenkt wird. Augen zu und durch, gib Gummi. Bei der längeren Distanz tüftelte man an einer Rennstruktur, weil man unmöglich anderthalb Minuten am Limit die Paddelflächen durchs Wasser ziehen kann.

Wir schauten uns die Eisschnellläufer an, die mit einer ähnlichen Belastungszeit und einer vergleichbaren zyklischen Bewegungsform unterwegs sind. Wie machen die was? Wir verlegten uns danach aufs hochintensive Intervalltraining. So wie ein 100-Meter-Läufer im Training nicht zwanzigmal hintereinander über seine Strecke bis ans Limit gehen kann, konnte ich nicht zwanzigmal hintereinander die 200 Meter in Turbogeschwindigkeit herunterreißen, das hätte kein Athlet der Welt geschafft.

Um möglichst lange mit meiner Wettkampfgeschwindigkeit trainieren zu können, fuhr ich stattdessen über sehr kurze Distanz volle Hütte, legte eine Pause ein, dann wieder volle Hütte und so fort. Statt der bis dahin üblichen Stunde verlängerte sich das Pensum auf dem Wasser. Volle Hütte bis zur Kotzgrenze. Pause. Dann wieder durch. Und wenn ich glaubte, nun geht es wirklich nicht mehr, dann musste es eben trotzdem noch einmal gehen. Und noch einmal. Das war streckenweise reinste Folter, aber ich lernte meinen Körper auf eine ganz andere Weise kennen. Abermals eine neue Herausforderung. Und da bin ich wieder bei meinem Punkt: Medaillen zu gewinnen, ist spitze, man schwebt auf Wolke sieben, aber sie sind eben nicht alles. Denn, um es vorwegzunehmen, im Einer war ich nach dieser internationalen Spezialisierung nie mehr so erfolgreich wie vorher. Aber diese neue Problemstellung, das Experimentieren, wie ich das Beste aus der neuen Situation machen könnte, bereitete mir eine Riesenfreude, erfüllte mich voll und ganz. Weil ich das für mich selbst machte. Weil es mir nie wichtig war, was andere über mich denken mochten. Weil ich mir immer realistische Ziele steckte.

2010 musste ich mich bei den Weltmeisterschaften auf dem Maltasee im polnischen Posen, bereits die dritte Weltmeisterschaft an diesem Ort, dem Briten Ed McKeever über die 200 Meter geschlagen geben. Diese Meisterschaft stand von vornherein für mich unter keinem guten Stern: Im Trainingslager hatte ich mir eine Woche zuvor einen Muskelfaserriss im Bauchmuskel zugezogen.

Als es passierte, raste ein tierischer, stechender Schmerz durch meinen Körper. Es fühlte sich an, als seien Hunderte Nadeln in meinen Bauch geschossen oder ich würde an der fraglichen Stelle ausgepeitscht. Ich möchte mal behaupten: Mehr Schmerz geht kaum. Wie diese Verletzung entstand? Die Ursachenforschung war müßig, zu viele Erklärungen standen zur Auswahl. Müde und überlastete Muskeln, unterkühlte Muskeln, nicht ausreichendes Aufwärmen, intensive Kraftanstrengung, eine nicht ausgeheilte Vorverletzung. Zum Zeitpunkt des Schmerzes gingen wir davon aus, dass es sich um eine kleine Überlastung handelte. Erst nach der WM ergab die eingehende Untersuchung, dass es sich um einen Muskelfaserriss handelte. Bei dem die oberste Regel gilt: erst einmal mit dem Sport pausieren. Müdes Lächeln meinerseits über diesen Ratschlag, eine WM stand bevor. Sich mal eben krankmelden war für mich unmöglich, das kam nicht infrage.

Da hieß es, auf die Zähne zu beißen. Ich kam aber nicht um Schmerztabletten herum, damit ich nachts wenigstens einigermaßen schlafen konnte. Ich durfte gar nicht daran denken, dass ich irgendwann auf die Toilette musste, weil sich der Schmerz bei diesem alltäglichen Vorgang multiplizierte. Jede Bewegung kostete mich in diesen Tagen Überwindung.

Ich bekam schmerzlindernde Spritzen in den Bauchraum verabreicht, und unser Arzt tapte mir eine Art Korsett direkt auf die Haut. Das sollte die Bauchmuskeln ein wenig entlasten. Am Ende der Weltmeisterschaft war diese Region blutig, weil die Haut derart empfindlich auf das Prozedere reagierte.

Ein schmerzhaftes Paradebeispiel dafür, was der Körper zu leisten vermag, wenn er aus der Komfortzone getrieben wird. Vorausgesetzt, er wurde auf derartige Situationen vorbereitet, wurde an Resilienz, an Widerstandskraft herangeführt. Mein Gedanke war: Das ziehen wir jetzt mal schön durch, anschließend ist genug Zeit für Erholung.

Nachdem ich in den Tagen vor der Weltmeisterschaft zwangsläufig pausieren musste, stieg ich in den Vorlauf ein. Frage mich keiner nach diesen Schmerzen. Aber beim Startschuss sagst du dir, in 34 Sekunden ist alles vorbei, ist alles gut. 34 Stechnadelmomente, gefühlt 34 Minuten. *Same procedure* am nächsten Tag. Meldung von Kopf an Körper: Noch einmal durchhalten, im Finale. Genau genommen: 35,155 Sekunden Dauerschmerz. Ich gewann Silber.

Max Hoff wurde für seine großzügige Fairnessgeste aus der Qualifikation mit Gold über 1000 und mit Silber über 500 Meter belohnt. Und wieder einen schönen Gruß von drüben, von Saúl: Er gewann Gold in der 4-mal-200-Meter-Staffel.

Der Silbererfolg – es gab wohl keine Medaille, die ich unter größeren Schmerzen erpaddelt hätte – war ein wenig Balsam für das, was nach dem Lauf geschah. Kopf und Körper hatten ihre Mission erfüllt, hatten ihre Schuldigkeit getan. Sie ließen los, meldeten sich ab, die Sicherungen flogen raus – ich klappte zusammen, der Schweiß floss in Strömen, ich bekam Fieber.

Warum hatte ich mich auf diese Quälerei überhaupt eingelassen? Jeder hätte dafür Verständnis aufgebracht, hätte ich das Handtuch geworfen, zumal ich nicht als Drückeberger bekannt war. Aber im Laufe der Jahre wirst du auf Durchalten, auf Beharren gepolt.

Verletzungen gehören zum Spitzensport wie Triumphe und Medaillen. Leistungssport ist nicht unbedingt Gesundheitssport. Wenn Schmerzen nicht in einen Dauerzustand übergehen wie dieser Muskelfaserriss, spricht man nicht darüber. Höchstens gegenüber dem Mannschaftsarzt, ob er vielleicht helfen kann. Man akzeptiert die Schmerzen, man geht darüber hinweg, versucht, sie als Hintergrundrauschen zu verdrängen.

Nicht zuletzt können dir Verletzungen zu Denkanstößen verhelfen. Vorausgesetzt, du nimmst sie als Alarmsignale des Körpers wahr. Nach einem Bandscheibenvorfall beispielsweise stellte ich mein Krafttraining um und fuhr damit zunächst sehr gut. Als sich der Rücken und die Schulter massiv zu Wort meldeten, änderte ich das Krafttraining abermals, und erneut bekam ich das in den Griff. Alles ist im Fluss. Den Fluss zu stauen, bedeutete Stagnation, hieße Stillstand. Du musst aber offen sein für die Signale des Körpers, für Kritik deines Umfelds, für deine Eigenkritik. Bediene dich deines kritischen Verstandes! Bediene dich dieser angeborenen Eigenschaft, dich selbst skeptisch zu hinterfragen und dich infrage zu stellen, dich, deine Ansichten, deine Methoden.

Ein Jahr später bei den Weltmeisterschaften in Szeged an der ungarischen Südgrenze im Länderdreieck zu Serbien und Rumänien hatte ich mich längst von meinem Muskelfaserriss erholt. Eigentlich hatten wir nach Vichy reisen sollen, aber aufgrund der Stauung des Flusses Allier konnten die Franzosen keine fairen Rennbedingungen garantieren. Szeged, erprobt im Ausrichten von internationalen Kanuwettbewerben, machte seinem Ruf als „Stadt des Sonnenscheins" Ehre (an die 2000 Stunden im Jahr scheint dort im Mittel zuverlässig die Sonne). So richtig glänzte die Sonne zwar nicht für mich, aber hinter dem Polen Piotr Siemionowski und Titelverteidiger Edward McKeever belohnte ich mich mit einer Bronzemedaille.

Schöner Gruß von Saúl – er gewann erneut Gold in der 4-mal-200-Meter-Staffel. Es sah so aus, als würden wir beide uns nicht mehr aus den Augen verlieren. Denn schon 2010 und 2011 hatte er bei den wichtigen Finals mit seinen Platzierungen im Einer direkt hinter mir gelegen. *And the beat goes on.*

Olympia 2012 in London. Die interne Qualifikation verlief alles andere als optimal für mich. Wie eine Woche zuvor in Posen scheiterte ich beim letzten nationalen Anlauf an der vom deutschen Kanuverband vorgegebenen Norm, landete beim Weltcup in Duisburg nur auf dem vierten Platz – für die direkte Qualifikation hätte es Platz drei werden müssen. Es war ein enger Kampf mit Tom Liebscher. Siehe da – der Fan, der sich einst ein Poster von mir an die Wand seines Zimmers gepinnt hatte, kam mir näher und näher. Es war nicht schwer, sich vorzustellen, was in Tom vorging, als er mich hinter sich ließ. Aber am Ende hatte ich nach der Summe aller Qualifikationen die Nase vorn.

Also auf nach London zu den Rennen auf dem Dorney Lake im traditionsbeladenen Windsor, das südwestlich an die britische Hauptstadt grenzt. Dort gab es ein eigenes Athletendorf für die Kanuten, weil die Wettkampfstätte einige Kilometer vom Olympischen Dorf entfernt lag. Das wirkte sich für mich ein wenig negativ auf die Atmosphäre aus, weil ich gerade das Eintauchen in die große olympische Familie so sehr mochte und genoss.

Ich war gut in Schuss und zuversichtlich. Aber sechs Wochen vor dem ersten Startschuss warf mich eine Grippe mit vierzig Grad Fieber um. Für zwei Wochen, in denen ich nicht trainieren konnte, wobei mir eine Menge Energie flöten ging. Alles andere als optimal. Den Vorlauf und das Semifinale bekam ich noch hin, konnte aber im Finale meine Leistung nicht bringen, weil ich während des Rennens rapide abbaute. Mehr als der achte Platz war nicht drin. Schönen Gruß von Saúl – er holte sich, weit vor mir, die Silbermedaille.

Mit meiner Leistung konnte ich nicht zufrieden sein, sowohl von der Platzierung her als auch von der Zeit, die ich lieferte. Einziger Trost: „Kein Verband im Deutschen Olympischen Sportbund ist ein so zuverlässiger Medaillenlieferant wie der Deutsche Kanu-Verband", applaudierte *Der Spiegel*.

Am letzten Tag durften wir ins Olympische Dorf, um wenigstens einmal dort zu übernachten. Das war eher eine Pseudoveranstaltung, und ich hatte schlechte Laune, weil mir meine Leistung doch mehr in den Kleidern hing, als ich mir das zunächst hatte eingestehen wollen. Die Fans an den Wettkampfstätten zeigten zwar ihre Begeisterung für den Sport, wie man das von den Briten gewohnt ist, der Funke sprang mühelos auf die Sportler über, für mich jedoch waren es die Spiele, die mich emotional am wenigsten berührten. Ich weiß, das ist eine Klage auf hohem Niveau. Wenigstens begeisterte mich die Abschlussfeier, an der ich mit meinen Team teilnahm. Kate Moss und Naomi Campbell präsentierten Mode britischer Designer, die Pet Shop Boys, George Michael, Annie Lennox und Ed Sheeran drehten musikalisch auf. Boris Johnson, er war damals Bürgermeister von London, übergab die olympische Fahne an den Bürgermeister von Rio de Janeiro, Eduardo Paes, wo die Spiele in vier Jahren stattfinden würden. Eine kleine Show, an der auch der Weltfußballer Pelé teilnahm, gab einen kleinen Vorgeschmack auf dieses Sportspektakel.

Rio. Natürlich wollte ich dabei sein. Dieser Gedanke, diese Vorstellung, richtete mich in diesem Moment und im Angesicht des brillanten Feuerwerks auf. Niedergeschlagen war ich, ja, das schon, doch keinesfalls am Boden zerstört. Dafür hatte ich mich im Laufe der Jahre zu sehr selbst ertüchtigt und gestärkt, allein durch meine Ausflüge auf diverse „Nebenschauplätze". Ich wusste, dass ich es kann, dass ich es noch immer kann, dass ich mich nur weiterentwickeln müsste, wie in der Vergangenheit so oft. Stück für Stück, Stufe für Stufe. Das Alter schritt zwar immer weiter voran, aber meine Batterie war noch lange nicht leer, mein Wille und mein Körper waren nach wie vor hungrig, mein Ehrgeiz noch nicht gestillt. So in etwa ging es in meinem Kopf zu. Rio durfte kommen!

Wenn ich heute ab und zu auf die Bühne gebeten werde, um etwas vorzutragen oder um befragt zu werden, lesen die Gastgeber und Moderatoren zu meiner Vorstellung von einem Zettel meine Erfolge ab – was schon ein wenig Zeit in Anspruch nehmen kann. Was aber kaum einer weiß, was kaum einer auf den ersten Blick wahrnimmt, ist der Weg, den ich gegangen bin, um überhaupt das zu erreichen, was auf dieser Liste zusammengetragen ist. Die Fährnisse, Rückschläge, Verletzungen, Schmerzen und die Niederlagen wie jene Pleite von London. Es war nie eine schnurgerade Linie, die bei mir zum Erfolg führte. Es gab Abzweigungen, Sackgassen, Irr- und Umwege. Es war wie eine Berg- und Talfahrt. Was ich mir ein ums andere Mal als wichtigsten Punkt vornahm: aus dem Tal herauszukommen, vielleicht auf Anhieb nicht mehr so hochzuklettern wie früher, aber erst mal raus aus dem Loch. Ich habe zumindest versucht, mich nicht aufzugeben. Das ist es, was ich in der aktiven Zeit nie so sah, aber auf was ich heute am liebsten schaue: dass ich aus Tälern wieder herausgekommen bin, dass ich gelernt habe, mit Niederlagen umzugehen. Das ist aus meiner Sicht die eigentliche Geschichte, die es zu erzählen gilt. Und dann erst kommt das Blatt Papier, auf dem meine zählbaren Erfolge aufgelistet sind.

In London war ich schon mit Jonas Ems aus Hamm im Zweier unterwegs gewesen, fuhr dort, genau wie 2011, im Einer und im Zweier. Dann wollte ich mich wieder ganz auf den Zweier konzentrieren. Das war erneut eine beachtliche Änderung: im Zweier von den 500 Metern, auf denen ich mit Tim Wieskötter die großen Erfolge gefeiert hatte, nun runter auf die 200 Meter. Die Finals wurden noch enger, noch knapper. Teilweise kamen sieben Boote innerhalb von gerade mal dreißig Zentimetern durchs Ziel geschossen, die Unterschiede waren mit dem Auge kaum zu erkennen.

Jonas und ich hatten uns 2013 das Ticket für die Weltmeisterschaften in Duisburg gesichert. Eigentlich wäre Szeged an der Reihe gewesen, aber die ungarische Stadt war zwei Jahre zuvor für Vichy eingesprungen. Nun sollte zum ersten Mal ein Kanuwettbewerb von dieser Größe in einem südamerikanischen Land stattfinden. Rio de Janeiro musste den Zuschlag jedoch zurückgeben, weil sich ein Loch in der Kasse der Veranstalter aufgetan hatte. Duisburg bewarb sich als „Nothelfer", war aber alles andere als bloß ein Helfer in der Not. Ein dickes Lob für die mustergültige Organisation sprach der Präsident des Kanuweltverbandes ICF aus, José Perurena López: „Was Wimbledon für Tennis und der Luzerner Rotsee für die Ruderer, das ist für uns Kanuten Duisburg." 17 500 Zuschauer fieberten an der Wedau mit, sahen mich und Jonas Ems über 200 Meter auf dem dritten Platz, und Deutschland lag, wieder einmal, in der Medaillenwertung auf Platz eins. Saúl war auch wieder dabei – er gewann Bronze im Einer über die 200 Meter.

Im Anschluss an seine eingehende Analyse war Bundestrainer Arndt Hanisch der Meinung, wir müssten den Zweier umbesetzen, weil er das Potenzial noch nicht ausgeschöpft sah. Er wollte mich mit Tom Liebscher im Boot ausprobieren. Tom hatte WM-Gold über die 500 Meter geholt, nachdem er ein Jahr zuvor für die Spiele in London Ersatzmann gewesen war. Derjenige, der diese Position einnimmt, mag das vielleicht anders sehen, aber für mich wäre das eine ehrenwerte Rolle. Der „Ersatz" ist ein gleichwertiger Trainingspartner, er muss genauso fit sein wie die Erstbesetzung, weil er jederzeit zum Einsatz kommen könnte. Diese Situation verlangt enorme mentale Stärke, um, wenn es gilt, der Mannschaft einen Mehrwert geben zu können. Tom hatte nicht lockergelassen und den Kampf aufgenommen. Chapeau! Es war für den Bundestrainer eine schwierige Kiste, einem verdienten Sportler wie Jonas seine Entscheidung mitzuteilen. Wer möchte schon der Überbringer einer schlechten Botschaft sein? Das Einzige, was in solchen Momenten hilft, selbst wenn man wie ich mit Jonas befreundet war und es immer noch ist: Emotionen beiseiteschieben, nüchtern-sachlich argumentieren, weil es nicht um Freizeitsport geht.

Weiter drehte sich das Kanukarussell. Nun bildete ich mit Tom eine Einheit. Und wir holten bei den Europameisterschaften in Brandenburg an der Havel tatsächlich gleich Gold. 2014 war Moskau Ausrichter der Weltmeisterschaften im Ruderzentrum Krylatskoje, dem ehemaligen Standort der Olympischen Spiele von 1980. Dieser Wettbewerb ging für die deutsche Mannschaft in die Hosen. Zwar erreichten Tom und ich hinter den Serben Nebojša Grujić und Marko Novaković den zweiten Platz, aber unsere Mannschaft landete mit zwei Goldmedaillen nur auf dem vierten Platz der Nationenwertung. „Ein historisches Debakel", urteilte der Fernsehsender Sport 1, und ich sah mich in der Pflicht, in der ARD Klartext zu reden: „Man muss vielleicht über seinen eigenen Schatten springen und die alten Tugenden, die uns Erfolg gebracht haben, überdenken. Man muss vielleicht moderner denken und den Mut haben, Neues auszuprobieren." Ich war der Meinung, dass sich der Verband damals zu sehr in den fast schon gewohnten Erfolgen gesonnt hatte und es an Initiative vermissen ließ. Gerade weil man über die 200 und die 500 Meter neue Wege hätte ausprobieren müssen. Damals fühlten wir uns ein wenig alleingelassen.

Ob es an meinem Appell lag? Jedenfalls paddelte die deutsche Nationalmannschaft ein Jahr später bei den Weltmeisterschaften in Mailand auf den ersten Platz der Länderwertung. Dafür schmierten Tom und ich ab. Wir hatten es zwar im Finale auf den dritten Platz geschafft, aber das Rennen musste wegen eines Fehlstarts wiederholt werden. Offenbar war die Startanlage defekt gewesen und hatte verzögert ausgelöst. Das Rennen wurde erst im Ziel für ungültig erklärt, so etwas hatte es vorher noch nie gegeben. Bei der Neuauflage, etwa eine Stunde später, reichte es für uns nur für Platz sechs. Da musste ich mich erst einmal abreagieren und trat wütend gegen eine Flasche. Bei aller Enttäuschung: Immerhin hatten wir das Boot für die Olympischen Spiele in Rio qualifiziert.

Übrigens: Die denkwürdigen Parallelen zwischen Saúl Craviotto und mir – in Mailand erreichte er, wie ich, keinen Medaillenrang.

„Ronny, Ronny!", hörte ich Arndt ein paar Meter entfernt aus der Mixed Zone rufen.

Rio 2016 war gigantisch. Gutes Wetter, südamerikanische Stimmung, Lebensfreude, herzliche Menschen, beste Voraussetzungen für unsere Rennen im Lagoa-Stadion, dessen Tribüne im Zieleinlauf 14 000 Zuschauer fasste. Die Lagune selbst wird durch kleinere Zuläufe aus den nahe gelegenen Hügeln gespeist und ist über einen Kanal mit dem Atlantik verbunden.

Meine letzten Olympischen Spiele, so hatte ich das angekündigt, fanden in einer Lagune statt. Und konnte es mir irgendwer verdenken, dass ich bei diesem Finale nicht ohne eine Medaille nach Hause zurückkehren wollte?

Mit Tom ging es leider schief über die 200 Meter. Im Vorlauf waren wir auf Platz vier gefahren, im Halbfinale auf Platz zwei, aber im Finale landeten wir nur auf dem fünften Rang. Die Entscheidung war so knapp, nicht mit den Augen auszumachen. Fotofinish. Warten, zittern, hoffen, bangen. Hoffen, dass die Kampfrichter auf den Fotos den Millimeter ausmachen würden, der uns nach vorne brächte. Wenn es bei dieser Sprintdistanz, zumal bei dieser hohen Leistungsdichte, um die Wurst geht, ist das reine Kopfsache. Du schaust nicht nach links, schaust nicht nach rechts, bist ganz allein bei dir. Jeder muss 100 Prozent bringen. Keine Taktikspielchen. 100 Prozent Konzentration, 100 Prozent Wille, 100 Prozent Kraft. Sonst bis du ohne Chance.

Am Ende entscheidet ein einziger Schlag über Medaille oder Enttäuschung. Das ist brutal.

Wir wurden auf Rang fünf gelistet. Es tat mir leid für Tom. Es tat mir leid für uns beide. Zufall? Fügung? Überflüssig, darüber zu diskutieren. Von der Poleposition grüßte mein Freund Saúl mit seinem Partner Cristian Toro. Wenn auch nur vier Hundertstelsekunden von uns getrennt. Vier Hundertstelsekunden, das ist wie zweimal mit den Fingern schnippen oder mit der Hand auf den Tisch schlagen, zweimal in die Luft zu springen. Vier Hundertstel waren der Abstand. Ganz einfach. Die Kameras waren unbestechlich. Aber Saúl und ich sollten bei diesen Spielen noch einmal aufeinandertreffen.

Saúl. Was für Parallelen mit ihm. Auch er hatte vorher angekündigt, dies seien seine letzten Olympischen Spiele, auch er wollte nach Rio zumindest in den olympischen Ruhestand treten.

Neben dem Sport verbindet mich mit Saúl, der 1984 im katalonischen Lleida geboren wurde, unsere Auffassung von Fairness und den Werten, die wir mit dem Sport verbinden, hinzu kommt unser unbedingter Familiensinn. Weil aber der Kanurennsport auf der Iberischen Halbinsel einen höheren Stellenwert hat als in Deutschland, ist Saúl in seiner Heimat ein Star. Ein Status, der auch monetär seinen Ausdruck findet. Ausgezeichnet mit der Goldmedaille des Real Orden del Mérito Deportivo („Königlicher Orden für sportliche Verdienste") und dem Nationalen Sportpreis Don Felipe de Borbón, ist Saúl zudem Bestsellerautor. Seine Biografie *4 años para 32 segundos* („4 Jahre für 32 Sekunden") erscheint bereits in der fünften Auflage, und in dem Buch *Las Recetatas de Saúl Craviotto* („Die Rezepte von Saúl Craviotto") hat er seine Lieblingsrezepte veröffentlicht.

Trotz des enormen Erfolgs in seiner Heimat ist Saúl immer ein bescheidener Mensch und Freund geblieben, dem Staralluren fremd sind. Leider spricht Saúl nicht so gut Englisch und ich spreche nicht gut Spanisch. Doch unsere Kommunikation funktioniert auch ohne viele Worte. Dass wir nach den Wettkämpfen, in denen keiner dem anderen auch nur einen Schlag schenkte, ein Bier miteinander tranken, auch mit den Mannschaftskollegen anderer Nationen, war selbstverständlich. Sportlicher Wettkampf, das bedeutet Fairness, Respekt, Miteinander. Wenn das junge Menschen nicht früh lernen, wenn sie keine Vorbilder dafür finden, ist das sehr schade.

In Rio de Janeiro trafen Saúl und ich uns nicht nur beim „Feierabendbier", sondern noch einmal auf der Regattastrecke. Das Rennen wurde ein echter Krimi. Weil ich in unserem Team immer noch der Schnellste über die Kurzstrecke war, ging ich nach dem Zweierrennen auch im Einer über die 200 Meter an den Start. Im Vorfeld war ich den Einer kaum gefahren, weil meine ganze Konzentration dem Zweier gegolten hatte. Ich empfand das als eine Art „Ehrenrunde" zum Abschluss. Meine Hoffnung war, mich mit einem tollen Rennen verabschieden zu können. Es ging auf jeden Fall sehr gut los: In meinem Vorlauf war ich Schnellster, Saúl in seinem Lauf Zweiter. Im Halbfinale belegte ich den zweiten Platz – vor Saúl.

Am Finaltag hingen zunächst dunkle Wolken an dem oben abgeflachten Pedra do Maroca und den anderen Bergen und Hügeln rund um die Lagoa, die nur einen Katzensprung von der Copacabana entfernt ist. Kurz vor dem Beginn kämpfte sich die Sonne von der Meerseite durch.

Startschuss. Ich paddelte auf Bahn drei, Saúl auf Bahn sieben. Schnell wurde klar, dass wir beide an diesem Tag nichts mit der Vergabe von Gold und Silber zu tun haben würden. Dafür lagen der Brite Liam Heath und der Franzose Maxime Beaumont zu weit vorn. Aber ich spürte es regelrecht von der rechten Seite – Saúl, das war heute mein Maßstab, er war derjenige, der meine letzte olympische Medaille vermasseln könnte.

Signal, Signal, Signal, Signal. Ich war mir unsicher. Schaute nach rechts. Saúl hatte die Hand zur Faust geballt, reckte sie siegesgewiss in die Höhe. Wir schauten uns an, zuckten uns gegenseitig mit den Schultern zu. Dann der Blick zur Anzeigetafel: Saul Craviotto ESP 3., Ronald Rauhe GER 4.

So eindeutig war es aber doch nicht. Es gab zwei Anzeigetafeln, die große für die Tribüne war für mich nicht einsehbar. Auf dieser war die Ankündigung „photo finish" vermerkt. Auf der kleinen für die Athleten fehlte dieser Vermerk. Deshalb brach ich erst einmal auf dem Steg zusammen. Ich bekam nicht mit, dass im Hintergrund die Auswertung des Fotofinishes lief. Ich haderte mit mir – bis ich Arndts Stimme hörte.

„Ronny, Ronny!" Er streckte Daumen, Zeige- und Mittelfinger in die Höhe. Drei Finger für Platz drei, drei Finger für Bronze. Ich kommunizierte zurück, zunächst noch ungläubig, hielt meinerseits drei Finger in die Höhe. Arndt bestätigte. Mir entfuhr ein „Jaaaa", das man bis hinunter zur Copacabana hören musste. Wenig später erschien es amtlich auf der Anzeigetafel. Platz drei für Saúl Craviotto ESP und für Ronald Rauhe GER. Gerade mal exakt 0,46 Sekunden trennten uns beide von Goldpaddler Liam Heath. Gemeinsam Dritte. Unglaublich.

Später gemeinsam mit Saúl auf dem Treppchen aufgerufen zu werden, war phänomenal. Das sind so Geschichten, die nur das Leben schreibt. Und der Sport.

Happy End also in Rio!

Umso unbeschwerter konnte ich die zweieinhalbstündige Abschlussfeier im Maracanã-Stadion genießen. Sambatänzer in fröhlichen Gewändern, melancholische brasilianische Chansons, ein Kinderchor, der zu Trommelmusik die brasilianische Nationalhymne sang, fantastische Figuren. Und wir mittendrin in diesem bunten Treiben. Eine Karnevalsparty unter Regentropfen, was aber keinen störte. Wie würde ich diese olympische Familie vermissen. Ich durfte überhaupt nicht daran denken, mir wurde richtig wehmütig zumute. Rios Bürgermeister Eduardo Paes schwang noch einmal die olympische Fahne, ehe sie Tokios Gouverneurin Yuriko Koike übernahm.

Tokio 2020 würde ohne mich als aktivem Sportler stattfinden. Vielleicht aber gab es für mich einen Platz als Betreuer? Oder als Co-Moderator? Als Zuschauer vor Ort oder vor dem Fernseher? So wie bei Barcelona 1992, als bei mir der olympische Funke entfacht wurde. Vielleicht würde ich mich ja auch mit meinem Freund, dem Olympiarentner Saúl Craviotto, zusammensetzen. Wir würden, je nachdem wo wir uns träfen, ein spanisches San Miguel oder ein Berliner Pilsner öffnen, fachmännisch die Wettkämpfe kommentieren und uns unserer härtesten Rennen gegeneinander erinnern.

Schöne Aussichten.

Der letzte Schlag VI

Den Kopf hatte ich im kühlen, wilden und klaren Wasser der Drau beim Dolomitenmann freibekommen. Das war auch gut so, das baute mich wieder auf, denn in den Wochen des Herbstes 2020 stürmte so viel auf mich und uns alle ein. Kein Tag ohne neue Meldungen über das Virus. Das Mainzer Pharmaunternehmen Biontech veröffentlichte vielversprechende Daten zu seinem vorgesehenen Coronaimpfstoff, der, angeblich, zu 90 Prozent vor einer Erkrankung Schutz bieten sollte. Mecklenburg-Vorpommern verhängte erstmals im Unterricht eine Maskenpflicht für Schüler. Zwei Wochen nach Inkrafttreten eines Teillockdowns kletterte die Zahl der an einem Tag infizierten Menschen in Deutschland mit 23 648 Fällen auf einen Rekordwert. Eine junge Frau aus Kassel verglich sich auf einer schrägen Demonstration in Hannover idiotischerweise mit Sophie Scholl, weil sie sich „im Widerstand" gegen „die Coronadiktatur" fühlte. Die Landesregierungen erließen eine erweiterte Maskenpflicht, verschärften die Kontaktbeschränkungen und verlängerten den Teillockdown mit der Schließung von Gastronomie, Kultur und Freizeiteinrichtungen. Kanzlerin Merkel warnte in ihrem Videopodcast: „Der vor uns liegende Winter wird uns allen noch viel abverlangen."

Unter diesem Hagel von Meldungen – die meisten davon alles andere als erfreulich – mussten wir unsere Vorbereitungen auf die Spiele im nächsten Jahr in Tokio fortsetzen, so gut es unter diesen Umständen eben möglich war. Die Umsetzung war eine Generalstabsarbeit. Wann, wo und wie anreisen? Wann und wo war das unter den sich ständig ändernden Bedingungen noch umsetzbar und erlaubt? Hygienebeschränkungen, die Maske zu tragen, war eine Selbstverständlichkeit, nur bei den Übungen selbst konnten wir sie ausziehen. Anfangs durften nur die Olympiakader in die Trainingszentren. Später auch andere Beteiligte, aber nur unter strengen Auflagen und Kontrollen. Es ging auf keine Kuhhaut, wie oft ich in diesen Wochen und Monaten ein Wattestäbchen in meine Nasenöffnung drehte. Aber meine Teamkollegen und ich machten das aus Überzeugung, weil es die einzige Chance war, überhaupt an gemeinsames Training zu denken und uns – und unsere Familien – gesund zu halten. Ich glaube, Spitzensportler gehörten, abgesehen von Beschäftigten in Krankenhäusern und im Gesundheitsbereich, in dieser Zeit zu den Menschen, die am häufigsten getestet wurden, und waren deshalb eine der sichersten Gruppen in der Gesellschaft.

Es gab Trainingslager und Wettkämpfe, an denen ich aufgrund von Quarantänebestimmungen abwarten musste, bis ich endlich wieder in den Kreis der Familie zurückkehren durfte. Es gab Wochen, in denen ich zwei, drei Tage später ins Trainingslager aufbrach, weil jemand zu Hause erkrankt war oder wir die eingeschränkten Betreuungszeiten der Kita auffangen mussten. Es kam vor, dass ein Mitglied der Familie krank wurde und ich deswegen später abreiste. Meine Liebsten in diesem Moment allein zu lassen, wäre für mich nicht infrage gekommen. Wäre ich gefahren, hätte mich mein schlechtes Gewissen ermahnt. Da hätte ich hunderttausendmal durch das eiskalte Wasser der Drau paddeln können – mit den Gedanken an daheim wären sinnvolle Übungseinheiten für mich nicht möglich gewesen.

Meine mit Fanny getroffenen Vereinbarungen in Bezug auf die Spiele von Tokio waren oft nur noch bloße Makulatur. Weil unserem Wunsch, so oft wie nur möglich zusammen zu sein, eine weitere Quarantänebestimmung, Infektionen im Umfeld oder eine neue Kontaktregelung im Wege standen. Das zehrte an den Nerven, das belastete Fanny und mich ungemein, das führte zeitweise zu emotional schwierigen Situationen. Es stand beispielsweise immer die Angst im Raum, in einem Trainingslager wie etwa in der Türkei zu erkranken, was die Rückreise zunächst nicht erlaubt hätte. In dem Fall wäre Quarantäne angeordnet worden, an einem Ort, an dem ich alleine für mich isoliert sein musste. Im Gegensatz zu anderen blieb ich von diesem Szenario zum Glück verschont.

In diesen Wochen der Unsicherheit, der Einschränkungen gelang es dem Verband mit einer Sondergenehmigung, in Immenhofen in der Nähe von Sonthofen im Oberallgäu ein mehrtägiges Treffen zwecks Teambuilding und Auftakt in die „neue" Olympiasaison auf die Beine zu stellen. Natürlich gehörten auch hier die Tests zum Tagesablauf wie Frühstück und Abendessen. In der Nähe von Immenhofen betrieb ein ehemaliger Kanute einen Hof, dessen Wissen um unsere Bedürfnisse unseren Aufenthalt wesentlich erleichterte. In der Abgeschiedenheit tat es gut, mit den Teamkollegen, Trainern und den wissenschaftlichen Mitgliedern des Kaders zu sprechen, um uns zu motivieren, um uns auszutauschen. Denn die meisten hatten das Bedürfnis, sich über ihren täglichen Kampf mit Corona auszulassen. Das war nichts Neues – alle hatten mit dem holprigen Alltag zu kämpfen, mussten sich zugleich aber auch auf ihr sportliches Ziel konzentrieren; aber so eng beieinander verstärkte sich noch mal so richtig im Bewusstsein: Du bist nicht allein, du bist kein Außenseiter, kein Ausgestoßener, alle haben ihr Päckchen zu tragen, allen geht es wie dir mit ihren Gefühlen, Sorgen und Ängsten. Das tat gut, das half, das verlieh Zuversicht. Was insbesondere unseren Vierer auszeichnete: Trotz der Belastungen rauften wir uns immer wieder zusammen, auch wenn einer von uns – und das betraf dann nicht nur den einen, sondern uns alle – mit seinen persönlichen Coronaproblemen phasenweise den Boden unter den Füßen zu verlieren schien. Es war ein toller, ermutigender Zusammenhalt, wir saßen nun wirklich und wahrhaftig in einem Boot. Uns gelang es, zumindest während des Trainings, alles andere auszublenden und nur an unserem Ziel zu arbeiten.

Dennoch kam mir unser Zusammentreffen – genauso wie die noch bevorstehenden Trainingslager – unwirklich vor. Draußen sorgten sich die Menschen teilweise um ihre Existenz, kämpften um ihre Gesundheit oder gar um ihr Leben oder um das ihrer Liebsten, organisierten sich durch ihren Alltag und überlegten, wann und wo sie sich mit ihrer Familie und Freunden treffen konnten, wenn es überhaupt möglich war. Und wir gingen vermeintlich unbeschwert – zumindest in diesen intensiven Momenten – unserem Sport nach. Jetzt hätte ich beinahe zur Verteidigung gesagt: Wir machten das doch nicht zu unserem Vergnügen. Wobei es Nonsens wäre, das so zu sagen. Natürlich war unser Sport immer Leidenschaft und Vergnügen im Zusammenspiel mit Professionalität. Ich empfand es als überflüssig, mir den Kopf darüber zu zerbrechen, ob unsere privilegierte Lage gerecht oder ungerecht sei. Das waren, auf uns bezogen, vielleicht sowieso nicht die richtigen Begriffe. Ich nahm es so, wie es war, und so, wie es kam, und sagte mir vor allem: Hätte ich auf diese Privilegien, die allein dem Leistungsaufbau dienten, verzichtet, wäre keinem außerhalb unserer Blase gedient gewesen. Durch den Vorzug, den wir genossen, erlitt kein anderer Mensch einen Nachteil. Ich hoffte zumindest, wir könnten unseren Vorzug im nächsten Sommer mit möglichst vielen Medaillen und spannenden Wettkämpfen zurückzahlen.

Für uns aber baumelte die Frage wie ein Damoklesschwert über uns, über die keiner so recht sprechen wollte: Wird es diese Spiele, die wir uns erträumten, für die wir uns unter besonderen Umständen abmühten, überhaupt geben? Oder war alles ein zweites Mal für die Katz? Die täglichen Coronanews stärkten nicht unbedingt den Optimismus, viel eher lebten wir das Prinzip Hoffnung. Wenn diese Frage sich wie eine dunkle Wolke in meinem Inneren ausbreitete, musste ich zweimal heftig schlucken und sie mit aller Gewalt aus meinem Kopf vertreiben. Denn ernsthafte Zweifel an der Ausrichtung hätten sich nicht gerade günstig auf die Motivation ausgeübt, hätten alles infrage gestellt, was ich mir selbst und meiner Familie zumutete. Sand im Getriebe, das hätte jetzt gerade noch gefehlt.

Von einem Tag auf den anderen stand plötzlich auch noch unser Vierer unvermittelt auf der Kippe.

Zum Teambuilding in Immenhofen gehörten auch Mountainbikefahren, Wandern, Klettern und eine Raftingtour auf der Iller. Das Rafting sollte eher eine Gaudi sein, abgerundet mit Stockbrot am Lagerfeuer. Es war nicht das erste Rafting, zu dem wir uns nach dem mittlerweile obligatorischen Wattestäbchentest und dem vorschriftsmäßigen Anlegen von Neoprenanzug, Helm und Schwimmweste zusammengefunden hatten. Als der Unfall passierte, der uns alle in eine Schockstarre versetzte, war ich mit dem Mountainbike unterwegs. Ich wurde aber umgehend über all das informiert, was geschehen war.

Wir waren alles andere als unerfahren im Umgang mit dem Element Wasser, das in der Iller ein wildes Gesicht zeigte, aber auch nicht so wild, dass eine besondere Gefahr davon ausgegangen wäre. Tom Liebscher saß mit sechs oder sieben Teamkollegen in einem dieser schwarzen Gummiboote und traf in einer Stromschnelle auf einen Fels. Tom hielt sich offenbar nicht richtig fest, weshalb er in die Luft katapultiert wurde. Er landete mit dem Rücken auf einem Felsen und schrie vor Schmerz auf. Ein Riesenschreck ergriff alle, die den Unfall miterlebten. Gleich darauf überkam sie aber schon eine Spur der Erleichterung. Tom stand zumindest hüfthoch im Wasser und wollte sich Richtung Land bewegen. Aber er schüttelte den Kopf.

„Jungs, ihr müsst mir mal helfen. Ich schaffe das nicht", rief er den anderen zu.

Jetzt wandelte sich der Schreck in einen Schock.

„Ich glaube, das mit dem Stockbrotgrillen wird heute nichts mit mir", sagte Tom mit zusammengebissenen Zähnen. Tom liebte das Stockbrotgrillen. Wenn er das nun absagte, musste es ernst um ihn stehen.

Nach der Erstbehandlung – es war am frühen Nachmittag – brachtet unser Bundestrainer Arndt Harnisch Tom sofort ins Krankenhaus. Wo er wegen der Coronabestimmungen aber nicht lange bleiben durfte und auch der Rest es Teams durfte ihn natürlich nicht besuchen.

Gegen 21 Uhr rief Tom an. Das, was er an ärztlichen Diagnosen zu berichten hatte, hörte sich alles andere als hoffnungsvoll an. Noch nie hatte Tom eine gravierende Verletzung erlitten, und nun das: Bruch von gleich fünf Wirbelfortsätzen der Brustwirbelsäule. Zwei, drei Monate, so hieß es, würde die Heilung wohl in Anspruch nehmen. Toms Stimme klang zittrig und niedergeschlagen, wir anderen mussten stark an uns halten. Keiner von uns sagte etwas, aber wir alle hatten denselben Gedanken: So schnell lassen wir uns nicht von unserem Ziel abbringen. Aber wäre der Rückstand in der kurzen Zeit noch aufzuholen?

Nachdem wir uns einigermaßen gefangen hatten, schrieben wir Tom per WhatsApp, damit er bloß nicht den Kopf hängen ließ. Was man so schreibt in einer Notsituation.

„Ich habe keinen Zweifel, dass du es schaffst. Dafür sind wir jetzt schon einen zu weiten Weg gegangen. Wir stehen zu dir", versicherte ich dem schwer verletzten Tom, ehe er an seinen Standort nach Dresden verlegt wurde und dort erst einmal anderthalb Wochen im Klinikum ausharren musste.

Tom meldete sich von dort in regelmäßigen Abständen, um einen Zwischenbericht zu geben. „Es geht aufwärts", meldete er mir nach zwei Wochen. „Ich habe wieder gelernt, wie ich mir die Socken allein anziehen kann. Auch mit den anderen Kleidungsstücken klappt es immer besser." Du lieber Himmel.

Toms Unfall war das bislang größte Hindernis unserer Vorbereitungen auf Tokio. Erst im neuen Jahr würde er wieder größere Belastungen auf sich nehmen können, wenn überhaupt. Erst im Frühjahr würden wir wieder im Vierer zusammensitzen können. Wenn überhaupt. Zu unserer Trainingsphilosophie gehört, dass jeder Kanute nach der Wettkampfsaison bis zum Beginn der nächsten Wettkampfphase versuchen sollte, sich individuell seiner Höchstform anzunähern. Erst wenn alle Bootsmitglieder einigermaßen auf einem Niveau angelangt waren, lohnte es sich, in die Teamarbeit einzusteigen, erst dann nahmen die Trainer gegebenenfalls Umbesetzungen vor. So hatten wir das zumindest immer vereinbart.

Die fundamentale Frage aber lautete: Wie viel Zeit würde Tom verlieren, wie viel Zeit würde er nach der Genesung benötigen, um unser Niveau zu erreichen? Es war unbedingt nötig, dass er in Topform zurückkehrte, damit wir anschließend in die Teamarbeit einsteigen konnten. Natürlich waren wir ein eingespieltes und erfolgreiches Quartett, in dem jeder um seine Aufgabe wusste. Aber vor jeder Saison galt es, das wieder einzutrainieren, einzuschleifen, galt es – meine fortwährende Rede –, Schwachstellen ausfindig zu machen, um das letzte Quäntchen für den Erfolg herauszuarbeiten.

Zwar hielten wir die Nachricht von Toms Verletzung für die Öffentlichkeit unter dem Radar – Schlagzeilen von der Gefährdung des Vierers hätten wir jetzt gerade noch gebraucht –, aber natürlich war die Nachricht im Lager der Kanuten das Gesprächsthema Nummer eins. Es gab einige, bei denen, verständlicherweise, Hoffnungen auf den womöglich plötzlich freien Platz aufkamen. Menschlich völlig verständlich, auch wenn es ein wenig Unruhe ins Team brachte. Allerdings ließen wir uns nie kirre machen, redeten Tom gut zu, um ihm ein deutliches Zeichen zu senden, um seine Wiederherstellung vor allem mental zu unterstützen. Dass wir nicht den leisesten Vorbehalt an seiner baldigen Genesung hätten. Meinen Optimismus im Hinblick auf Toms erfolgversprechende Rückkehr vermittelte ich auch dem Trainer. Als ältester und erfahrenster Athlet im Vierer kam mir eine Rolle zu, die in etwa der eines Mannschaftskapitäns in einer Ballsportart entspricht. Obwohl das so nie ausgesprochen wurde oder ich das gar hätte heraushängen lassen. Meine Stellung, das Vertrauensverhältnis zu den Trainern, war mehr oder weniger auf natürliche Weise im Lauf der Jahre gewachsen. Ich war das respektierte Bindeglied zwischen Trainern und den Sportlern im Boot.

Ich glaubte ganz stark an Toms Rückkehr in unser Boot, das durfte überhaupt nicht anders sein, dafür war unser Ziel viel zu groß.

„Für mich steht es fest, dass du es schaffst, Tom", wiederholte ich wie ein Mantra, wenn wir telefonierten. „Max und Max sagen genau dasselbe."

Zwei Wochen nach der Entlassung aus dem Krankenhaus hatte Tom bereits mit einer leichten Bewegungstherapie begonnen.

„200-mal hintereinander dieselbe Übung, ziemlich monoton", berichtete er. „Aber wenn ich zurückblicke: Ich habe Glück im Unglück gehabt."

Er durfte und sollte die Arme wieder bewegen. Danach waren die Beine an der Reihe. „Heute habe ich das erste Mal auf dem Ergometer gesessen", berichtete Tom. Es klang wie ein Triumph. „Zehn Minuten. Morgen will ich fünfzehn Minuten schaffen."

Klasse, dachte ich mir, der Junge hat genau die richtige Einstellung. Beinahe hätte ich ihm einen Zettel mit den Worten von Papa geschickt, die er mir damals nach dem Schienbeinbruch beim Skifahren geschrieben hatte: „Ein Verlierer sieht in jeder Chance ein Problem. Ein Gewinner sieht in jedem Problem eine Chance." War aber nicht notwendig. Dieser Kerl, der vor vielen Jahren zum Ansporn mein Poster an seine Wand gehängt hatte, hatte dieses Motto von selbst verinnerlicht. Das waren Augenblicke, in denen mir nicht bange war, dass es mit uns und Tokio und mit einem Happy End etwas werden würde.

Ohne Tom flogen wir Ende Oktober für vierzehn Tage ins türkische Belek, wo wir bei neunzehn Grad ideale Bedingungen vorfanden. Bei diesen Temperaturen waren drei Trainingseinheiten im Wasser täglich möglich, zu Hause wären maximal zwei denkbar gewesen, weil die Kälte ansonsten den Körper fertiggemacht hätte. Florida, wo ich so viele Male bereits mit Begeisterung das Wintertrainingslager absolviert hatte, war wegen Corona erst einmal gestrichen. Wahrscheinlich hatte ich mein letztes Floridatraining schon hinter mich gebracht, ohne mir dessen damals bewusst gewesen zu sein und ohne ein wenig Abschied vom Indian Harbour Beach zu nehmen.

Belek, in der Nähe von Antalya, lebte wie so viele Orte an der türkischen Mittelmeerküste fast ausschließlich vom Tourismus.

Zahlreiche Hotels und Einrichtungen hatten sich darüber hinaus in den vergangenen Jahren auf die Bedürfnisse von Spitzensportlern konzentriert, die aus Trainingsgründen vor dem Winter in ihrer Heimat flohen. Neben den Kanuten trafen sich dort unter anderem Fußballmannschaften, Schwimmer, Leichtathleten und Tennisspieler aus unterschiedlichen Ländern.

Wo sonst Hunderte von Touristen ihre Sommerfrische genossen, saß unser Team nun allein in einem isolierten Trakt eines Nobelhotels und hatte einen Essenssaal für sich alleine. Um die Infektionsgefahr so weit wie möglich einzuschränken, gab es strikte Einlasskontrollen, die Maskenpflicht ergab sich von selbst. Trotz der geringen Auslastung garantierte das Wintercamp der Sportler den Betreibern in dieser Zeit immerhin ein Minimum an Einnahmen. Und wir hatten alles zur Verfügung, was wir brauchten: einen Kraftraum und kurze Wege zum Wasser.

Zurück in Deutschland in einem für die Jahreszeit ungewöhnlich milden Winter, hämmerte der Coronaticker unermüdlich als alles beherrschendes Thema weiter. Nachdem zunächst in einigen Bundesländern die Vorschriften für Weihnachten und Silvester gelockert worden waren, ruderten die Behörden nun wieder zurück und verhängten auch noch ein Verbot für den Verkauf von Feuerwerkskörpern. Außerdem musste der Einzelhandel seine Türen schließen, eine Ausnahme gab es für Geschäfte, die Dinge verkauften, die für den Alltag essenziell waren. Eine neue in Großbritannien aufgetretene Coronavirusvariante tauchte erstmals in Deutschland auf. Wenigstens konnten gegen Ende des Jahres die ersten Menschen mit Biontech geimpft werden.

In dieser Phase erreichte uns eine neue Nachricht von Tom: „Ich konnte mich an Weihnachten mit dem ersten größeren Training belohnen."

Weihnachten verbrachte ich wie gewohnt mit der Familie, natürlich mit Tests und allen etlichen Sicherheitsvorkehrungen. In den Jahren zuvor waren wir nach Weihnachten zum Skifahren in die Berge aufgebrochen. Es war das erste Mal seit knapp zwanzig Jahren, dass ich Silvester nicht in den Bergen verbringen konnte. Stattdessen feierten wir entspannt bei einer befreundeten Familie und ihren beiden Töchtern. Wir waren natürlich getestet.

Das neue Jahr nahm Anlauf mit einem Höhentrainingslager der Nationalmannschaft in St. Moritz. Tom und ich fehlten. Wir trainierten gemeinsam in der Gegenstromanlage in Potsdam, das schien uns in diesem Moment das Effektivste, um Tom wieder an seine alte Form heranzuführen. Ein sehr einsames Trainieren war das. Nur wir beide und das wissenschaftliche Personal der Gegenstromanlage.

Toms Bemühungen und unser Zusammenhalt waren tatsächlich von Erfolg gekrönt: Er war beim nächsten Trainingslager in Belek dabei, es ging von Ende Januar bis Mitte Februar, wenngleich noch mit gezügeltem Trainingsablauf. Nun – 111 Tage nach dem Raftingunfall und 154 Tage vor den Olympischen Spielen – trat Tom vor die Presse und berichtete über das Unglück, aber vor allem, wie er sich danach aufgerappelt hatte: „Seit Weihnachten bin ich wieder auf dem Wasser!" Nachfragen der Journalisten, die wissen wollten, ob das mit uns noch etwas werden würde bis Olympia, bedachte er mit optimistischen Antworten.

Jetzt musste doch alles gut werden, oder? Wenn Tokio doch nicht wieder abgeblasen würde. Denn mittlerweile war die Rede von der dritten Coronawelle, erneut wurde ein Lockdown verhängt, gab es in bestimmten Regionen zu bestimmten Zeiten gewisse Ausgangsbeschränkungen, wurde an Orten, in denen die Inzidenz einen bestimmten Wert überschritt, der Bewegungsradius der Menschen auf 15 Kilometer eingeschränkt, stand die Forderung nach mehr Homeoffice im Raum. Eine repräsentative Umfrage ergab, dass seit dem Ausbruch von Corona bzw. der damit in Zusammenhang stehenden Regeln verstärkt Jugendliche unter psychischen Problemen litten. Zwei neue Impfstoffe kamen auf den Markt, Moderna und AstraZeneca, Klagen über Impfengpässe wurden laut, die Kanzlerin versprach, jedem Bürger bis Sommer ein Impfangebot zu machen.

Tokio ja oder nein? Diese Frage beschäftigte uns stündlich in der Vorbereitung.

Im März nahmen die Vorbereitungen an Tempo zu. Noch einmal absolvierten wir ein Trainingslager in Belek, dabei gab es die ersten internen Leistungstests, die Qualifikation folgte später in Duisburg, natürlich ohne Publikum. Max Lemke und ich überzeugten schon bei der ersten Quali und waren somit gesetzt. Tom hatte sich zwar noch nicht in Topform präsentiert, aber als Weltmeister des letzten Jahres genoss er natürlich wie wir anderen einen gewissen Bonus, und die Trainer glaubten daran, dass er bis Tokio wieder fit werden würde.

Für mich waren diese Tage Momente des Abschieds von Orten und Ritualen, die für mich in der Vergangenheit eine enorme Bedeutung hatten. Wie auch Wochen später meine letzte Olympiaeinkleidung. Die gab es nicht wie gewohnt in einer Bundeswehrkaserne. Wegen Corona kam der DOSB, der Deutsche Olympische Sportbund, mit einem gigantischen Truck nach Kienbaum. Hauptsächlich ging es dabei um die Bekleidung für Training, Wettkampf und Freizeit; bei meinen ersten Spielen waren die Einkleidungen noch etwas üppiger. Aber die neue Einkleidung für Tokio gefiel uns.

Ich habe die Erinnerungen an meine Olympiateilnahmen in gut und gerne sieben Umzugskartons verstaut, von den Klamotten ist mindestens die Hälfte noch da. Die wichtigsten Medaillen sind sicher aufbewahrt, in weiteren Kisten liegen Urkunden und Dokumente. In diesen schlichten braunen Kartons stecken so viele greifbare Erinnerungen und starke Emotionen! Zu vielen könnte ich aus dem Stand eine kleinere oder größere Geschichte erzählen, könnte anhand dieser Objekte mein Leben Revue passieren lassen. Nehme ich eine Medaille oder einen Pokal in die Hände, kann ich zumeist auf Anhieb sagen, wann, wo und wofür ich diese Auszeichnungen erhalten habe. Oft habe ich mir vorgenommen auszusortieren – was Fanny sehr begrüßen würde. Aber ich bringe es nicht fertig, ich hätte irgendwie das Gefühl, meine Erinnerungen wegzuschmeißen. Diese Objekte sind Manifestationen dessen, was ich mir im Sport Stufe um Stufe erkämpft habe. Jederzeit, wenn mir der Sinn danach steht, kann ich eine der Kisten öffnen und in Erinnerungen eintauchen. Anfassen, durch meine Hände gleiten lassen, Urkundentexte noch mal lesen. Erinnerungen – die mir noch gut präsent sind –, um mir zu vergegenwärtigen: Das hast du geleistet, das ist keine Einbildung. Sieben Umzugskisten voller Erinnerungen sind eine starke Realität. Daneben stehen zudem die Kisten von Fanny und das sind auch nicht gerade wenige. Zwei Sportlerleben in insgesamt zwölf Kartons nebeneinander archiviert, frei zur Besichtigung. Willkommen im Rauhe-Fischer-Museum!

Manchmal öffne ich eine der Kisten und stöbere darin mit meinen Jungs herum. Nicht weil ich ihnen das Gefühl geben wollte, dabei handele es sich um heilige Dinge; aber ich merke, wie einfach es ist, Kinder mit Erzählungen zu faszinieren, die fernab der digitalen Welt liegen. Besonders wenn sie eine Medaille in der Hand halten und sie an meinen Lippen hängen, wenn ich erzähle, wie das damals war, mit dem Gold in Athen oder mit der als Niederlage empfundenen Silbermedaille von Peking. Übrigens geht es in der nächsten Generation weiter – Leo und Til haben bereits ihre ersten Medaillen an die Wand gehängt. Unser Kleiner, Leo, war Judoka und spielt Handball und Fußball, der Große, Til, spielt Fußball.

Im April war immer noch offen, ob ich meiner Sammlung zum krönenden Abschluss noch eine weitere Medaille würde hinzufügen können.

Zeitweise wurden Ausgangsbeschränkungen in Hannover, Hamburg und Mecklenburg-Vorpommern verhängt, die Bundesregierung beschloss die „Bundesnotbremse", die künftig bei hohen Infektionszahlen die Verhängung einheitlicher Regeln zum Eindämmen einer Pandemie erleichtern sollte. Nun begannen auch die Hausärzte mit dem Impfen, die ersten 25 Millionen Impfdosen wurden vergeben. Sinkende

Infektionszahlen waren die Folge, dazu erste Lockerungen, Kreuzfahrtschiffe legten wieder von deutschen Häfen ab.

Wieder einmal wurde ich daran erinnert, dass auch uns noch eine Absage drohte.

Jenseits von diesen Gedanken steuerten wir im Mai auf die erste Belastungsprobe unseres Vierers zu, zugleich eine Feuerprobe für den wieder genesenen Tom. Der erste Weltcup des Jahres im ungarischen Szeged. Es lief nicht rund für uns, was nicht unbedingt an Tom lag. Er hatte seit seiner Rückkehr auf einer Art Schleudersitz Platz genommen, weil er aufgrund seiner Situation natürlich unter besonderer Beobachtung stand. Tom hatte gekämpft wie ein Wilder, als hänge sein Leben davon ab. Mehr Leidenschaft konnte ich mir kaum vorstellen. Im letzten Leistungstest hatte er seinen Einsatz dann überzeugend legitimiert. Das hatte er sich redlich verdient, denn Tom hatte eine überragende Ausdauer, unbedingten Willen und Nervenstärke bewiesen. Besonders die Nerven hatte er behalten. Denn bis zum Schluss stand stets ein Ersatzmann in den Startlöchern, für den Fall der Fälle. Aber mit welchem Ersatzmann auch immer hätte der Vierer nicht funktioniert, zumindest nicht so optimal, wie er mit Tom funktioniert hätte. Denn die Zeit der Eingewöhnung wäre viel zu kurz gewesen.

Aber bei diesem Weltcup stimmte irgendetwas nicht. Wir erlitten unsere erste Niederlage, seit wir diesen Vierer über 500 Meter im Jahr 2017 gebildet hatten. Gegen wen? Ausgerechnet gegen Saúl Craviotto und seine drei Jungs. Saúl, immer wieder Saúl, es war verrückt. Wir beide hatten 2016 den Abschied von unserer olympischen Laufbahn bekannt gegeben, und nun war es nicht ausgeschlossen, dass wir 2021 zum finalen Duell aufeinandertreffen würden.

Uns beschlich das Gefühl einer großen Niederlage, nachdem wir an den Bootssteg angeschlagen hatten: Das war nichts, das war schlecht, zum ersten Mal war unsere Gemeinschaft ins Straucheln gekommen. Wir sprachen offen über das, was nicht gut gelaufen war, dass keiner seine individuell bestmögliche Leistung abgerufen hatte. Wir sprachen die Baustellen an. Es stand vor allem das ungute Gefühl im Raum, dass wir nicht mehr an einem Strang zogen, dass nicht jeder seine Gedanken beiseiteschieben und sich zu 100 Prozent auf das Ziel Tokio fokussieren konnte, sowohl im Training als auch im Wettkampf. Das Boot im Rhythmus zu halten, das Boot zu beschleunigen – es war ein Kampf. Wir kämpften während des Rennens verbissen gegen dieses schlechte Gefühl. Aber es reichte dennoch nicht, um an unsere gewohnte Leistung anzuknüpfen.

Vielleicht aber war es ganz gut, dass es diesen Weckruf gab!

„Entweder wir kriegen das jetzt hin, reißen uns zusammen und konzentrieren uns die letzten beiden Monate komplett auf Tokio, oder es wird nichts", sagte ich als Dienstältester und erntete den Zuspruch meiner Bootskollegen. Noch einmal alles geben, wie gewohnt an einem Strang ziehen für diesen Wettkampf, das bestätigten wir uns, gleich im nächsten Trainingslager. Das Training intensivieren, das Training steigern, jede Einheit mit unbedingtem Willen angehen, nicht mit 100, sondern mit mindestens 110 Prozent absolvieren.

Nun ging es Schlag auf Schlag, die Abwesenheiten von daheim häuften sich. Es wurde immer schwerer, aus unserer Blase mit den uns selbst auferlegten Sicherheitsregeln zu entfliehen, um auch nur ein paar Tage mit der Familie verbringen zu können. Im Juni wurde es noch hektischer. Wir nahmen an den Europameisterschaften in Posen teil. Dort hielten wir die Vierer aus der Slowakei und Russland deutlich auf Abstand. Allerdings fehlte unser ärgster Rivale, der spanische Vierer. Das war ein taktischer Winkelzug, für den die Spanier bekannt waren: Kurz vor großen Wettbewerben tauchten sie gelegentlich ab, vermutlich um die Konkurrenz im Ungewissen zu lassen und sich gezielt auf den letzten Wettkampf vorzubereiten. Wir fuhren eine andere Strategie in der Vorbereitung, wir bezogen gerne Wettkämpfe in den gesamten Plan mit ein.

Das Feuer brannte nach wie vor in mir. Direkt nach der Siegerehrung luden wir unsere Boote auf das Dach des Vans, bretterten los, um mitten in der Nacht im 800 Kilometer entfernten Duisburg anzukommen, wo wir am nächsten Morgen an den Start gingen. Duisburg war Teil des Wettbewerbs Die Finals Berlin/Rhein-Ruhr, bei denen in achtzehn Sportarten 140 Deutsche Meister ermittelt wurden. Von Basketball und den Bogenschützen über Klettern und Leichtathletik bis zu Taekwondo und Reiten. Die Idee: Durch diese Konzentration an Hochleistungen sollte ein geballtes mediales Interesse für Sportarten geweckt werden, die ansonsten unverdientermaßen weniger im Rampenlicht standen. Ich fand die Idee unterstützungswürdig. Davon abgesehen hatte der Verband uns gebeten teilzunehmen, weil er auf eine gewisse Werbewirksamkeit für den Kanusport hoffte.

Die Meisterschaftsidee und die PR für meinen Sport waren es nicht allein, die mich die 800 Kilometer durchheizen ließen.

Vielmehr bedeutete es für mich einen weiteren Abschiedsmoment. Das letzte Mal in Duisburg einen Wettkampf. Duisburg, das ich einmal als mein sportliches „Wohnzimmer" bezeichnet hatte. Einen der schönsten Momente dort erlebte ich bei den Weltmeisterschaften im Jahr 2007, als ich mit Tim Wieskötter die Goldmedaille gewonnen hatte. Nach der Überquerung der Ziellinie paddelten wir unerlaubterweise direkt vor die Tribüne und ließen uns vor vollem Haus so richtig feiern. Wenn ich mich richtig erinnere, waren 15 000 Menschen gekommen. Ich stand im Boot, die Arme in die Höhe geworfen, und die Menge tobte auf der Tribüne. Das war für mich ein einmaliger Moment. Wegen dem es im Nachgang allerdings ein wenig Ärger gab – wir hatten uns nicht an das vorgesehene Procedere gehalten.

„Jetzt wird es langsam ernst, Ronny", sagte ich mir. „Du fährst in der Einbahnstraße. Das Ende ist in greifbarer Nähe." Und danach? Ach, darum würde ich mich später kümmern, dann hätte ich ja alle Zeit der Welt.

Mein letzter Wettkampf in Duisburg, aber mindestens genauso wichtig: Es würde nach diesen Jahrzehnten mein letzter Kanuwettkampf in Deutschland überhaupt sein. Diese Vorstellung steckte mir tief in den Knochen. Dass ich im Parallelsprint meinen Titel nicht verteidigen konnte und den zweiten Platz belegte, war an diesem Tag Nebensache. Dieser Sprint war ein K.-o.-Wettbewerb, den die Verantwortlichen eigens in die Finals eingebaut hatten. Dabei paddeln immer zwei Kanuten über 150 Meter gegeneinander, bis insgesamt zwei übrigbleiben. Dieser zweite Platz war deshalb Nebensache, weil mich das Abschiedsszenario so vereinnahmte.

Mit Abschiedswehmut im Kopf saß ich benommen auf dem Steg, den Kopf gesenkt, ich musste mit den Tränen kämpfen. Was mich zudem traurig stimmte: Wegen Corona durften keine Zuschauer auf die Tribüne, das galt auch für Familienmitglieder. Und gerade die hätte ich bei dieser Deutschlandabschiedstour von mir gerne um mich gehabt. Meine Mitstreiter, die spürten, was in mir vorging, kamen zu mir, schlugen mir auf die Schultern, trösteten mich. Warum mich das so mitnahm? Wahrscheinlich wegen des Abschieds auf Raten, wegen einer Art von Abschiedstournee durch verschiedene Orte, an denen ich Jahre meines Sportlerlebens verbracht hatte. Ich wusste, wie es in welchem Bootshaus roch, welche Bojenkette auf welcher Regattabahn angebracht war, wie sich wo das Wasser anfühlte, mit welchen Windbedingungen zu rechnen war. Es gab keinen Schlussstrich bei meiner letzten Olympiagala, auf die ich hoffte, sondern ich durchlebte einen Abschiedsmoment nach dem anderen, stets mit dem Stempel „Das letzte Mal" versehen. Das fühlte sich wie das Outfaden aus einem Teil meines Lebens mit ständigen Unterbrechungen an, die mir mein Karriereende, mit all seinen Folgen, immer wieder vor Augen hielten. Stopptaste gedrückt, kurz gesammelt und die Gefühle zurechtgerückt, und weiter ging es zum nächsten Abschiedsstopp. Ein weiterer einschneidender Abschied war jener von der Gegenstromanlage in Potsdam. Was hatte ich in dieser Anlage um die kleinsten Verbesserungen gerungen, war hart ins Gericht mit mir gegangen, was ich noch besser machen könnte, um eine weitere Hundertstelsekunde herauszuholen. Dieser

Ort war eine vorbildliche Symbiose von körperlicher Anstrengung und Wissenschaft. Das war nun auch vorbei für mich, zumindest als Wettkämpfer. Es gab danach nur noch die Möglichkeit für nostalgische Besuche, um mal zu schauen, ob noch alles beim Alten ist.

Meine Trainingspartner aus Potsdam, die mich jeden Tag begleiteten und pushten, es aber leider nicht alle zu den Olympischen Spielen schafften, beschenkten mich mit einem besonderen Abschiedsmoment, von dem ich nichts gewusst hatte. Wie immer lief laute Musik. Zum Ende des Trainings kamen auf einmal einige meiner Trainingspartner. Die Mitarbeiter, die den Kanal steuern, unterbrachen meine Musik und spielten in voller Lautstärke *Time to Say Goodbye* ein. Direkt nach der Schlusshupe der Trainingseinheit folgte eine Sektdusche der Kollegen vom Seitenrand, was den Vorteil hatte, dass man meine Tränchen nicht sah. Ein unglaublich schöner Moment.

Das berührte mich. Denn alle wussten, was mir das bedeutete, wie sehr ich mit dem Herzen an all diesen Orten hing, wie mir die Abschiede nahegingen. Dass sie Teil dieses Abschieds wurden, war mir wichtig, denn ihre Teilhabe unterstrich, dass wir nach wie vor auf einer Wellenlänge fuhren, mit- und füreinander empfanden, in einem Boot saßen.

Bei bestem Sommerwetter gingen die Inzidenzzahlen zurück, das Robert-Koch-Institut stufte die Gefahrenlage von „sehr hoch" auf „hoch" herab, die Gastronomie durfte sich über Lockerungen freuen, wenngleich unter oft komplizierten Bedingungen und Meldepflichten. Es folgten Lockerungen der

Maskenpflicht, das Ende der Homeofficepflicht und das Auslaufen der sogenannten Bundesnotbremse.

Da flatterte und zwitscherte ein Vögelchen in meinem Kopf: Sollte es tatsächlich etwas werden mit Tokio? Plötzlich stand die Sorge um die sogenannte Deltavariante im Raum. Nein, ich würde es erst in dem Moment glauben, wenn ich in Tokio mit meinen Freunden im Vierer säße und der Startschuss für das Finale ertönte.

Dieses Vögelchen verstummte schnell wieder, denn die Deutsche Welle berichtete, die Olympiaorganisatoren würden erstmals ein Szenario für eine (erneute) Absage der Spiele ausmalen und das von der Teilnahme der Nationen abhängig machen. 10 000 der 80 000 vorgesehenen freiwilligen Helfer hätten sich bereits zurückgezogen. „Wenn viele Nationen aus der ganzen Welt in ernste Situationen geraten und nicht kommen können, wären wir nicht in der Lage, Olympia abzuhalten", erklärte die Chefin des Organisationskomitees, Seiko Hashimoto. Auch nicht gerade erfreulich: Ein Großteil der japanischen Bevölkerung sei nun gegen die Austragung und baue mit Petitionen Druck auf, auch die Ärztevereinigung wende sich gegen die Austragung.

Also, wenn es Länder und Sportler geben sollte, die nicht nach Tokio reisen wollten – ich wäre auch allein hinübergepaddelt, darauf hätten sie wetten können.

Aber dann konnte ich nicht einmal pünktlich zur unmittelbaren Wettkampfvorbereitung in Duisburg anreisen, weil die Sache mit meinem Handgelenk passiert war. Und erneut stand alles auf der Kippe.

Fanny redete mir gut zu, Fanny stärkte mir den Rücken. Denn als ehemalige erfolgreiche Leistungssportlerin wusste sie genau, wie es in mir aussah. Mein Arzt machte mir klar: Meine letzte Chance war eine Spritze. Fanny fuhr mich zu einem Spezialisten nach Berlin.

Familiengold

Wenn man alle Pokale und Medaillen zusammentragen würde, die die Familien Rauhe-Fischer-Hülsenbeck in sechs Jahrzehnten gewonnen haben, würde das eine nette Ansammlung von Gold, Silber und Bronze ergeben, für die eine Vitrine vermutlich nicht ausreichen würde. Man wird schwer einen zweiten Familienbund finden, der derart erfolgreich im Sport ist.

2015 heirateten Fanny und ich. Fanny ist die Tochter von Sarina Fischer, geborene Hülsenbeck, Weltrekordschwimmerin bei den Olympischen Spielen in Moskau mit der 4-mal-100-Meter-Freistilstaffel der DDR, und Frank Fischer, neunfacher Medaillengewinner bei Kanuweltmeisterschaften zwischen 1981 und 1986. Frank wiederum ist der Bruder von Birgit Fischer, deren Erfolge kaum aufzählbar sind. Die Hochzeit war sozusagen ein großes Versprechen, zumindest mit entsprechenden Erwartungshaltungen verbunden, wenn auch nicht unbedingt seitens der Medien (in anderen Sportarten, man denke etwa an Tennis und Steffi Graf und Andre Agassi, wäre das Medieninteresse gigantisch). Wir empfanden es zumindest nicht als Nachteil, als Kanuten nicht im Brennpunkt des allgemeinen Interesses zu stehen. So konnten wir recht ungestört feiern, wie wir uns das vorgestellt hatten. Eine Zeitung, die eine Homestory bringen wollte, belieferten wir im Nachgang mit Fotos und Zitaten.

Fanny und ich hatten uns auf dem Olympiastützpunkt in Potsdam kennengelernt, und seit 2005 entwickelte sich daraus eine gute Freundschaft. Wir hatten immer ein offenes Ohr füreinander und unterstützten uns auf unseren sportlichen Wegen. 2005 war das Jahr, in dem Fanny – damals zwanzig Jahre alt – auf der internationalen Bühne in Erscheinung trat. Und wie! Bei der Weltmeisterschaft in Zagreb saß sie im Zweier über 200 Meter mit niemand Geringerem als Birgit Fischer in einem Boot, ihrer Tante. Diese Kombination war die Entscheidung von Birgit gewesen, als die Frage nach einer neuen Partnerin aufkam. Muss man sich mal vorstellen: als relative Newcomerin zusammen mit der Frau in einem Boot, die damals schon eine Legende war.

Dieser Fischer-Coup war nicht nur ein erfolgreicher Schachzug von Birgit – die beiden holten die Bronzemedaille –, sondern auch beste PR für unseren Kanurennsport. Wo hatte es das schließlich schon einmal gegeben, Tante und Nichte als Team auf den Medaillenrängen? (Mir fällt auf Anhieb kein weiteres Beispiel ein.) Fanny war bereits als Juniorin erfolgreich gewesen, und es kam nicht völlig überraschend, dass sie sich nun auch bei den Damen durchsetzte. Was die Erwartungen an sie nur noch steigerte. Wie auch anders, bei diesem Namen.

Birgit Fischer war ein großer Name, nicht nur unter uns Kanuten. Zwischen 1980 und 2004 holte sie acht olympische Goldmedaillen und brachte es auf 27 Weltmeisterschaften für die DDR und später für das wiedervereinigte Deutschland. Sie ist – zumindest bis vor Paris 2024 – die erfolgreichste deutsche Olympionikin aller Zeiten und die zweiterfolgreichste auf der Welt überhaupt. Hätte die DDR 1984 die Spiele in Los Angeles nicht boykottiert, wäre dieser Rekord wahrscheinlich noch galaktischer ausgefallen. Was Birgit nicht zuletzt auszeichnet, ist ihr unfassbarer Ehrgeiz. Nach ihrem Rücktritt kündigte sie an, 2008 bei den Olympischen Spielen in Peking ein Comeback zu versuchen. Nur ihre starke berufliche Einbindung verhinderte das. 2011 gab sie bekannt, sich für die Spiele 2012 zu bewerben – das wäre der Wahnsinn gewesen –, aber nun standen gesundheitliche Probleme im Wege. (Falls nun entsprechende Fragen aufkommen sollten: Nein, für mich kommt ein Comeback nicht infrage.)

Nach der bronzenen Fahrt von Zagreb blieb Fanny auch mit anderen Partnerinnen auf Erfolgskurs. 2006 holte sie WM-Gold und -Silber, 2007 zweimal WM-Gold, und 2008 gewann sie zur Krönung ihrer Laufbahn bei den Olympischen Spielen in Peking Gold im Kajakvierer über die 500 Meter. Kurz davor hätte sie wegen Rückenschmerzen beinahe das Handtuch werfen müssen. Fanny hatte immer mit schmerzhaften Muskelverspannungen zu kämpfen, aber auch sie hatte eben diesen Biss, wollte den Erfolg.

In dieser Zeit entwickelt sich aus der Freundschaft eine Beziehung. Seit 2009 waren wir ein Paar und lebten zusammen. Mal bei mir in Falkensee, mal bei ihr in Potsdam.

2010 ließ Fanny es sportlich langsamer angehen, und 2011 legte sie zunächst eine Ruhepause ein, um kurz darauf ihren Rücktritt vom Leistungssport zu verkünden, um sich ganz ihrem Studium der Sporttherapie und Prävention zu widmen.

Ich glaube, nach dieser Entscheidung fiel eine ziemliche Last von ihr ab. Ein familiärer Hintergrund, wie sie ihn hat, ist nicht nur Sprungbrett und Türöffner, sondern auch ein Versprechen, ein Druck, der mit einer enormen Erwartungshaltung verbunden ist. Mit einem solchen Namen steht man unweigerlich im Mittelpunkt. Fanny wurde nie direkt von ihrer Familie in Richtung Leistungssport gedrängt – das war aber auch gar nicht nötig, denn den größten Druck machte sie sich vielleicht selbst. Jeder kennt die prominenten Beispiele von Kindern berühmter Eltern, die an diesem Druck gescheitert sind.

Fanny zerbrach nicht daran, ihre Erfolge sprechen eine eindeutige Sprache. Aber ich glaube, der Druck verdarb ihr doch ein wenig den Spaß am Leistungssport, das nahm ihr etwas von der Unbeschwertheit, die neben dem Streben nach Erfolg und der damit verbundenen Arbeit dazugehören sollte, zumindest die Sache erleichtert. Als sie sich durchgerungen hatte, ihren Rücktritt bekannt zu geben, wirkte sie erleichtert. Sie hatte ja bewiesen, dass sie es draufhatte, sich in den familiären Erfolgsreigen eingereiht, ihren Abschied vergoldet, und konnte nun frohgemut einen Schlussstrich ziehen.

Fanny kommt aus einem in der Tat goldenen Elternhaus, von Tante Birgit mal ganz abgesehen. Ihre Mutter Sarina Hülsenbeck gewann bei den Olympischen Spielen 1980 in Moskau Gold mit der 4-mal-100-Meter-Freistilstaffel der DDR in einer neuen Weltrekordzeit (verblüffend: Wie bei meiner Familie spielte auch in dieser das Wasser eine große Rolle), wofür sie zu Hause mit dem Vaterländischen Verdienstorden ausgezeichnet wurde. Bestimmt wäre ich nicht scharf auf einen Vaterländischen Verdienstorden gewesen, aber zumindest unterstreicht diese Verleihung, welchen Wert, welche Bedeutung der Spitzensport in der DDR einnahm, indem man Sportler aus allen denkbaren Bereichen ins Schaufenster stellte, um sie als Vorbilder für die Gesellschaft zu präsentieren.

Sie machte ihr Abitur, studierte und wurde Lehrerin.

Wiederum dem Kajak verhaftet war ihr Mann, Fannys Vater und Birgits Bruder Frank, zwischen 1981 und 1986 vierfacher Weltmeister und auch er dekoriert mit besagtem Orden. Der Boykott der Ostblockländer verhagelte Frank die Teilnahme an den Olympischen Spielen 1984 in L. A.

Eine Frage, die Fanny und mir oft gestellt wird: Wie ist es so, wenn zwei Spitzensportler – und dann noch aus der selben Sportart – unter einem Dach leben? Drehen sich da nicht sämtliche Gespräche tagein, tagaus um den Sport? Ganz ehrlich: Nein, nicht wirklich, nicht, wenn es unbedingt sein musste. Wir waren froh, privat, in unserer Freizeit, nicht über unseren Beruf zu sprechen – denn das war Kanu für uns, also für mich noch viel länger. Es war Passion, aber auch Beruf, und für diese Kombination waren wir dankbar. Ich kann mir nicht vorstellen, dass sich ein Buchhalter, kommt er abends nach Hause, noch ewig darüber auslassen will, durch welche Akten er sich am Tag gekämpft hat. Oder dass die Frau, die in der Marketingabteilung eines Unternehmens arbeitet, ihrem Mann beim Abendessen detailliert die Inhalte einer neuen Kampagne unter die Nase hält. Bei uns war es wie in jeder Familie. Die Hausaufgaben der Kinder, was gibt es zum Essen, wen laden wir am Wochenende zum Grillen ein, welchen Film wollen wir uns anschauen und wer bringt den Müll raus. Family business as usual.

Natürlich ist es hilfreich, wenn der Partner Verständnis für die Anforderungen hat, die der jeweilige Beruf mit sich bringt, weil er diese selbst aus dem Effeff kennt. Wir wussten immer, dass wir angesichts besonderer sportlicher Herausforderungen den anderen um Rat fragen konnten. Fanny war mein größter Kritiker, wofür ich ihr immer dankbar war. Weil sie ihre Kritik ehrlich äußerte, unterfüttert mit Expertise. Fanny war nicht nur meine Ehefrau und die Mutter meiner Kinder, sondern phasenweise auch meine beste Beraterin.

Sie wurde, drei Jahre bevor die Mauer fiel, in Potsdam geboren, bekam von der DDR direkt kaum etwas mit. Ganz anders als Birgit und Fannys Eltern, mit denen ich mich regelmäßig über das System des Spitzensports in der DDR unterhielt. Sie standen kritisch zum System, berichteten, dass sie gerade bei Auslandsreisen immer auf der Hut sein mussten, was sie wem anvertrauten, weil sie davon ausgehen mussten, dass sie von der Stasi überwacht wurden (was sich später bei der Akteneinsicht bestätigte, als sie herausfanden, dass Menschen, die sie als Freunde angesehen hatten, in Wahrheit ganz anders tickten). Dennoch war es für sie nie eine Option, sich in den Westen abzusetzen. Zum einen war da noch die Familie, die zu Hause wartete, zum anderen hatten sie, weil der Sport so hochgeschätzt wurde, in der DDR im Vergleich zu vielen anderen Bürgern viele Vergünstigungen. Allein die Reisen, aber auch bestimmte materielle Vorteile, die die sportlichen Erfolge mit sich brachten.

Ich maße mir nicht an, aus der Westperspektive ein Urteil über das Verhalten der Bürger der DDR zu fällen. Sehr schnell waren Westbürger nach der Wende mit Urteilen bei der Hand, was nicht selten als arrogant und besserwisserisch rüberkam. Was ich sagen kann: Nachdem ich mit Fanny zusammen war, gab es nie wie auch immer geartete familiäre Probleme, die aus der Herkunft aus West und Ost resultiert hätten. Vielmehr war dieses familiäre Netzwerk, das mich jederzeit unterstützte, das wusste, was wichtig für mich war, einer der Gründe, warum ich den Leistungssport überhaupt so lange betrieben habe, betreiben konnte. Ein Umstand, den ich sehr zu schätzen weiß.

Ob es in der „Dynastie" Rauhe-Fischer Nachfolger geben wird? Das steht in den Sternen und ist ein Gedanke, der mich nicht im Geringsten umtreibt. Dass meine Jungs sportlich sind, Sport betreiben, ist bei den Eltern und den Großeltern keine Überraschung. Was sie daraus machen – ihre Entscheidung. Wenn sie sich für den Leistungssport entschieden, wüssten sie zumindest genug gute Ratgeber an ihrer Seite …

Der letzte Schlag VII

Die Ständige Impfkommission legte den Deutschen eine Zweitimpfung ans Herz, Delta hieß die dominierende Variante offiziell. Spanien, Holland, Griechenland und Teile Dänemarks wurden zu Risikogebieten erklärt. England feierte den „Freedom Day", ließ jegliche Beschränkungen fallen, während in Deutschland eine Debatte darüber entbrannte, ob sich Einreisende einer Testpflicht unterziehen müssten.

Und wir wollten nach Tokio. Tokio war noch nicht abgesagt. Ich dachte unentwegt an Tokio. Ich brauchte diese Spiele, um mit dem Spitzensport abschließen zu können, und wenn ich am Ende nur dabei gewesen wäre, ohne eine Medaille zu gewinnen. Ich hatte in meinen Sport so viel Kraft, Mühe, Verzicht, Zeit und Liebe gesteckt, dass ich ein gutes Ende brauchte, um den nächsten Abschnitt meines Lebens – wie immer der aussehen würde – beginnen zu können. Das wurde mir in diesen Wochen bewusst, als die sportlichen Vorbereitungen auf Hochtouren liefen und nicht nur ich, sondern auch meine Kollegen weiterhin mit der Befürchtung lebten, der Coronablitz könnte in Tokio einschlagen und wir dürften überhaupt nicht ins Land einreisen.

In einem Interview sagte ich der *Rheinischen Post*: „Diese Last, dass wir nur noch um Gold fahren, haben wir uns erarbeitet und damit gehen wir auch offen um. Die Gier und Lust, noch einmal Olympiasieger zu werden, sind der einzige

Grund, warum ich noch im Boot sitze." Ich sagte dementsprechend ehrlich: „Ich will die Goldmedaille." Außerdem fügte ich hinzu: „Ich habe Angst vor dem Moment, in dem es tatsächlich so ist, dass ich nicht mehr ins Boot steige."

Eigentlich hätte ich in diesen Wochen überhaupt keine Zeitung in die Hand nehmen oder Nachrichten einschalten dürfen. Gute Nachrichten waren eher die Seltenheit und irritierten, um es vorsichtig auszudrücken. Da platzte etwa diese Umfrage herein, wonach 86 Prozent der Menschen in Südkorea, 78 Prozent der Japaner, 68 Prozent der Brasilianer, 66 Prozent der Briten und 63 Prozent der Deutschen gegen die Ausrichtung der Spiele seien. In Tokio – sehr ungewöhnlich für die Mentalität der Japaner – kam es auf den Straßen gelegentlich zu Demonstrationen, deren Teilnehmer die Absage der Spiele forderten, weil sie fürchteten, das Ereignis könnte sich zum „superspreading event" entwickeln. Immerhin würden rund 100 000 Athleten, Trainer und Betreuer nach Tokio kommen. Allerdings durften die teilnehmenden Sportler im Gegensatz zu früheren Spielen nur eine begrenzte Zeit im olympischen Dorf bleiben, ihr Verweilen nach ihrem Wettkampf war streng limitiert. Toyota, ein wichtiger Sponsor der Spiele, zog sämtliche Fernsehspots im Zusammenhang mit dem Ereignis zurück. Aber die japanische Regierung beteuerte, die Spiele würden stattfinden. Neben dem Prestige (die nächsten Winterspiele sollten im Land des Erzrivalen China stattfinden, und da scheute man wohl ein halbes Jahr zuvor, mit einem Rückzieher als „unfähig" zu erscheinen; denn natürlich sind Olympische Spiele immer auch politisch) waren wohl die enormen finanziellen Aufwendungen ein Pro-Argument: Mit offiziell 13 Milliarden Euro lagen die Kosten weit über dem veranschlagten Budget.

Ich konnte die Sorgen der Menschen verstehen, ich nahm sie sehr ernst. Es war ein Dilemma, für das es keine mustergültige Lösung geben konnte. Mir war zumindest nicht bekannt, dass es gegen die Fußballeuropameisterschaft, die im Juli stattfand, vergleichbare Proteste gegeben hatte. Eine Zuschaueransammlung, die in Tokio ausgeschlossen wäre. Bereits im März hatten die Veranstalter beschlossen, keine Besucher aus anderen Ländern zu den Wettkämpfen zuzulassen, um das Ansteckungsrisiko zu minimieren. Im Juni hatten sie eine Obergrenze von 10 000 Fans je Veranstaltung festgelegt. Dagegen hatte der europäische Fußballverband, die UEFA, die Obergrenze sogar abgeschafft.

Bei uns würde es keine vollen Stadien geben, die Japaner würden für die Beteiligten knallharte Regeln durchziehen, und wir Sportler wären neben den Menschen in Krankenhäusern und Pflegeheimen wahrscheinlich die am besten kontrollierten Menschen auf diesem Planeten. Ein schlechtes Gewissen wegen meiner Befürwortung der Spiele müsste ich mir sicher nicht machen. Man konnte es auch so auslegen: Gerade in so unschönen Zeiten waren es doch oft die Künstler und Sportler, die den Menschen Ablenkung und Freude schenkten.

Und dann auch noch die Sache mit meinem linken Handgelenk. Da ging nichts mehr. Fanny fuhr mich sofort zu unserem Mannschaftsarzt in die Uni Potsdam. Aufgrund der Brisanz, die er rasch erkannte, vermittelte er mich sofort an einen befreundeten Fachexperten. Am 7. Juli, genau einen

Monat vor dem Finale des Vierers. Wie bei Tom schüttelte es mich am ganzen Körper: Sollte es das gewesen sein? Nicht zum ersten Mal stand alles auf der Kippe. Zumal mein Ausfall aufgrund meiner Erfahrung ein nur schwer zu ersetzender gewesen wäre.

Ich musste mich zusammenreißen, dass nicht die Panik überhandnahm. Der Experte, der auf Verletzungen des Handgelenks und des Ellenbogens spezialisiert war, diagnostizierte eine Entzündung der Sehne wegen Überlastung, einen sogenannten Rower's wrist. Das ist eine Entzündung der Gelenkinnenhaut, in meinem Fall kam noch eine zusätzliche Entzündung der Außensehne der Elle hinzu. In der Kürze der Zeit helfe nur eines, sagte der Experte: spritzen. Wir diskutierten hin und her, denn jede Injektion ins Handgelenk ist immer mit einem Risiko verbunden, weil man nie weiß, wie die Therapie anschlägt. Aber sie schien der einzige Ausweg, mich so schnell wie möglich olympiatauglich zu bekommen.

Noch am selben Tag begannen wir die Therapie.

Einen Tag darauf der nächste Dämpfer: Wegen der steigenden Infektionszahlen verhängte Tokio den Coronanotstand. Eine der Konsequenzen, die daraus resultierten: Bis auf wenige Sportstätten außerhalb von Tokio mit äußerst eingeschränkten Besucherzahlen wurden nun überhaupt keine Zuschauer mehr zugelassen. Bravo. Geisterspiele. Die ersten Olympische Spiele allein für das Fernsehen.

Ich verdrängte diese Meldung, so gut es ging, denn nun waren alle Gedanken bei meinem Handgelenk, das wiederhergestellt werden musste.

Einen Tag nach der Meldung vom Zuschauerausschluss reiste ich nach Duisburg, wo die anderen bereits die UWV, die unmittelbaren Wettkampfvorbereitungen, aufgenommen hatten. Nun ist es alles andere als cool und förderlich, wenn einer aus der dem Team in dieser Phase der Vorbereitung später dazustößt. Aber meine Bootskollegen nahmen den neuerlichen Vorfall, der unseren Plänen hätte in die Quere kommen können, gelassen. „Wenn Ronny nach einer Pause zurückkommt, ist er meist schneller als vorher", witzelten sie und lagen damit überhaupt nicht mal so weit daneben. Es wurde nicht groß darüber diskutiert. Ich glaube, die drei anderen Jungs hatten überhaupt nicht so richtig wahrgenommen, wie eng es bei mir war. Ich selbst redete auch nicht groß darüber. Die Jungs verließen sich auf mich – was hätten sie auch anderes tun sollen?

Welche Auswirkungen eine Änderung unserer eingespielten Besetzung haben konnte, hatten wir 2018 bei einem Weltcup zu spüren bekommen: Max Rendschmidt litt unter einer Mageninfektion, es stieg ein Ersatzmann ins Boot, wir mussten die Positionierung umstellen und landeten prompt außerhalb der Medaillenränge. Kurz darauf, bei den Europameisterschaften in Belgrad, war Max wieder genesen, wir wollten eine neue Taktik – ein „Überfallrennen" – ausprobieren, sahen diese Meisterschaften aber eher als einen Test für die Welttitelkämpfe an; der Test ging in die Hose, wir landeten hinter den Spaniern, kehrten zur alten Taktik zurück und erreichten danach auf der großen Bühne wieder den Status der Ungeschlagenen.

Ich spürte, dass die Therapie schnell anschlug. Am 12. Juli konnte ich wieder voll ins Training einsteigen. Ich belastete zwar das verletzte Handgelenk anfangs weniger als üblich, konnte das Paddel nicht mal richtig greifen, aber zügig zeigten sich die Fortschritte. Das war eine riesige Genugtuung für mich: Es ging wieder! Wir legten gute Zeiten im Training hin!

Ich schaute ein wenig schmunzelnd auf das genesende Gelenk. Ein weiterer Abschied. Wahrscheinlich die letzte Handgelenkverletzung, überhaupt die allerletzte Verletzung meiner Laufbahn.

Wir hatten zweimal richtiges Pech und konnten es beide Male wieder abschütteln. Die Unglücksserie hatten wir wohl abgesteift, es war wirklich genug gewesen. Tja, manchmal ist es ganz gut, dass man nicht in die Zukunft schauen kann …

Am 21. Juli unterbrach Bundestrainer Arndt Hanisch unser Training im Kraftraum des Sportparks in Duisburg. „Ich brauche euch Vier mal in meinem Büro." Unsere Vierercrew folgte ihm in sein Büro. Mir war, als überkomme mich ein Déjà-vu. Vor vierzehn Monaten hatte Arndt beim Trainingslager in Sevilla die gesamte Nationalmannschaft zusammengetrommelt, um uns mitzuteilen, dass wir wegen Corona Hals über Kopf Spanien verlassen mussten. Seine Miene unterschied sich in Duisburg nicht wesentlich von seinem Gesichtsausdruck damals in Spanien. Mein erster Gedanke: Jetzt ist es passiert, sie haben Tokio abgesagt.

Was er uns stattdessen mitteilte, klang zunächst völlig surreal, mit allem hätte ich gerechnet, nur nicht damit: „Das Boot ist kaputt."

An unserem fragenden, ins Entsetzen abgleitenden Gesichtsausdruck sah er, dass es der näheren Erläuterung erforderte.

Was geschehen war, klang unglaublich, um Himmels willen – so viel Pech konnte doch keiner haben, ein auch nur annähernd vergleichbarer Unfall gab es noch nie! Das war geschehen: Beim Verfrachten des Boots ins Flugzeug zum Transport nach Tokio verpeilte sich der Gabelstaplerfahrer auf dem Flugplatz in Luxemburg und stieß mit seinem Stapler direkt in unser Boot. Hinüber, Totalschaden! Das Boot aus Vollkarbon, das nach jahrelanger Arbeit in Berlin in Kooperation mit dem Institut für Forschung und Entwicklung von Sportgeräten, dem FES in Berlin, eigens für uns konzipiert worden war. Ein schmales Boot, zentimetergenau an unsere Hüften angepasst. Exakt auf die Abstände zwischen uns vieren konfiguriert. Angepasst an die Armlänge, angepasst an das Gewicht jedes Einzelnen. Diese Präzision war ein großer Vorteil für uns gegenüber anderen Kanunationen, die sich natürlich auch Mühe gaben, ihre Boote auf die Erfordernisse im Kanu abzustimmen. Aber Deutschland lag wegen der Zusammenarbeit mit dem FES vorn, was bei einem Hundertstelsekundenrennen am Ende den Ausschlag geben kann.

Das zerstörte Boot war ein weiterer Genickschlag. Aber im Gegensatz zu Toms und meiner Verletzung stand jetzt keine Heilung, keine Wiederherstellung in Aussicht. Das war ein Totalschaden.

Als wir die Fotos sahen – Tom postete das Boot auf seinem Instagram-Kanal –, glaubte ich, die Zerstörung körperlich zu spüren. Es war erschütternd. Die Zerstörung ging direkt auf die Nerven, auf die Sehnen und Muskeln.

Was half es? Wir schüttelten unsere Niedergeschlagenheit ab, so gut es ging, und ließen die Gedanken rotieren. Zwar stand in Tokio ein Ersatzboot bereit, aber das war ein älteres Modell. Und zudem hatte es nicht unser pinkes Design! Der pinke Mythos als Zeichen unserer Überlegenheit! Von dieser Symbolik abgesehen, hätten wir eine Weile gebraucht, um uns in diesem Boot wieder wohlzufühlen. Das ganze Feintuning ging in das neue Modell. Sich in der Kürze der Zeit auf ein neues Boot einzustellen, ist eine Überforderung, zumindest eine Herausforderung, vor allem psychisch.

Es gab allerdings womöglich doch noch eine Lösung: Es existierte ein identisches Exemplar, mit dem wir in Duisburg bis zur Abreise nach Tokio trainieren sollten, um einen 1:1-Umstsieg zu haben. Nun begann ein hektisches Herumtelefonieren, ob überhaupt und wann dieses Boot nach Tokio geflogen werden könnte, es musste spätestens am 6. August in der japanischen Hauptstadt eintreffen, weil an diesem Tag die Vorläufe unseres K4 auf dem Programm standen. Was die Recherchen ans Tageslicht brachten: Es gab tatsächlich eine Möglichkeit, die allerletzte Chance, das zweite Boot rechtzeitig auf den Weg zu bringen. Genau acht Stunden später ging ein Cargoflieger von Frankfurt nach Luxemburg, von wo es dann nach Tokio weitergehen sollte. Acht Stunden Zeit, keine Minute länger.

Wir durften nun nichts mehr dem Zufall überlassen. Tom, die beiden Maxe und ich setzten uns ins Auto, fuhren zum nächsten Baumarkt, kauften dort OSB-Platten, also großflächige Furnierstreifen, und Styropor und bastelten gemeinsam mit unserem Bootsbauer vom FES und den Trainern für unser rund dreißig Kilogramm schweres identisches Ersatzboot eine stabile Holzkiste, die es vor verpeilten Gabelstaplerfahrern oder unsensiblem Bodenpersonal schützen sollte. Wir fassten es wie mit Samthandschuhen an, schoben es vorsichtig in die stabile Holzkiste und diese wiederum auf den Trailer unseres Bootsbauers. Unsere Bootsbauer von der FES fuhren das nun gut behütete Stück von Duisburg zum Flughafen nach Luxemburg, trafen rechtzeitig ein, hievten es höchstpersönlich in den Frachtraum des Fliegers und gaben dem Personal Instruktionen, wie sie damit umgehen sollten. Als handele es sich um ein Lebewesen. Was es für uns in gewisser Weise auch darstellte.

Als das Boot sicher in Flensburg lag, schickte uns Dirk Böhme von der FES ein Bild davon. Die Stimmung wieder ein bisschen besser. Einer aus unserem Vierer scherzte, vielleicht sei der Gabelstaplerfahrer von Luxemburg ein Spanier gewesen und wollte mit seiner Attacke seinen Landsleuten, unserem wahrscheinlich größten Rivalen in Tokio, einen Gefallen tun ...

Die letzten Tage in Duisburg mussten wir zwar in einem Ersatzboot trainieren, aber das war Glück im Unglück. Glück hatten wir gehabt, dass wir nach dem Moment des Schocks alle kühlen Kopf bewahrten, gemeinsam nach einer Lösung suchten und dann, wie gewohnt, an einem Strang zogen. Wieder alle in einem Boot.

Das Boot kam tatsächlich unversehrt an und wir begaben uns am 24. Juli auf die große Reise. Ein weiterer Abschiedsmoment: Aufbruch zum letzten Wettkampf meiner Laufbahn. Nicht nur deswegen war mir wehmütig zumute. Denn am Tag unseres Finales – ich ging fest davon aus, dass wir es erreichen würden – sollte mein Ältester, Til, eingeschult werden. Wer, um Himmels willen, hatte sich diesen Zeitplan ausgedacht? Na ja, hätten die Spiele wie geplant ein Jahr zuvor stattgefunden, hätte es diese Konstellation nicht gegeben: Mein Abschiedsrennen genau an dem Tag, an dem für Til ein neuer, ein so wichtiger Lebensabschnitt beginnen sollte. Ich hatte nicht nur versprochen, dass ich Til bei seinem ersten Schritt in eine neue Zeit begleiten würde, sondern es war für mich eine Selbstverständlichkeit genauso wie eine Freude, meinem Sohn an diesem besonderen Tag in der Schule die Hand auf die Schultern legen zu können.

Zwei Herzen schlugen in meiner Brust. Fanny versprach mir zwar, sie würde die Einschulung mit einem Video festhalten. Aber sie wusste natürlich, dass es nicht dasselbe war, wie an Tils Seite zu stehen. Es sollte ein Trost sein, damit ich mich nicht von diesem Gedanken herunterziehen ließe.

Ein wenig mulmig war mir beim Abschied von zu Hause zumute, in Falkensee. Was hatte sich die Familie für Mühe gegeben, um mir die Abreise ans Ende der Welt zu erleichtern. Auf dem Grundstück meiner Schwester, damit ich nichts mitbekomme und es eine Überraschung war, hatte sie die deutsche Fahne gehisst, Luftballons in schwarz-rot-goldener Farbe aufgehängt und am Gartenzaun die Fahnen der Länder drapiert, in denen ich an Olympischen Spielen teilgenommen hatte, und es gab dazu ländertypisches Essen! Mich erfasste an diesem Tag eine seltsame Gefühlslage. Meine Liebsten wollten mich aufmuntern, mir den Rücken stärken, aber ich war traurig, dass ich sie bei meinem letzten Rennen dabei sein konnten.

Es verging allerdings kaum ein Tag, an dem wir nicht den Atem anhielten, ob wir tatsächlich in Tokio zum Zug kommen würden. Eine Woche vor der Eröffnung der Spiele wurde im Olympischen Dorf der erste Sportler positiv auf Corona getestet. Am Tag der Eröffnung, am 23. Juli, erwischte es den ersten deutschen Sportler, den Radprofi Simon Geschke. Er wurde in ein Quarantänehotel gebracht. Den Aufenthalt in diesem Zimmer, ganz allein, bezeichnete er später als einen „Albtraum". Insgesamt gab es in den vierzehn Tagen 430 Coronafälle bei den Spielen bei 100 000 Sportlern, Trainern und Betreuern.

Kaiser Naruhito eröffnete vor einer Kulisse von tausend Besuchern die Spiele. Ansonsten gähnte die Leere im Stadion Saúl Craviotto durfte mit der Schwimmerin Mireia Belmonte die spanische Fahne ins Stadion tragen, was mich wirklich sehr für ihn freute. Wenn einer diese Ehre verdient hatte, dann war es Saúl.

Was sich nicht gerade mitreißend anhörte, war das, was die japanische Zeitung *Asahi Shimbun* schrieb: „Von Euphorie oder Feststimmung ist in der Hauptstadt nichts zu spüren. Viele wünschten sich schlicht, dass die Veranstaltung ohne ernsthafte Probleme endet." Es seien „ungewöhnliche und bizarre" Olympische Spiele, die inmitten von „Spaltung und Misstrauen" begännen. Regierungschef Yoshihide Suga veröffentlichte unterdessen eine kurze Videobotschaft, in der er die Athletinnen und Athleten ermutigte, sich auf die Spiele zu freuen. Die Olympioniken gäben vielen Menschen „Träume und Emotionen" und machten ihnen Mut, sagte Suga und appellierte: „Zeigen Sie Ihre besten Leistungen." Nichts anderes hatten meine drei Partner und ich vor.

Zunächst landeten wir nach 26-stündigem Flug in Tokushima auf der Insel Shikoku im Süden Japans, wo wir uns in den nächsten Tagen akklimatisierten, ehe wir im olympischen Dorf einzogen. In der Provinz, das glaubte ich bei den wenigen Begegnungen, die wegen Corona überhaupt erlaubt waren, schien die Freude, ja, auch der Stolz über die Austragung der Spiele größer zu sein als in der Hauptstadt.

Viel Gerede hatte es um die Betten im olympischen Dorf gegeben (von einigen Medien als „Anti-Sex-Betten" bespöttelt), sie waren aus Gründen der Nachhaltigkeit aus Pappe angefertigt. Das hörte sich ungemütlicher und unbequemer an, als es in Wirklichkeit war, die Matratzen waren schließlich handelsübliche Ware. Ich jedenfalls schlief in dem Pappbett bestens und ging am 6. August um 10:47 Uhr Ortszeit gut ausgeruht an den Start für den ersten Vorlauf auf dem Sea Forest Waterway. So hieß die Kanu- und Ruderregattastrecke, die die Organisatoren zwischen 2016 und 2019 in dem neu gegründeten Stadtteil Umi no mori installiert hatten, was „Wald des Meeres" hieß. Dabei hatte diese Strecke auf den ersten Blick eher etwas Unromantisches. Sie erinnerte an ein altes Industriehafenbecken, das nur durch eine Mauer vom offenen Meer getrennt war. Bei der Mauer handelt es sich um den 1973 in der Bucht von Tokio errichteten „Zentralen Wellenbrecher", der vor allem dazu diente, Land zu gewinnen.

In diesem Meer fühlten wir uns dennoch wohl, obwohl wir mit einer seltsamen Erfahrung konfrontiert wurden. 16 000 Tribünenplätze warteten am Ziel auf die Fans, aber alle blieben leer. Das war gespenstisch. Kein Jubel, keine Anfeuerungsrufe. Stattdessen war ganz deutlich das

Eintauchen der Paddel zu hören, zudem der Atem der Kameraden, gelegentliche Rufe von anderen Booten und Schreie von Trainern am Rande der Strecke. Dennoch war das Szenario für mich nicht weniger emotional, als hätten sich nun 16 000 Menschen auf der Tribüne die Seele aus dem Leib gebrüllt. Dafür registrierte ich andere Dinge viel deutlicher als sonst. Die Gegner, meine Mannschaftskameraden. Beinahe, so erschien mir das zumindest, wuchsen wir in dieser Publikumsabwesenheit noch enger zusammen, nahmen uns gegenseitig noch intensiver wahr. Die Abwesenheit des Publikums war nicht zu unserem Nachteil: Mit 0,7 Sekunden Vorsprung erreichten wir in unserem Vorlauf den ersten Platz vor Australien, Belarus und China. Gleich darauf waren die Spanier in ihrem Vorlauf an der Reihe. Mit 0,1 Sekunden Vorsprung ließen sie die Slowakei und Kanada hinter sich.

Der große Tag konnte kommen. Wir vier, in einem gemeinsamen Appartement untergebracht, standen gemeinsam vier Stunden vor dem Start auf und frühstückten eine Kleinigkeit. Eine Last fiel von mir ab. Jetzt glaubte ich daran, dass wir wirklich an den Start gehen könnten, dass nun, am vorletzten Tag dieser Spiele, nichts mehr abgesagt werden würde. Der Traum wurde wahr. Allein das erschien mir ein kleines Wunder, wenn ich daran dachte, was auf diesem unendlich langen Weg alles geschehen war.

Davon abgesehen, war es nie meine Art, vor wichtigen Wettkämpfen wie ein Tiger im Käfig auf und ab zu laufen. In diesen Situationen lasse ich noch einmal die Vorläufe vor meinem inneren Auge Revue passieren, gehe das bevorstehende Rennen durch, stelle mir immer und immer wieder das Optimalszenario vor und denke darüber nach, was den Rennplan möglicherweise zunichtemachen könnte und wie ich mich dann verhalten sollte.

Zwei Stunden vor dem Halbfinale wurden wir im Bus zum Sea Forest Waterway gefahren. Unser Rennen war das letzte der Kanuwettbewerbe von Tokio. Der Platzregen, der eine Stunde zuvor eingesetzt hatte, stellte seinen Betrieb pünktlich ein, die Wolken rissen auf und tauchten das Wasser in helles Licht. Bisher hatte unsere Mannschaft äußerst mau abgeschnitten. Seit vielen Jahren schaffte es erstmals keine Frau aufs Podest, und die Männer hatten noch keine Goldmedaille gewonnen. Bislang hatte es für den Verband nur zu einmal Bronze und einmal Silber gereicht. So ruhten die Hoffnungen des Verbandes und der Kanusportfans auf unseren Schultern. Auf dass wir beim Finale etwas reißen würden.

Keiner sagte etwas, jeder war in seine eigenen Gedanken versunken, jeder, darauf hätte ich wetten können, spulte denselben Film vor seinem inneren Auge ab: Wir auf der letzten Fahrt in dieser Besetzung. Obwohl kaum einer redete, spürte ich, wie gut wir alle drauf waren, wie wir vor Selbstbewusstsein regelrecht strotzten, dieses leichte Lächeln im Gesicht ... Ich spürte: das wird heute richtig knallen.

Was für eine großartige Crew mit all ihren Fähigkeiten! Tom Liebscher, mittlerweile 28, dieser akribischen Arbeiter! Über ihn habe ich bereits einiges geschrieben. Dann Max Rendschmidt aus Bonn, 27 Jahre alt, unser Schlagmann vorn im Boot, für mich der beste, den es auf der Welt gibt. Als Schlagmann war es seine Aufgabe, was von mir als 39-jährigem Kopf der Bande vorgegeben wurde, umzusetzen: Takt,

Rhythmus, Geschwindigkeit. Denn derjenige, der vorne saß, konnte wegen der Geräuschkulisse die Kommandos nicht bis nach hinten weitergeben, das oblag dem Zweiten in der Reihe. Max Rendschmidt war ein einzigartiger Schlagmann mit extrem gutem Gespür für die Männer hinter ihm, das machte richtig Spaß mit ihm. Einer, der in jedem Training mit vollem Ernst an die Sache ging. Gut, manchmal legte er die Beine unter unseren strengen Ansprüchen vielleicht ein wenig zu früh hoch – aber wenn es darauf ankam, war auf ihn Verlass. Und der Erfolg war ihm nicht fremd. Er hatte schon einige Male auf dem internationalen Treppchen gestanden, in Rio 2016 bereits zwei olympische Goldmedaillen gefischt.

Schließlich Max Lemke aus Heppenheim im Odenwald, 24, mit außerordentlichem Talent gesegnet. Manchmal musste man ihn zu seinem Glück zwingen. Er war damals noch nicht immer so weit, sich selbst so kritisch zu hinterfragen, wie er es eigentlich könnte. Ich empfand es stets ein bisschen als meine Verantwortung, solche Talente zu fördern. Zudem trainierten wir ja zusammen in Potsdam, was bereits 2017 Erfolg gebracht hatte, als wir zusammen bei den Europameisterschaften Bronze im Zweier über 200 Meter gewannen. Das war sein erster großer internationaler Erfolg gewesen. Dazu kam im selben Jahr noch das erste Weltmeistergold unseres Vierers. Was mir gefiel, war die Einstellung von Max, er war wie ich. In einem Interview nach den Spielen sagte er: „Olympische Medaillen sind natürlich toll. Das Wichtigste aber ist der Weg dorthin, der Prozess."

Obwohl wir vier vom Charakter her völlig verschieden sind, passte alles richtig gut zusammen. Denn wir wussten, dass wir uns im entscheidenden Moment aufeinander verlassen konnten. Manchmal krachte es – die natürlichste Sache der Welt –, danach pendelte sich alles schnell wieder ein, jeder zeigte Verständnis für das, was den anderen umtrieb. Manchmal nahm das etwas Zeit in Anspruch, es war ein immerwährender Prozess. Die Baustellen, bei denen es krachte, waren unterschiedlicher Art. Mal brachte einer einen blöden Spruch, war nicht empathisch genug, um zu erkennen, wie diese Worte den anderen trafen. Mal handelte es sich um Tage, an denen einer die letzte Einheit nicht ordentlich hinter sich gebrachte hatte.

So kam es vor, dass ich, der diesen Vierer ein bisschen wie sein Baby verstand, mitunter die Vermittlerrolle als Alterspräsident übernahm, einfühlsam vorgehen oder gelegentlich einen raueren Ton anschlagen musste. Was aber in vergleichbaren Einheiten sicher nicht anders ist, nicht anders sein kann, weil es im Zusammenspiel mit anderen eben einen geben muss, der den Hut aufhat. Es kommt allerdings immer darauf an, wie der Kapitän diese Rolle interpretiert und lebt, ob er wirklich die Verantwortung spürt (mit allen Konsequenzen) oder sich nur in der Rolle des „Chefs" gefällt. Zumindest funktionierte unsere Rollenverteilung. Weil wir dasselbe Ziel hatten, fest daran glaubten, uns vertrauten, weil jeder bei Auseinandersetzungen wusste, dass es am Ende nur um die Sache ging und nie um Persönliches. Ich gehe zudem davon aus, dass die anderen mich wegen meiner Erfahrung und meines Erfolgs respektierten.

Wir saßen eben wortwörtlich in einem Boot und würden in wenigen Stunden zum letzten Mal gemeinsam darin sitzen. Und es würde ein weiterer Abschiedsmoment für mich werden.

Anderthalb Stunden vor dem Rennen fuhr jeder für sich im eigenen Boot hinaus auf das Wasser, um sein individuelles Aufwärmprogramm zu absolvieren, um sich zu akklimatisieren, um die Nervosität in den Griff zu bekommen. Im Laufe der Jahre hatte jeder eine Methode für sich entwickelt. Ich versah mein Boot beispielsweise mit Extragummi drum herum, um etwas mehr Widerstand beim Einfahren zu spüren.

Halbfinale. Wieder waren es 0,7 Sekunden, die uns vom Zweitplatzierten, der Slowakei, trennten. Dahinter folgten Belarus und das russische Team, das unter dem olympischen Banner antrat. Anschließend schlug wieder für die Spanier die Stunde. 0,5 Sekunden trennten sie von Australien, dahinter fuhren Ungarn und Portugal über die Ziellinie. Zur schnelleren Regeneration paddelten wir direkt nach dem Halbfinale noch ein paar Meter, zogen uns dann wegen der Temperaturen in die Räume der Anlage zurück, um herunterzukommen.

Alles lief wie nach Plan. War das nun ein gutes oder ein schlechtes Zeichen?

Drei Stunden später. Trommelwirbel. Finale. Pling. Eine Nachricht auf dem Handy. Von Fanny. Ein Foto, das sie und meine beiden Jungs vor dem Fernsehapparat sitzend zeigte. Dabei hatten wir besprochen, dass die Jungs ausschlafen sollten. Kurz überlegte ich zu antworten: In einigen Stunden ist Tils Einschulung! Unfug, dachte ich im selben Moment. Wo wäre ich hingekommen, hätte ich meinen Jungs die Freude genommen, den Papa beim letzten Rennen seines Lebens live im Fernsehen zu erleben. Ganz gleich ob es 5 Uhr morgens war. Diese Freude wäre wohl nichts gegen Augen, die im

Verlauf des Tages gegen die Müdigkeit ankämpfen müssten. Ach was, ich freute mich über dieses Foto, das keine weiteren Worte brauchte. Auch die sich anschließenden Wünsche von Leo, Til und Fanny. Das verlieh mir einen zusätzlichen Push.

Wir machten uns zum Rennen bereit, zogen die Wettkampfkleidung an, ich hatte diesmal keinen Jazz, sondern Housebeat auf den Ohren. Wir befestigten unsere Startnummern am Trikot, gingen zu Aufwärmübungen an Land über, der Physio schüttelte bei Bedarf noch mal die Arme aus. Arndt Hanisch und wir besprachen zum letzten Mal, wie wir das Rennen bestreiten wollten. Das hätte jeder von uns im Schlaf herunterbeten können.

Noch zwanzig Minuten. Einstiegkontrolle durch die Kampfrichter. Stimmten die Startnummern, saßen sie richtig, entsprach das Boot den Anforderungen? Es wurde abgetastet, denn früher nutzten einige Schmierstoffe, um den Reibungswiederstand im Wasser zu verringern, bis der Weltverband diese Methode verbot. Ein GPS-System wurde an Bord befestigt, es übermittelte die Zwischen- und Endzeiten, die die Zuschauer am Bildschirm auf die Hundertstelsekunde genau verfolgen konnten.

Auf dem Steg bildeten wir mit Arndt Hanisch den obligatorischen Kreis. Ich meine, dass noch immer ein feines Lächeln auf Toms, Max' und Max' Lippen lag. Ich versuchte, jedem noch ein paar Worte mit auf den Weg zu geben. Dann stiegen wir ein, ich als Letzter, das hatte sich zu einem Ritual entwickelt.

Nach dem Einfahren paddelten wir vom Einstiegsbereich am Ziel hoch zum Start. Kurzer Gruß hinüber zu Saúl. Beim Einfahren war es mir vorgekommen, als hätte unser Boot, wohlgemerkt das Ersatzkajak, 20 PS mehr als sonst an Bord. Es war seltsam, ich verspürte lange nicht so viel Aufregung wie bei vergleichbaren Rennen zuvor. Ging es hier wirklich um ein olympisches Finale und die letzte Fahrt meiner Karriere? Ich war mir meiner Sache sicher. Ich glaube, wir alle waren uns unserer Sache sicher.

Wir fuhren auf Bahn 5 ein. Direkt neben uns auf Bahn 4 die Spanier.

12:37 Uhr Ortszeit, 5:37 Uhr in Berlin. Das Boot schaukelte ein wenig im Wasser. Ich sah Fanny im anbrechenden Tag in Falkensee vor dem Fernseher sitzen, sah Leo und Til, und natürlich würden auch meine Eltern jetzt aufgeregt zuschauen, meine Schwester, die gesamte Familie und viele Freunde, um meinen letzten Schlag mitzuerleben. Ich spürte ihre Anspannung, ich fühlte, wie viel Energie mir allein die Vorstellung gab, dass sie mich im Blick hatten. Bei mir waren.

Der Starter bereitete die Boote auf das Startsignal vor. Und Stopp! Alle Boote wurden vom Kampfrichter zurückgepfiffen, weil eines nach dem „Set"-Signal noch einmal gezuckt hatte. Auch diese Verzögerung brachte mich nicht aus der Ruhe. Die Ruhe vor dem Sturm.

Zweiter Anlauf. Startsignal

Wir kommen gut weg, genau nach Plan, sind fast gleichauf mit Spanien. Frequenz: 152 Anschläge pro Minute. Wir lassen die Spanier ein wenig nach vorn, denn unsere Stärke ist der Endspurt, das wissen alle, damit rechnen die anderen natürlich. Die Spanier liegen schnell einen Meter vor uns, bald drauf sind es schon fast zwei Meter.

Die Hälfte des Rennens ist gefahren. Alles gut, wir lassen sie ein wenig ziehen. Genau so haben wir es geplant, Sollten sie ihren Vorsprung ausbauen, werde ich reagieren. Aber sie kommen nicht weiter weg, sie können sich nicht entscheidend absetzen, wir kleben an ihnen, sie kommen nicht weg. Ich spüre meinen Puls, meinen Herzschlag, meinen Atem – alles ist am Anschlag. Aber das macht nichts, das muss so sein. Denn der Körper spult sein Programm ab. Wir halten den Abstand. Jetzt kommt die Attacke. Noch 190 Meter. Jetzt, früher als geplant, ist genau der richtige Zeitpunkt. Wir sind im Flow und zünden die finale Zündstufe. Diese frühe Attacke wird sie aus den Schuhen hauen. Volle Kraft, alles, was geht, und da geht noch einiges. Mein Gefühl täuschte mich nicht: Wir haben 20 PS mehr an Bord als sonst. Konstant, aber unaufhaltsam schieben wir uns ans spanische Boot heran. Mit jedem Paddelschlag ein bisschen mehr. Ich habe das Gefühl, ich nehme das alles aus der Vogelperspektive wahr. Das hat etwas von einer hypnotischen Kraft, als könnte es überhaupt nicht anders sein, als wäre es nie anders gedacht gewesen. Ich fühle mich immer noch gut. Wir sind gleichauf.

Mein Freund Saúl weiß in diesem Moment, dass wir das Rennen im Sack haben. Ich weiß, wie deprimierend das ist, wenn du merkst, die anderen haben noch genug Holz zu verfeuern und du selbst kannst kein Scheit mehr nachlegen. Die Spanier konnten aber nicht zulegen. In solchen Momenten bist du wie gelähmt, obwohl dein Körper all das macht, was er trainiert hat. Aber es ist eben nicht genug an diesem Tag.

Und dann ist es vorbei. Die Ziellinie ist passiert. Wir sind Erster. Wir haben gewonnen. Tatsächlich. Gold! Nach 1:22,2

Minuten vor Spanien mit 1:22,4 Minuten, der Slowakei, dem Team des Russischen Olympischen Komitees, Belarus und Australien.

Es war mein emotionalster Olympischer Moment, vielleicht überhaupt der emotionalste Moment meiner Laufbahn als Spitzensportler. Ich ballte die Hände zu Fäusten, spannte die Muskeln der Oberarme und hob sie mehrmals nach oben, schrie wie von Sinnen. Max Rendschmidt drehte sich von vorne zu mir um, umarmte mich. Und ich schrie erneut, gleich einem Schrei für die Ewigkeit. Was waren all die Schmerzen, all die Verletzungen, all die Querelen gerade der vorangegangenen Monate, was war schon der Bootscrash, was war all die Ungewissheit, ob diese Spiele würden stattfinden können, all die Beschwernisse wegen der Coronapandemie? Das alles waren Staubkörnchen gegen diesen Sieg.

Ich wusste: Die Mühe hat sich gelohnt. Ich wusste: Ich bin angekommen. Ich wusste: Meine Laufbahn ist vollendet. Ich wusste: Nun kann ich getrost meine Karriere beenden. Ich wusste: Meine Familie hat mich zurück, ganz und gar.

Zu stimmungsvoller Musik schritten wir mit den spanischen und den slowakischen Kollegen zur Siegerehrung, die die ehemalige tschechische Sportschützin Danka Barteková in ihrer Funktion als IOC-Mitglied vornahm, begleitet vom Präsidenten des Kanuweltverbandes, dem damals 77-jährigen José Perurena, der im vorangehenden Jahr schwer an Corona erkrankt war. Siegerehrung mit Maske, und auch die eigentliche Medaillenübergabe verlief anders als in coronafreien Zeiten: Ich hob die Medaillen als Alterskapitän von einem samtbezogenen Tablett und durfte sie meinen Jungs um den Hals hängen. Max Lemke, Max Rendschmidt und Tom Liebscher, meinem früheren Fan. Nun sind wir gemeinsam hier und gemeinsam Olympiasieger. Das ist eine Geschichte für sich. Anschließend überreichte mir Max Rendschmidt meine Medaille.

Fahne, Nationalhymne, ich wusste überhaupt nicht, wie ich meine Gefühle und Emotionen einordnen sollte, dachte daran, dass mir jetzt Fanny, Til und Leo zuschauten und genauso stolz waren wie ich selbst auf mich und auf meine Familie. Den dreien hatte ich in der jüngsten Vergangenheit so viel Kraft und Unterstützung zu verdanken.

Nur für das Gruppenbild durften wir die Masken abnehmen. Saúl gratulierte mir ehrlich, er und seine Kollegen freuten sich über Silber fast genauso, also hätten sie Gold gewonnen. Hier spürte ich den sportlichen, den Olympischen Gedanken wieder einmal aus nächster Nähe. Gäbe es keine Olympischen Spiele, müsste man sie erfinden.

Als ich vom Podest herunterstieg, bildete mein Team mit den anderen Medaillengewinnern ein Spalier und applaudierte mir zum Abschied. Ich war damit der zweitälteste Goldmedaillengewinner in der Kanugeschichte. Der erfolgreichste Kanute überhaupt, der Schwede Gert Fredriksson, war 1960 in Rom fast 41 Jahre alt gewesen. Im Bootslager setzte sich die Gratulationstour fort, es kamen so viele Menschen zu mir, die mich beglückwünschten. Nicht nur für diese letzte Goldmedaille, sondern auch für die zweieinhalb Jahrzehnte davor. Es waren allen bekannt, dass es mein Abschlussakt war.

Dieser Tag war ein Gefühlsbad ohnegleichen. Was mich rührte, waren die unzähligen Kommentare, die auf meinem

Instagram-Kanal aufploppten. Von mir bekannten, aber auch mir völlig unbekannten Personen. „Legende", schrieb einer. „Du bist so ein Mega-Meister", „Gänsehaut pur", „Danke für die sechs Olympia-Aufopferungen", „Hut ab vor einer so großen Karriere", „Ein total emotionaler Moment", „Vorbild nicht nur für die Kanuten", „Danke für den schönsten Olympia-Moment". Ein russischer Kanute schrieb mir: „Wenn man als Sportler absolut alles erreicht." Und so weiter und so fort. Von Saúl, meinem größten Konkurrenten, prägnant, ehrlich, von Herzen kommend: „You are the best."

Die ARD-*Sportschau* meldete „Kajak-Vierer rettet die deutsche Flotte", ein anderer Sender sprach von „Momenten für die Ewigkeit". Ich weiß überhaupt nicht mehr, wie viele Mikrofone uns, wie viele nur mir vorgehalten wurden. Beim Interview mit der ARD schwappte alles über mich, was in mir rumorte, an mir zerrte, was mich aufrüttelte. Ich wusste zunächst überhaupt nicht, was ich sagen sollte. „Vielleicht war dieser Moment auch ein bisschen zu viel für einen einzelnen Menschen", schrieb ein Reporter später. Da ich keinen Ton herausbringen konnte, sprang Max Rendschmidt für mich in die Bresche. „Zum Abschluss noch mal Gold – was Besseres konnten wir Ronny nicht geben", sagte er. Als ich mich ein wenig gefangen hatte, sagte ich mit brüchiger Stimme: „Das war ein krönender Abschluss. Die Jungs haben es mir einfach gemacht. Ich danke allen, die dahinterstehen, und vor allem meiner Familie." Mir kamen die Tränen. Es war wirklich ein bisschen zu viel für einen einzelnen Menschen.

„Ronny ist ein echter Leitwolf", sagt Thomas Konietzko, Präsident des Deutschen Kanu-Verbandes. Auch Tom fand schöne Worte für mich: „Ich habe keinen Athleten erlebt, der 25 Jahre so dabei ist, der den ganzen Verband prägt, auch mit seiner Art, mit seiner Professionalität, mit allem." Arndt Hanisch meldete sich zu Wort: „Wir werden ihn vermissen", sagte er wehmütig. Ich euch auch, sprach eine innere Stimme zu mir. „Er ist einfach ein cooler Mensch, ein cooler Typ", befand Arndt.

Und es war immer noch nicht genug. In der Mixed Zone, dort, wo die Sportler den Reportern Rede und Antwort stehen sollen, befragte mich ein Journalist, zufälligerweise ein guter Freund von mir, der mich sehr gut kannte. Ich nehme an, er verquatschte sich absichtlich, denn er wusste, wie ich mich über die Nachricht, die er mir als Erster mitteilte, freuen würde. Er fragte mich also: „Was sagst du dazu, dass du morgen bei der Abschlussfeier die deutsche Fahne ins Olympiastadion tragen darfst?" Was hatte er da gerade gefragt? Wie bitte? Diese Meldung war zu diesem Zeitpunkt noch gar nicht offiziell draußen. Ich starrte ihn ungläubig an. Ich als deutscher Fahnenträger? Na, da brachen tatsächlich alle Dämme bei mir.

Der emotionale Höhenflug wollte an diesem Tag kein Ende nehmen. Wir vier warteten auf unser Interview für das *Aktuelle Sportstudio*, saßen auf einer Treppe vor dem Studio. Ich schaltete mein Handy an und bekam – live – einen Teil der Einschulung von Til mit. Fanny hatte ihr Mobiltelefon entsprechend angeschaltet. Ich sah, wie Til auf der Bühne der Erich-Kästner-Schule in Falkensee stand. Wegen Corona durfte ihn nur Fanny und Leo begleiten, nachdem sie sich in der Nacht den Wecker für das Halbfinale gestellt hatte, danach kurz einnickte und um kurz nach fünf die Jungs weckte. Anschließend war an Schlaf nicht mehr zu denken, denn die Emotionen waren in Falkensee nicht geringer als in Tokio. Am Nachmittag feierten sie, wie wir das vorher geplant hatten, Tils Einschulung noch mit der Familie und engen Freunden bei uns im Garten. Til soll ein wenig übermüdet gewesen sein. Aber diese Nacht wird er wahrscheinlich sein Leben lang nicht vergessen.

In diesem Gefühlschaos, das mich überkam, kann ich überhaupt nicht mehr sagen, was ich am nächsten Abend empfand, als ich mit 206 Fahnenträgern der anderen Nationen ins Olympiastadion marschierte, das deutsche Banner in den Händen. Stolz? Glückseligkeit? Zufriedenheit? Vielleicht von allem ein bisschen. Hinzu kam auch Patriotismus. Das bedeutet für mich vor allem die Anerkennung von Werten, für die in meiner Anschauung Deutschland steht: Fairness, Toleranz, Vielfalt. Vor allem jedoch verspürte ich Demut, was ich zum krönenden Abschluss meiner Karriere noch einmal geschenkt bekam. Überhaupt: Welches Geschenk war diese gesamte Karriere gewesen?

Es war für mich ein überwältigendes Gefühl, die Fahne in der Hand durch den Tunnel ins Stadion zu gelangen. Obwohl nur wenige Zuschauer anwesend waren, spürte ich diese besondere Atmosphäre. Ich empfand es wie einen Ritterschlag.

Wir Fahnenträger stellten uns in der Mitte der Rasenfläche im Kreis auf. Eine Big Band spielte die *Ode an die Freude*, BMX-Fahrer zogen eine fulminante Show ab, die Athleten tanzten und hüpften ausgelassen, fröhlich durcheinander – beinahe wie ein trotziges Statement gegen Corona. IOC-Präsident Thomas Bach sagte: „Es waren keine Geisterspiele, die Athleten haben den Spielen die Seele gegeben." Anne Hidalgo, Bürgermeisterin von Paris, dem Austragungsort der Olympischen Spiele 2024, nahm die Olympische Fahne entgegen. Dann erlosch das Olympische Feuer. Für mich erlosch es für immer. Aber es würde in meinem Herzen weiterbrennen, dessen war ich mir sicher.

Ich nahm nicht am Empfang der deutschen Olympiamannschaft am Frankfurter Römer teil, sondern flog direkt weiter nach Berlin, weil ich meinen Sohn am nächsten Tag unbedingt bei seinem ersten richtigen Schultag, der der festlichen Einschulung folgte, begleiten wollte. Also der Tag, an dem der sogenannte Ernst des Lebens für ihn dann wirklich begann. So, wie ich es versprochen hatte. Am Flughafen in Tegel gab es einen Empfang von vielen Freunden und der Kanuvereine aus Berlin und Brandenburg, die uns feierten, die meinen Namen riefen, die mit Gratulationen versehene Schilder in die Höhe hielten und deutsche Fahnen schwenkten. Sie bildeten ein Spalier, durch das ich und weitere zurückkehrende Athleten gingen. Am Ende des Spaliers stand dann meine Familie. In dem Tumult umarmten wir vier uns, hielten inne, weinten zusammen, und keiner sprach ein Wort. Denn wir wussten es auch so: Wir hatten es geschafft und wir hatten uns wieder.

Danach

Ich saß im Wartezimmer des Krankenhauses in Potsdam. Die Schmerzen im Kopf bollerten nicht mehr so arg. Ich hatte Medikamente erhalten, die halfen. Aber ich war in Sorge, was das MRT ergeben würde. Ich rechnete nicht mit dem Schlimmsten, obwohl ... anhaltende Kopfschmerzen, als tobe sich dort oben einer mit dem Vorschlaghammer aus, Schmerzen, wie ich sie nie zuvor empfunden hatte. Offen gesagt hatte ich schon Angst, dass die Ärzte etwas finden würden, was dort nicht hingehört. Das hatte der Neurologe, der das MRT anforderte, zwischen den Zeilen anklingen lassen. Oder dass eine Erweiterung von Blutgefäßen drohte, die mein Leben gefährden könnte. Das war absurd, ich habe in meinem Sportlerleben etliche MRTs über mich ergehen lassen müssen, aber nie hatte ich so Bauchschmerzen vor dem Ergebnis wie dieses Mal.

Aber die Kopfschmerzen waren nicht das einzige Symptom gewesen, das mich nur wenige Wochen nach meinem Rücktritt vom Leistungssport umtrieb. Es waren Tage, in denen ich – was vorher kaum vorgekommen war – plötzlich keine Lust mehr auf Sport verspürte. Vier Monate nach den Spielen in Tokio hatte ich immer noch absolut keine Lust auf den Körper fordernde Bewegungen. Ich fühlte mich ausgebrannt, kam mir vor wie ein Luftballon ohne Luft. Ich war einfach froh, keine Ziele vor Augen zu haben, keinen Plan haben zu müssen.

Außer morgens aufzuwachen, in den Tag hineinzuleben und mir die Zeit mit meiner Familie zu vertreiben. Ich spürte in diesen Tagen, wie sehr die beiden zurückliegenden Jahre – vielleicht sogar die gesamten 25 Jahre Leistungssport – an mir gezehrt hatten. Ich hatte das Bedürfnis, körperlich einfach mal Luft zu holen. Ich war aber auch überzeugt davon, dass das kein Dauerzustand sein würde.

Dann setzten unvermittelt Sehstörungen ein: Von einer Minute auf die andere konnte ich nichts mehr sehen, mir war schwarz vor Augen, ich musste mich hinsetzen oder hinlegen. Als erlebte ich einen Blackout.

Natürlich wusste ich darum: Spitzensportler, ganz gleich auf welchem Niveau, müssen abtrainieren nach ihrem Karriereende, den Motor gemächlich auf niedrigere Touren bringen. Das Herz passt sich an eine optimale Leistungsfähigkeit an, wird dementsprechend versorgt, also belastet und durchblutet. Das gilt auch nach der Karriere, wenn sich das Sportlerherz langsam zurückbildet. Die Versorgung des Herzmuskels sollte besonders direkt nach dem letzten Wettkampf nicht vernachlässigt werden. Das Abtrainieren dient auch dazu, dass Kreislauf und Stoffwechsel in Schwung bleiben. Abtrainieren beugt dem Entlastungssyndrom und der Verfettung vor. Auch psychisch ist fortgesetztes Training wichtig, denn Körper und Seele sind ständige Bewegung gewohnt. Nicht mehr in der Intensivität wie während der Karriere, aber doch so, dass die Maschine gut in Bewegung bleibt.

Ich wusste um diese Empfehlungen, war mir der Notwendigkeit des Abtrainierens bewusst, hatte aber nicht gedacht, dass ich so schnell Probleme bekommen würde. Immerhin:

Nach Tokio hatte ich sofort aufs Bremspedal getreten, von 200 auf 0. Diese Ausfälle, diese Migräne, waren wohl die Quittung für meinen laxen Umgang mit dieser Notwendigkeit.

Denn das MRT ergab, dass im Kopf glücklicherweise alles in Ordnung war. Weitere Untersuchungen, Langzeit-EKG und dergleichen, zeigten, dass mein Kreislauf teilweise regelrecht abstürzte und diese Ausfälle offensichtlich auslöste.

Schlichte Erklärung: Mein Herz hatte nun mal im Laufe der Jahre eine Größe gewonnen, die für Leistungssportler nicht ungewöhnlich ist. Es hatte nach dem letzten Schlag von Tokio einfach nicht mehr genug zu tun gehabt und sendete danach eine harte Warnung an mich.

Die Ärzte erklärten mir außerdem, dass sich nach dem Stopp der Hormonhaushalt, der bislang auf Spitzenleistung getrimmt war, dramatisch ändere und ich auf diese Änderung reagieren müsse.

Über Jahrzehnte hinweg war der Körper darauf konditioniert, durchzuhalten, Schmerzen und Schwächen wegzustecken, zu verdrängen. Seine natürlichen Bedürfnisse ordnete er pflichtgetreu den Zielen unter, die ich mir gesteckt hatte. Darauf war mein Körper programmiert, und er hatte seine Sache ja auch gut gemacht. Nun jedoch fehlte der Druck, fehlten die Ziele. All die Krankheiten und Verschleißerscheinungen, die sich in den nächsten Monaten einstellten – noch im April 2024 musste ich mich einer ambulanten Schulteroperation unterziehen –, waren gewissermaßen die Rache des Körpers für meine gelebten Extreme. Wobei, auch das gehört zur Wahrheit: Ich kam da wesentlich besser durch als andere Spitzensportler. Die Leidensgeschichten von Koryphäen wie

Dirk Nowitzki, Andre Agassi und Boris Becker sind weithin bekannt.

Was mir in dieser Situation bewusst wurde: Ich – wie andere Kollegen aus allen denkbaren Sportarten – war auf mich allein gestellt, musste mich allein auf das neue Leben ausrichten. Eine Situation, in der eine fachliche Beratung angebracht gewesen wäre. Das ist ein Punkt, den ich, neben vielen anderen, einfordere, im Sinne eines menschlichen Leistungssports. Und das wäre sogar relativ einfach umzusetzen.

Ich bin immer noch Teil meiner gewohnten medizinischen Versorgung und werde nach wie vor von unserem Mannschaftsarzt betreut. Der glücklicherweise ja auch in Potsdam praktiziert und inzwischen nach den vielen Jahren zudem auch zu meinen Freunden zählt. Das ist allerdings nicht die Regel, sondern eine glückliche Ausnahme. Ich sehe und verstehe aber die Probleme anderer Athleten nach ihrem Rücktritt, die nicht über eine derartige Verbindung verfügen.

Ich nahm die Signale des Körpers ernst, nahm das Training wieder auf, kitzelte meinen sportlichen Ehrgeiz, indem ich Kanupolo spielte. Mein Ehrgeiz war wieder erwacht. Ich kehrte zurück in den Kreis meiner alten Freunde, mit denen ich aufgewachsen bin.

Was mich weniger bedrückte, waren psychische Belastungen, zumindest drangen derartige Gedanken nicht an die Oberfläche meines Bewusstseins durch. Denn nicht selten ist von psychischen Problemen die Rede, die Leistungssportler bis hin zum Burn-out und zur Depression belasten. Ist auch verständlich: Jahrelang haben sie im Mittelpunkt und im Scheinwerferlicht gestanden, die Mikrofone der Reporter haben sich ihnen entgegengestreckt, sie waren wichtig, sie waren gefragt, sie standen in der Zeitung. Und von heute auf morgen ist das Scheinwerferlicht erloschen, andere haben die Bühne betreten, denen sich nun die Mikrofone entgegenstrecken. Da sind Sportler nicht weit entfernt von Schauspielern und Sängern, nicht jeder kommt mit dem Entzug von Aufmerksamkeit klar. Nicht wenige Sportler identifizieren sich mit einer Art Athleten-Ich, dem Profi-Ich. Wenn Sportler diese Identität nach dem Rücktritt nicht mehr spüren, fallen sie in ein tiefes mentales Loch. Das kommt immer wieder vor.

Ich blieb davon jedoch glücklicherweise verschont. Oft wurde ich gefragt, ob ich den Rennsport vermisse. Eigentlich nicht, antwortete ich, ich trauerte nicht wirklich, weil ich die Laufbahn beendet hatte. Manchmal kam allerdings ein wenig Wehmut auf bei dem Gedanken: Jetzt sind die Jungs gerade im Trainingslager in Florida. War doch eine schöne Zeit. Gerade die letzten Jahre waren mir noch so präsent, die Erfolgsgeschichte unseres Vierers. Es gab keinen Egoismus, keine Allüren, keine Alleingänge, kein Abweichen von unserer Linie, jeder hatte um die Verantwortung gewusst, die er für die anderen mittrug, hatte Disziplin, Teamwork und Verzicht vorgelebt. Ein solches Gefüge findet man nicht oft im Leben. Das vermisste ich durchaus. Aber in keinem Moment stieg auch nur der Hauch des Gedankens auf, ein Comeback zu wagen.

Daneben war ich auch viel zu sehr mit einem anderen Gedanken beschäftigt, der einen Anteil an meiner vorübergehenden körperlichen Nachkarrieremisere getragen haben mochte: Ich hatte Existenzängste.

Tag für Tag trieb mich der Gedanke um: Wie schaffe ich es weiterhin, finanzielle Verantwortung für meine Familie zu übernehmen? Ich schlief schlecht, wachte nachts aus unschönen Träumen auf. Nicht dass ich Zweifel gehabt hätte. Aber ich hatte eben zunächst keinen eindeutigen Plan, keine Ziele, das, was mich die vergangenen 25 Jahre vorangebracht hatte. Das fehlte mir jetzt. Schaukelte ich mich da selbst hoch, spann ich mir etwas zusammen, verirrte ich mich in einem Gedankenlabyrinth, aus dem ich nicht mehr herauskommen würde? Nein, das ist es nicht, beruhigte ich mich.

Ich überlegte hin und her. Zwei Jahrzehnte Weltspitze, stets vorne dabei, immer am Limit. Ich hatte bewiesen, dass ich etwas kann. Ich wusste mich durchzubeißen, wusste mich zu disziplinieren, konnte für mich Ziele definieren und sie konsequent verfolgen. Aufgeben ist ein Fremdwort für mich. Würde ich das alles aber auch außerhalb dieses abgesteckten Rahmens hinbekommen? Im „wirklichen Leben", in dem es kaum zählt, wie viele olympische Medaillen und wie viele Weltmeistertitel ich errungen hatte?

Aufgrund des Stellenwertes des Kanurennsports in unserem Land war es mir – war es allen meinen deutschen Teamkollegen – nicht möglich, in den Erfolgsjahren so viel Geld auf die hohe Kante zu legen, dass ich nach der Laufbahn davon hätte zehren können. Ein wenig irre ist das schon, . Wären ich und wären weitere derart erfolgreiche deutsche Kanuten in einer anderen Sportart unterwegs gewesen, , hätten wir vermutlich ausgesorgt. Das ist allerdings eine Überlegung, die mich in keinem Moment umtrieb. Zum einen wusste ich um diese Verhältnisse, schon bevor ich mich darauf einließ, zum anderen waren nicht in einem einzigen Augenblick meiner Laufbahn kommerzielle Motive ausschlaggebend gewesen, um mich meinem Sport mit allem, was ich aufbringen konnte, hinzugeben.

Aber Existenzängste braucht kein Mensch.

Eine große mentale wie praktische Hilfe waren in diesen Monaten für mich Katja und René Kindermann von der Agentur Sender und Empfänger in Dresden. Sie boten mir an, meine Interessen zu vertreten, nachdem ich auf sie zugegangen war. Ich traf auf ein äußerst professionelles und sympathisches Team. Katja und René machten mir vor allem eins deutlich: Wer derartige Siege im Sport erzielt, der besitzt Eigenschaften, die auch in anderen Lebensbereichen Erfolg versprechen können. Mit anderen Worten: Vertraue auf deine Fähigkeiten! Die Kunst bestand darin, diese Eigenschaften in andere Gebiete zu übertragen und dort anzuwenden. Was genau das sein könnte, war mir zu diesem Zeitpunkt nicht klar. Immerhin hatte ich ja noch einen Studienabschluss im Bereich Sportmarketing in der Tasche.

Unter dem Strich sei das durchaus eine gute Ausgangslage, erklärten mir die Kindermanns, um mich zum Beispiel als Speaker anzubieten. Ehemalige Spitzensportler seien geradezu prädestiniert dafür, authentisch Vorträge in Unternehmen zu halten, um über Motivation, Disziplin und die Freude an der Leistung zu sprechen, darüber, wie man nach Rückschlägen und Niederlagen wieder auf die Beine kommen kann. Besonders Spitzensportler seien dafür geeignet, weil sie sich ihr Wissen nicht im Hörsaal einer Universität theoretisch aneigneten, sondern das, um was es ging, in der Praxis erfahren haben. Authentizität ist hier das Zauberwort. Abgesehen davon, dass ich mit dem Bau meines Hauses in Falkensee aufgezeigt hatte, wie man für sich ein ganz persönliches Projekt finden kann, das nach der Vollendung tiefe Zufriedenheit hervorruft.

Ein Mosaikstein, der mir gefiel, der mir Freude bereitete. Aber ich spielte in Bezug auf mögliche Honorare natürlich nicht in der Liga von Bill Clinton oder Barack Obama. Apropos: 2013 hatte ich mal einen Abstecher in die Politik gewagt.

Das kam so: Ich war bekannt dafür, dass ich nie aus taktischen oder anderen Gründen mit meiner Meinung hinter dem Berg hielt, wenn ich für eine Sache einstand. Dazu kam die gute Verbindung mit dem damaligen Ministerpräsidenten von Brandenburg, Matthias Platzeck, einem Vertreter der Sozialdemokraten und ein Anhänger des Kanusports. In dem Wahlkreis, in dem ich zu Hause bin, Havelland, hatte die SPD damals keine guten Voraussetzungen. Ich kann nicht mehr sagen, was genau den Ausschlag gab – vermutlich waren es mehrere Gespräche mit Matthias Platzeck und anderen SPD-Mitgliedern, die mich fragten, ob ich mir vorstellen könne, im Kreis für einen Sitz im Landtag zu kandidieren. Kurz vor diesen Gesprächen war ich in die SPD eingetreten, dachte über diese Vorschläge nach und sagte mir schließlich: Warum nicht? Warum sollte ich meinen Hut nicht in den Ring werfen, um am Ende meine Vorstellungen, wie die Gesellschaft sich entwickeln könnte, mit einzubringen? Das könnte eine gute Gelegenheit sein, der Gesellschaft, der ich einiges zu verdanken hatte, etwas zurückzugeben.

Allerdings: Ich ging recht naiv an die Sache heran. Neben mir bewarb sich parteiintern ein Kandidat, der sich bereits über viele Jahre hinweg auf diesen Job vorbereitet hatte. Mir blieben gerade mal drei Monate Zeit, um mich in der Partei bei Sitzungen und Tagungen vorzustellen, mich und meine Ziele. Ich hätte wissen müssen, dass diese Zeit viel zu kurz war. Aber es gab genug Parteimitglieder, die mir ihre Unterstützung zusagten – was sich später nicht bei jedem als die reine Wahrheit entpuppte. Jene, die es ernst mit mir meinten, gingen davon aus, dass ich aufgrund meiner sportlichen Erfolge Türen über unsere Region hinweg öffnen könnte, die anderen zunächst meist verschlossen blieben. Öffnen im Sinne einer guten, sozialen, auch die Werte des Sports fördernden Politik, bei meinem Bemühen, mich auf Schul- und Kinderpolitik zu konzentrieren, Themen, die mir am Herzen lagen. Naiv war meine Vorstellung auch deshalb gewesen, weil ich mir vorgestellt hatte, es gehe hier um die Sache, um die Themen und nicht um die Person, vor allem nicht um deren Stellung innerhalb der Partei.

So, wie ich den Sport gelebt hatte, stieg ich auch ins politische Rennen ein. Mit einer klaren Zielvorstellung, um die ich kein Geheimnis machte – mit offenem Visier und in einem Team, das sich geschlossen für eine gute Sache engagierte und das gemeinsam neue Ideen und Wege kreierte. Wie gesagt: immer an der Sache orientiert. In dieser Hinsicht gefiel mir die Arbeitsweise von Arnold Schwarzenegger, der in seiner Zeit als Gouverneur von Kalifornien von 2003 bis 2011 gerade in der Klimapolitik auch mit Rivalen der konkurrierenden Demokraten zusammenarbeitete, um Fortschritte in der Sache zu machen. So stellte ich mir meine politische Arbeit auch vor: Über den Bootsrand hinwegschauen und andere mit hineinholen, die zwar ein anderes Parteibuch besaßen, die aber in einer speziellen Frage dasselbe Ziel verfolgten: Politik für die Menschen, die Wähler, machen.

Im Laufe der Zeit bekam ich eine Ahnung davon, wie sehr im Rahmen der Kandidatenkür schmutzige Wäsche gewaschen wurde, dass es vielen allein um den Machterhalt und um sonst gar nichts ging. Dass hinter meinem Rücken Dinge bewusst falsch dargestellt wurden, um mir zu schaden. Vielen, auch das lernte ich, war es ein Dorn im Auge, dass ich als Quereinsteiger mit möglicherweise mal anderen, neuen Meinungen und Methoden in den Landtag gekommen wäre. Ja, vielleicht war das naiv, dass ich von einem offenen, ehrlichen Wettstreit um die besseren Ideen ausging.

Einige Genossen konnten sich nicht mit der Vorstellung anfreunden, dass hier einer einige Stufen in der politischen Hierarchie auf einmal nehmen wollte. Einige Landräte und auch Matthias Platzeck waren auf meiner Seite, letzterer wahrscheinlich aufgrund seiner Nähe zum Sport und weil er glaubte, ein Athlet könne der Politik möglicherweise neue Impulse geben. Ich mochte die Art und Weise sehr, wie er Politik verstand und ausübte. Nie von oben herab, vielmehr den Menschen zugewandt, empathisch, einfühlsam. Aus gesundheitlichen Gründen musste er in dem Jahr, in dem ich eine politische Karriere anstrebte, als Ministerpräsident zurücktreten. Leider. Für mich war er genau der richtige in diesem Amt, das er elf Jahre innegehabt hatte.

Aber auch der Einfluss und die Fürsprache von Matthias genügten nicht, um mich gegen die alten Hasen durchzusetzen. Ich unterlag in der parteiinternen Stichwahl dem

Mitbewerber. Der ging bei der Landtagswahl allerdings leer aus.

Das war es dann auch schon gewesen mit meinem Seitenabstecher in die Politik. Im Nachhinein wusste ich: Mein vorzeitiges Ausscheiden war richtig gewesen, in diesem System wäre ich nie und nimmer glücklich geworden, ich wäre untergegangen. Zumindest war es eine lehrreiche Zeit für mich. Ich blieb auch nicht mehr lange in der Partei, weil ich wusste, dass man auch als parteiloser Bürger einiges für die Gesellschaft erreichen kann. Beispielsweise bei der Bundeswehr.

Mit dem Verlassen des Rennkanus war auch meine Laufbahn als Sportsoldat und die damit verbundene finanzielle Absicherung beendet. Dieser Abschied hatte meine Existenzangst befeuert. Sollte ich vielleicht Berufssoldat werden? In einer Kaserne am Schreibtisch sitzen? Das wäre überhaupt nichts gewesen, damit hätte ich auch meinem Arbeitgeber keine Freude bereitet. Es folgten dann aber viele Gespräche mit der Bundeswehr, für die ich sehr dankbar war und bin. Zunächst ging es darum, wie und ob ich der Bundeswehr weiter dienen könnte. Am Anfang erkannte ich noch keinen deutlichen Weg, der auch meine persönlichen Interessen und Stärken abbildete.

Aber nach einigen Gesprächen öffnete sich plötzlich der Königsweg, der unter 800 ehemaligen Sportsoldaten höchstens einem angeboten wird, zumal dieser eine, der die Möglichkeit bekommt, Berufssoldat zu werden, nicht zwingend in die Spitzenförderung aufgenommen wird, sondern einen Dienstposten in der Truppe erhält, der zu ihm passt. Ich hatte die

Chance, die Seite zu wechseln, ein Privileg, das ich zu schätzen wusste.

Vom geförderten Sportler nun zu einem mitwirkenden Mitarbeiter in der Spitzensportförderung der Bundeswehr im Rang eines Hauptfeldwebels, der sich hauptberuflich einbringen sollte, um die Angebote der Bundeswehr für Spitzensportler noch attraktiver, noch effizienter, noch näher am Athleten zu gestalten. Nach Jahren der Selbstständigkeit des Spitzensportlers nun in ein reguläres Angestelltenverhältnis zu wechseln, das waren genau die Leitplanken, die ich mir erhofft hatte und die ich brauchte. Die Rettung. Ich ahnte, diese Aufgabe könnte etwas sein, das mir Freude bereitete, in die ich mich mit meiner Erfahrung und meinem Können einbringen würde.

Gute Konzepte entwickeln, weil ich genau weiß, was Leistungssportler benötigen, was sie sich wünschen, wie man sie noch besser, noch gezielter fördern kann. Natürlich brauchte es einer Reihe von Gesprächen, bis wir meine Aufgaben und die Rahmenbedingungen umrissen und zu Papier gebracht hatten. Für mich wäre ein ständiger Dienstort weit entfernt von Falkensee nicht infrage gekommen. Längere Abwesenheit oder gar einen Umzug hätte ich Fanny und den Kindern nicht zugemutet. Aber die Kreativität auf beiden Seiten ermöglichte es uns, einen Rahmen abzustecken und eine Mischung zwischen mobilem Arbeiten und meiner Präsenz auszuarbeiten. Ich würde unter dem Regierungsdirektor und Dezernatsleiter Spitzensport Bundeswehr, Andreas Hahn, arbeiten.

Nebenbei gesagt: Nicht, dass ich reiseunlustig geworden wäre! Die Kilometerfresserei über die Jahrzehnte hinweg haben mich geprägt, haben mich Erfahrungen sammeln lassen, meinen Horizont erweitert, regelrecht aufgerissen. Lust, die Koffer ab und an zu packen, habe ich noch immer. Von daher kommt mir die derzeitige Mischung aus den Komponenten daheim und unterwegs sehr entgegen.

Meine Arbeit in der Spitzensportförderung der Bundeswehr im Bereich der zentralen Steuerung setzt sich aus verschiedenen Bausteinen zusammen. Einer davon ist die Repräsentation, das heißt konkret, die Bundeswehr und ihr Sportförderprogramm vorzustellen, um über den gesellschaftspolitischen Nutzen dieser Aufgabe aufzuklären, um für Verständnis zu werben. Der überwiegende Teil der Sportler in der Fördergruppe ist mit dem Training oder seinen Wettkämpfen sehr beschäftigt, steht daher nicht ununterbrochen zur Verfügung, wenn es darum geht, Interviews zu geben. In diesen Situationen trete ich auf den Plan. Dieses Aufgabenfeld beinhaltet aber genauso die Anforderung, Netzwerke zu stärken und auszubauen.

Ein weiterer Baustein ist es, die Sportförderung weiterzuentwickeln. Was kaum bekannt sein dürfte: 54 Prozent der deutschen Medaillengewinner bei den Olympischen Spielen 2021 in Tokio waren Sportsoldaten. Allein diese Zahl unterstreicht die Bedeutung der Bundeswehr für den Spitzensport. Also: Wie können wir dieses System ausbauen? Wie können wir die Athleten auf die Zeit nach ihrem Rücktritt vorbereiten? Diesen Bereich kenne ich nun wirklich zur Genüge. Welche Wege könnte es geben, Athleten, die im Sportförderprogramm sind, nach ihrer Karriere weiter an die Bundeswehr zu binden, ihnen dort eine Option zu bieten?

Qualifizierte Menschen mit einem hohen Grad an Motivation, Flexibilität und Leistungsbereitschaft, mit anderen Worten: Das sind erstklassige Facharbeiter. Diese Menschen sollte man nicht ziehen lassen. Hier sehe ich großes Potenzial, für alle Seiten: für die Sportler, die Bundeswehr und die Gesellschaft.

Nicht nur wegen des Angebots der Bundeswehr, sondern auch wegen anderer Ideen, Aufgaben und Anfragen, die an mich herangetragen wurden, hatte ich, als sich das Olympiajahr 2021 seinem Ende zuneigte, überhaupt nicht mehr viel Zeit, um mich von eventuellen Existenzängsten einschüchtern zu lassen.

Im Rahmen der Gala zur Wahl der Sportler des Jahres 2021 wurde ich mit dem Sparkassenpreis für „Vorbilder des Sports" ausgezeichnet. Diesen Preis erhält jeweils ein Athlet, der sich über den Sport hinaus für die Gesellschaft einbringt. Bei einer Pressekonferenz zu dieser Auszeichnung saß ich neben Thomas Fuhrmann, zu dieser Zeit ZDF-Sportchef. Er fragte mich spontan, ob er sich mal bei mir melden dürfe, er würde mich gern nach Mainz in den Sender einladen. Dort fragte er mich, ob ich mir vorstellen könne, als Experte vor der Kamera zu arbeiten.

. Ich als Experte vor der Fernsehkamera? Ja, warum nicht? Ahnung von der Materie hatte ich, und neue Aufgaben ausprobieren – genau mein Ding. Respekt vor dieser Aufgabe: klar. Aber ich wollte mich ihr stellen. So gab ich mein Debüt als Experte bei den Finals 2022 in Berlin. Das machte mir Spaß, offenbar gefiel den Verantwortlichen beim ZDF die Art und Weise zu, wie ich vor der Kamera wirkte und meine Expertise einbrachte, und wir vertieften die Zusammenarbeit. Vorläufiger Höhepunkt: die Olympischen Spiele 2024 in Paris.

Wie in vielen anderen Bereichen fand ich ein weiteres Mal über den Sport zu einem Thema, das ich enorm wichtig empfinde: gesunde Ernährung, gerade im Hinblick auf unsere Kinder. Ernährung war für mich als Spitzensportler immer ein wichtiger Baustein. Gerade vor Tokio begann ich, mich noch intensiver damit zu beschäftigen, weil ich wusste, das auch darin ein Schlüssel zum Erfolg liegt. Das ist Feinarbeit. Wie viele Proteine brauche ich für den Kraftaufbau? Wie viele Kohlenhydrate für die Ausdauer? Was muss ich vor und nach welchem Training zu mir nehmen? Zu welchem Zeitpunkt, in welcher Menge? Welche Nahrungsergänzungsmittel empfehlen sich? Was mache ich gegen Heißhunger?

Mit der Zeit brauchte ich keine Tabellen und Notizen mehr dafür, mit der Zeit hatte ich das im Gefühl, dass ich weiß, was gut ist und was nicht. Natürlich ging auch einmal eine Pizza, aber Ausreißer sollten eher seltener sein.

Til erzählte mir kurz nach seiner Einschulung, was seine Mitschüler so in die Schule in ihren Brotdosen mitbrachten: Chips, Süßigkeiten, zuckerhaltige Getränke und viele andere Dinge, die dort aus meiner Sicht nicht reingehören. Ich dachte mir: Es sollte doch nicht allzu schwierig sein, den Kindern etwas Gesundes für ihre Schultasche mitzugeben. So entstand die Zusammenarbeit mit einem befreundeten Koch. Wir arbeiteten an verschiedenen Ideen, Eltern gezielter zu informieren, sodass sie wissen, was sie ihren Kindern mit in die Schule geben können. Es sollte etwas sein, das gleichermaßen gesund ist und schmeckt. Die Idee war, einen Brotaufstrich und Gläser mit nahrhaftem Essen gezielt in Schulen anzubieten. Die Produktpalette wollten wir gezielt auf Sportler ausweiten, die oft vor dem Problem stehen, sich aus Zeitmangel zu Hause oder auf Reisen leider nicht das passende Essen zubereiten zu können. Die oft nur die Wahl haben, nach einem harten Training etwas selbst zu kochen oder sich für eine Stunde aufs Ohr zu legen, um sich für die nächste Einheit zu regenerieren

Mein Wissen um die Erfordernisse der Sportler und das Können des Kochs ließen uns eine gemeinsame Firma gründen. Allerdings gingen wir zum falschen Zeitpunkt an den Start, kurz nach dem Beginn des Überfalls von Russland auf die Ukraine. Aufgrund der daraus resultierenden Energiepreissteigerung sprangen die Preise für Glas eklatant nach oben, was die Produktion unattraktiv machte, zumindest wenn man es neu vermarkten möchte. Zunächst zumindest, dieser Plan ist nur aufgeschoben. Weil wir das Thema als zu wichtig empfinden, um es aufzugeben. Nicht nur Kinder und Sportler fallen mir als Zielgruppen ein, auch alte Menschen, die vielleicht nicht mehr jeden Tag kochen wollen oder können, die meist nicht darum wissen, wie wichtig auch im hohen Alter eine proteinhaltige Ernährung ist.

Langweilig wird es mir also neben meiner hauptberuflichen Tätigkeit bei der Bundeswehr gewiss nicht werden. Zumal mich der Deutsche Olympische Sportbund, der DOSB, 2023 als Mitglied der Athletenkommission des EOC vorschlug, des European Olympic Committees. Jeder nationale Sportverband ist bemüht, Sportler aus seinem Bereich in diesem Gremium zu platzieren, damit seine Wünsche und Ideen Gehör finden. Im November 2023 wurde ich aus elf Mitbewerbern neben der serbischen Sportschützin Zorana Arunović und der slowakischen Bogenschützin Alexandra Miškovská bis 2026 gewählt. Vor meiner Kandidatur beschäftigte ich mich mit den Aufgaben und Möglichkeiten dieser Athletenkommission genau. Ich lernte, dass sie eine starke Stimme bei Konflikten mit dem Internationalen Olympischen Komitee ist und dass Europa ein beachtliches Gewicht im internationalen Gefüge hat, um seine Interessen zu vertreten. Ich bin eins von acht Mitgliedern (drei wurden 2023 neu gewählt), die die Interessen der europäischen Sportler vertreten sollen. Eines der Themen, die mir am Herzen liegen, ist die duale Ausbildung von Spitzensportlern, um Athleten rechtzeitig eine Perspektive zu bieten. Es geht außerdem darum, wieder verstärkt die Olympischen Werte nach außen zu tragen, den Gigantismus der Spiele im Zaum zu halten, sich für die Nachhaltigkeit der organisierten Spiele einzusetzen und klarzumachen, wie wichtig Olympische Spiele – das Völkerverbindende, für das sie stehen – gerade in der heutigen Zeit sind.

Ich bin ganz zufrieden mit allem. Aber nicht ganz, mir liegt da noch etwas sehr am Herzen. Und dafür krempel ich jetzt die Ärmel hoch.

Davor

Im Juni 2024 begann die ARD, auf ihrem Sender tagesschau24 unter der Woche um 19 Uhr eine *Tagesschau in Einfacher Sprache* zu senden. Beim Hineinhören dachte ich zunächst, es handele sich dabei um eine Art *Sendung mit der Maus* für Erwachsene. Aber es ist ein Angebot für die rund 17 Millionen Erwachsenen in Deutschland, die Probleme damit haben, „komplexe Texte" zu verstehen. Diesen Menschen soll die Möglichkeit gegeben werden, sich über aktuelle Themen zu informieren und „am gesellschaftlichen Diskurs teilzuhaben".Acht Minuten Zeit räumt ihnen der Sender dafür wochentäglich ein. Traut man diesen Zuschauern nicht mehr zu?

Acht Minuten an fünf Tagen in der Woche?

Wenngleich gute Absichten hinter der Sendung stehen mögen, frage ich mich doch: Was für ein Menschenbild tritt hier zutage? Wenn ich es zuspitzen wollte, würde ich sagen: Acht Minuten an fünf Tagen sind doch viel zu wenig. Das wirkt fast so, als wäre es wichtiger, die Absicht zu bekunden, als diesen Menschen wirklich zu helfen, auf ein anderes Niveau zu kommen. Sie werden ein wenig angefüttert, sei es, um dem Bildungsauftrag, den man sich auf die Fahnen geschrieben hat, nach außen gerecht zu werden, sei es, und dieser Verdacht drängt sich auf, weil dieses Format sehr „woke" rüberkommt. Das wäre pures Marketing, mit dem man das eigene

Renommee zu steigern glaubt („bundesweit das erste aktuelle Fernsehnachrichtenangebot dieser Art", teilt die ARD mit).

Warum widmet man diesen Menschen nicht viel mehr Aufmerksamkeit und Zeit? Ich bin überzeugt: Viele Menschen können weit mehr, als sie glauben. Lasst uns die Menschen, die durch welche Umstände auch immer mit Schwierigkeiten zu kämpfen haben, wirklich ernst nehmen, lasst sie uns fördern, soweit nur irgend möglich. Es bedarf gewisser Mühen und Anstrengungen, um voranzukommen. Aber wenn man merkt, dass die Umwelt, die Gesellschaft an einen glaubt, dass, Anstrengung und Leistung sich lohnen, wird man an Selbstbewusstsein gewinnen und kann der Gesellschaft etwas zurückgeben.

Ich beobachte eine grundsätzliche Niveauabsenkung, beispielsweise in der Schule, in der es Bestrebungen gibt, Kinder nicht mehr zu benoten oder gar Lerninhalte zu nivellieren, damit auch jene, die Schwierigkeiten haben, alle Hürden nehmen. Das ist mitunter ein fauler Trick, der keinem weiterhilft. Anstatt sich mit diesen Kindern auseinanderzusetzen, um sie so weit wie möglich zu fördern (um Chancengleichheit herzustellen, von der wir weit entfernt sind). Nicht jeder und nicht jede haben das Zeug, die Abiturprüfungen zu bewältigen. Aber: Wenn schon Abitur, dann sollte es auch mit gewissen Anforderungen verbunden sein. Und: Nicht jeder muss ein Abitur in der Tasche haben, auch das gilt es immer wieder deutlich auszusprechen. Es gibt genug Berufe, in denen junge Leute auch ohne die Reifeprüfung ihre Talente entfalten und einen wertvollen Beitrag für die Gesellschaft leisten können. Ich plädiere für einen ehrlicheren Umgang miteinander.

Es muss uns doch zu denken geben, wenn der nationale Bildungsbericht, der eine Übersicht über das Schulwesen gibt, im Juni 2024 feststellt, dass jeder fünfte Viertklässler in den Fächern Lesen, Schreiben und Rechnen nicht einmal mehr über genügend Grundkenntnisse verfügt. Wollen wir diesen Schülern schlicht mit vereinfachten Angeboten entgegenkommen, auf dass sie sich irgendwie in die nächsthöhere Schulklasse durchmogeln, damit die Statistik nicht ganz so beschämend ausschaut (wir alle kennen die bedrückenden Ergebnisse der PISA-Studien)? Wer so handelt, betrügt sich selbst, betrügt die Gesellschaft, betrügt letztlich die betroffenen Kinder.

In Berlin wird in manchen Gymnasien mit Losentscheid darüber bestimmt, welche Schüler Zugang zu welcher Schule haben. 60 Prozent der Plätze dürfen die Schulen nach Notendurchschnitt vergeben, zehn Prozent gehen an Härtefälle – und über 30 Prozent entscheidet Fortuna. Denn das kann bedeuten, dass Schüler, die einen guten Notendurchschnitt haben, rausfliegen, weil es nicht mehr genügend Plätze gibt – zugunsten von Härtefällen und Losverfahren. Die Berliner Bildungssenatorin Katharina Günther-Wünsch beklagt, dass 34 Prozent der Schüler ohne Gymnasialempfehlung – sprich: ohne entsprechende Vorleistung – das Probejahr nicht bestehen und auf eine Sekundarschule wechseln müssen. Fatal für die weitere Motivation. Sowohl für diese Schüler als auch für jene, die sich qualifiziert haben, aber es aus anderen, ungerechten Gründen nicht auf das von ihnen favorisierte Gymnasium geschafft haben. Vielleicht kommt irgendwer einmal auf die Idee, dieses Prinzip bei Olympischen Spielen anzuwenden, denn für sehr viele Sportler ist die Teilnahme daran ihr größter Traum. Warum also nicht einen Teil der Plätze verlosen? Ich bin überzeugt, die Sportler, die Glück hätten, könnten sich darüber überhaupt nicht freuen, weil sie wüssten, dass sie keine entsprechende Leistung erbracht haben.

Leistung wird in Deutschland immer kleiner geschrieben. Statt möglichst guter Leistungen von möglichst vielen wird immer mehr der kleinste gemeinsame Nenner gesucht, als sei Leistung etwas Verächtliches.

Ich frage mich: Wann hat das eigentlich in unserem Land begonnen, Leistung schräg anzusehen, geradezu zu verdächtigen als etwas, das nicht erstrebenswert ist? Hätten unsere Eltern und Großeltern nach dem Krieg so gedacht, würden wir heute noch in Ruinen hausen. Warum wird es immer mehr als negativ angesehen, sich für Ziele anzustrengen und an seine Grenzen zu gehen?

Beispielhaft für diese Haltung stehen für mich die Bundesjugendspiele. Für Generationen von Jugendlichen waren sie kurz vor den Sommerferien der Höhepunkt des Schuljahres. Sie sollen nun nach dem Willen des Verbandes der Sportlehrer kein Wettkampf mehr sein, sondern ein „Wettbewerb": Beim Weitsprung wird nicht mehr die erzielte Weite des Schülers gemessen, sondern die Sandgrube ist in Zonen aufgeteilt. Je nach Zone gibt es Punkte, was die Sache für mich zur Farce macht, denn natürlich ist jeder Schüler darauf erdacht zu sehen, wie weit er vor den anderen liegt. Bewertet wird schon, aber nur so Pi mal Daumen, und alle bekommen eine Urkunde, ganz gleich, in welcher Zone sie gelandet sind. Zonenmeister sind sie am Ende alle. Was die Urkunde – zuvor unterteilt in Ehren- und Siegerurkunde – zu einem Fetzen wertlosen Papiers entwertet. Sie ist eben kein Dokument mehr, das eine gute und eine sehr gute Leistung dokumentiert, auf die Kinder stolz sein könnten, sondern ein Allerweltspapier.

Ich höre die Stimmen jener, die sich vehement gegen Urkunden, gegen Platzierungen aussprechen. Das schließe Kinder aus, die sportlich nicht so auf Draht seien, verleite zum Hänseln, zum Ausschluss aus der Gemeinschaft, zum Mobbing. Mit derselben Argumentation könnte man sich für die Abschaffung von Noten in den Fächern Deutsch und Mathematik aussprechen. Auch in diesen Fächern wird eine mehr oder weniger gerechte Bewertung von Schülern vorgenommen, mit der jeder und jede klarkommen muss.

Neben und hinter jenen, die, egal ob im Weitsprung und Weitwurf oder in Biologie und Chemie, nicht zu den Besten zählen, müssen die Pädagogen stehen, sollten die Eltern erkennen, was geht und was eben nicht geht, um Kinder nicht aus egoistischen Gründen oder aus falschem Ehrgeiz in eine Sackgasse zu drängen. Sie müssen vermitteln, dass der Wert eines Menschen nicht von einer blendenden Leistung im 100-Meter-Lauf oder einer Eins in Mathematik abhängt, dass Menschen nun mal Stärken und Schwächen in unterschiedlichen Bereichen haben. Wir brauchen Lehrer und Trainer, die sich um Schwächere kümmern, ihnen Wege aufzeigen, Empathie mitbringen und sachlich Kritik äußern, statt den Finger in die Wunde zu legen oder die Dinge schönzureden. Wir brauchen Personen, die Hilfe anbieten, wie Kinder und Jugendliche ein wenig oder vielleicht sogar sehr viel besser werden können, sie ermuntern, über ihren Schatten zu springen. Fördern und

Fordern – an diesem Prinzip sollte sich nichts ändern. Wir sollten Kindern die Möglichkeit geben, Spaß an Leistung zu entdecken, über sich selbst hinauszuwachsen. Wenn es gut geht, halten diese Kinder möglicherweise ihre persönliche Ehrenurkunde in den Händen. Nicht weil sie auf dem Treppchen gelandet sind, sondern weil sie sich im Rahmen ihrer Möglichkeiten verbessert haben. Dann haben sie nicht nur eine Urkunde verdient, sondern sogar eine Medaille. Aber: Das erfordert Zeit, das erfordert Mühe und Einfühlungsvermögen, es erfordert die Einsicht, dass wir von jungen Menschen Leistung einfordern dürfen.

Icth habe nichts gegen neue Formen von Bundesjugendspielen, selbstverständlich nicht, aber ich bin entschieden gegen die Abschaffung der Leistungsbewertung. Kinder wollen den Wettstreit, den Wettkampf, sie wollen sich miteinander messen, es liegt in ihrer Natur. Sie wollen wissen, wer schneller läuft, wer weiter springt, wer am höchsten klettert, wer am längsten unter Wasser bleibt, wer am längsten auf einem Balken balancieren kann. Sie haben einen natürlichen Ehrgeiz, sie suchen das Herzklopfen im wahren Leben und nicht die virtuellen Scheinwelten auf dem Bildschirm, denen sie aus Bequemlichkeit und Unwissenheit hingegeben werden. Wollen wir Kindern diesen Instinkt etwa abtrainieren? Manchmal scheint es mir, als stünden die Menschen mit dem Rücken zur Welt, wenn sie, wie in diesem Beispiel, Leistung nicht wertschätzen.

Wieso sollten sich Kinder und Jugendliche noch anstrengen, Ideen, Dinge und Methoden zu entwickeln, die ihnen später helfen? Eine nivellierte Gesellschaft, alle gleich, Kommunismus?

Immer mehr Arbeitgeber klagen, dass es mit der Motivation von Berufsanfängern düster aussieht, dass sogar um eine noch geringere Wochenarbeitszeit gerungen werde.

Ich weiß, dass es Menschen gibt, die mich wegen meiner Gedanken missverstehen wollen. Deshalb an dieser Stelle noch einmal unmissverständlich: Ich plädiere nicht für einen Wettbewerb, um Menschen anschließend in Kategorien aufzuteilen, etwa in Bessere und Schlechtere. Vielmehr plädiere ich für Wettbewerb und Leistungsgedanken, damit Menschen sich entwickeln und selbst einordnen können, dass sie Selbstvertrauen und Selbstgewissheit gewinnen, dass sie sich über die Freude an Leistung selbst motivieren, weil sie für sich, für sich ganz allein, einen Erfolg erzielen.

Was viele vergleichbar umtreibt, sind die neuen Regeln für den Kinderfußball. Hans-Joachim Watzke, Vize-Präsident des Deutschen Fußball-Bundes und Aufsichtsrat der Deutschen Fußball-Liga, nannte die neuen Regeln „unfassbar". Das sei ein „grundsätzlich falscher Ansatz. Demnächst spielen wir dann noch ohne Ball. Oder wir machen den eckig, damit er den etwas langsameren Jugendlichen nicht mehr wegläuft." Erfolgstrainer Ralf Rangnick betonte, das Gewinnen müsse immer im Vordergrund stehen, und der ehemalige Nationalspieler Dietmar Hamann fürchtet, nun werde den Kindern das Leistungsprinzip abtrainiert. Folge: „Darunter wird der Spaß leiden."

Die neuen Regeln zusammengefasst: Bei den jüngsten Spielern sollen die Ergebnisse und Tabellen wegfallen, der klassische Ligabetrieb durch Festivals mit kleineren Teams – meist sieben gegen sieben – auf mehreren Spielfeldern mit mehreren Minitoren ersetzt werden. Das Gute: Die Kinder haben durchaus mehr Spielzeit als früher. Aber: Die Festivals enden ohne Resultate, die Ergebnisse der einzelnen Spiele werden nicht festgehalten – also ein klein wenig so, wie meine Freunde und ich früher als Jungen auf den Berliner Bolzplätzen gekickt haben. Das war aufregend, das hat Spaß gemacht. Ohne Schiedsrichter war das eine Art Selbsterziehung, wir mussten unter- und miteinander klarkommen, Konflikte unter uns regeln, ohne dass die Eltern zugeschaut und eingegriffen hätten, wie das heute oft üblich ist. Dennoch: Jeder wollte darüber hinaus natürlich in einem richtigen Verein spielen, möglichst einem, der in der Tabelle weit vorne stand.

Kinder wollen nicht bloß bunte Spielnachmittage, sondern sie wollen Tore schießen, so wie die großen Vorbilder auf große und nicht auf Kindertore. Sie wollen Pokale und mit der Mannschaft in der Tabelle möglichst weit nach oben rutschen. Und wenn etwas von ihrem Spiel im Sportteil der Lokalzeitung nachzulesen ist (vielleicht sogar mit der Angabe der Torschützen) – das ist genauso spannend wie motivierend.

Das dürfte unter den fußballspielenden Jungen und Mädchen von heute nicht viel anders sein. Aber Erwachsene experimentieren in pädagogischem Übereifer gerne mit unseren Kindern, nicht selten mit fatalen Folgen.

Auf den Jugendsport bezogen: Wettspiele, aus denen erkennbar keine Gewinner hervorgehen sollen, sind ein Widerspruch in sich. Dann sollte man doch konsequent sein und nur noch eine Mannschaft bilden und alle spielen auf ein Tor. Selbst wenn sich dieser Unfug durchsetzte, würden einige Jungen und Mädchen diejenigen sein wollen, die weit vorne laufen und als Erste den Ball im Tor versenken. Diesen Drang wird man Kindern nur schwer aberziehen können.

Die Befürworter der Reform behaupten: Zu viele Kinder hätten im bisherigen System zu viel Frust erfahren (sie seien zu selten eingewechselt worden, hätten kein Tor geschossen bzw. zu viele kassiert). Dann muss irgendwann die Frage erlaubt sein: Vielleicht hat dieses Kind den falschen Sport gewählt oder die Eltern haben es in einen Sport gedrängt, für den ihr Sohn oder ihre Tochter nicht unbedingt talentiert ist. Das hat dann auch wieder mit Ehrlichkeit zu tun. Nichts spricht dagegen, wenn diese Kinder ihre helle Freude daran haben, dem Ball auf Bolzplätzen nachzujagen. Aber das ist eben etwas anderes, als in einer Mannschaft zu spielen, deren Trainer und Spieler den Erfolg suchen. Davon abgesehen, kann man Kindern und Jugendlichen auch vermitteln, wie wertvoll Ersatzspieler für ein Team sind. Ich habe stets jene, die bei uns als Ersatzmann auf dem Bootssteg bereitstanden, gewürdigt und für das, was sie tun, respektiert.

Fußballtrainer Steffen Baumgart meinte zu der Fußballreform: „Wir sind eine Generation, die nur noch den weichen und seichten Weg geht." Jene, die diesen Weg befürworten, stellen einfach in den Raum, dass sich Wettkampf und Spaß an der Sache ausschließen. Und dass Niederlagen frustrieren. Das Gegenteil ist richtig. Ich habe es – durch Opa Herbert und meinen Vater geprägt – selbst erlebt: Gerade im Sport wachsen Kinder an Niederlagen, lernen, mit Rückschlägen umzugehen, lernen, nicht aufzugeben, erleben, dass es falsch ist, die Flinte voreilig ins Korn zu werfen. Kinder sollten erfahren, dass es immer einen Versuch wert ist weiterzukämpfen, sie sollten es zumindest probieren. Aus dieser Haltung entwickelt sich ein Charakter. Wenn die Mannschaft am Ende als Verlierer vom Platz geht, wenn das Boot nach der Regatta auf dem vierten Platz landet, wissen wir im Idealfall: Wir sind an unsere Grenzen gegangen. Wir werden im ersten Moment traurig sein, aber tief in uns macht sich die Zufriedenheit breit: Wir haben alles gegeben. Aber es gibt nun mal Sportler, die besser sind. Das erkennen Kinder an, weil sie fair sind. Sie freuen sich über ihre persönlichen Erfolge und über den Gewinn, allein oder mit ihren Trainern, mit den Kameraden und bestenfalls sogar mit ihren Gegnern im Wettkampf. Sie weinen, sind vorübergehend niedergeschlagen, wenn es einmal nicht klappt. Aber sie stehen am nächsten Tag wieder auf.

Sportlicher Wettkampf lehrt uns, dass wir Problemen nicht immer ausweichen können. Es gibt im Wettkampf keine Out- oder Reset-Taste. Kinder lernen im Wettspiel, Probleme anzupacken, auch wenn am Ende nicht der Gewinn oder eine Medaille stehen. Jeder Psychologe weiß: Sobald etwas gelingt, schüttet unser Gehirn zur Belohnung eine kleine Menge Dopamin aus. Das macht uns glücklich, ermuntert uns zur Fortsetzung, zur Wiederholung. Wir lernen, dass wir im Leben nicht immer die Besten sein können, lernen, mit Frust und Spott umzugehen und am Handeln selbst Freude zu gewinnen.

Wir dürfen und sollen unsere Kinder nicht in Zuckerwatte einhüllen. Wer so handelt, bedient nur sein eigenes Ego, beschwichtigt seine eigenen Ängste, Zweifel und Schwächen. Kinder haben Ehrlichkeit verdient. Kinder haben es verdient, dass sie sich – ohne ständige Beaufsichtigung der Erwachsenen – ausprobieren dürfen und lernen, Risiken einzuschätzen. Das Risiko etwa, sich den Ball beim entscheidenden Schuss auf den Elfmeterpunkt zu legen. Die Verantwortung, in diesem und in keinem anderen Moment im Kanu den Endspurt anzusetzen.

Kinder wollen von Natur aus nicht immer in der ihnen von Erwachsenen aufgedrängten Wohlfühloase hocken, sie möchten gelegentlich etwas riskieren, auf Bäume klettern, von Mauern springen, Geschwindigkeit spüren, hoch und noch höher schaukeln. Wer einmal vom Baum fällt, der wird beim Klettern zukünftig noch mehr Vorsicht walten lassen.

Wer Kindern diese Erfahrungen, überhaupt die Möglichkeit, Erfahrungen zu sammeln, vorenthält, wer sie künstlich von Niederlagen und Enttäuschungen fernhält, der erzieht eine Gesellschaft von jungen Menschen, die beim leichtesten Gegenwind umknicken, verständnislos, frustriert und hilflos in die Welt blicken. Nein, wir müssen sie fit machen für die Zeit, für die Lebenszeit, in der es auch mal rauer zugehen kann. Wie eine Pflanze schon früh dem Wind ausgesetzt wird, um später einen Sturm auszuhalten, wie unser Immunsystem Krankheiten durchleben muss, um den Körper zu stärken. Überbehütung, nein. An die Hand nehmen, ja. Möglichkeiten aufzeigen, Freiräume lassen.

Aber andere Freiräume, als Kinder allein dem Computer, dem Tablet oder dem Handy zu überlassen. Im Sport, beim Wettkampf erleben Kinder an den Reaktionen der Mitspieler oder der Gegenüber unmittelbar, was ihr Handeln auslöst. Gerade hier, losgelassen von der langen Leine der Eltern, machen sie soziale Erfahrungen, erfahren Teamgeist und

Fairness, erleben, wie es ist, wenn andere oder sie selbst hinfallen. Und was es für ein erfüllendes Gefühl es sein kann, anderen wieder auf die Beine zu helfen oder selbst wieder aufgerichtet zu werden. Ich glaube, es gibt kaum Kinder, die, wenn sie getrickst oder gefoult haben, nicht ein schlechtes Gewissen bekommen. Ich glaube ebenso, dass diese Erfahrungen in einem wettkampffreien Raum kaum denkbar sind.

Sport als Lehre des Lebens.

Leider, ich habe es bereits in einem vorherigen Kapitel erwähnt, sind Sportstunden jene, die am schnellsten gestrichen werden. Wenn die Zwänge wachsen, ist Sport das Fach, bei dem am ehesten auf Fachpersonal verzichtet wird. Oder die Kinder werden ganz einfach in einem Klassenraum mit dem Vorführen eines Films beschäftigt.

Wie laut müssen die Alarmglocken noch schrillen – oder ist unsere Gesellschaft längst taub dafür geworden? –, bis wir endlich Sport im Grundgesetz als Staatsziel implementieren? Nach Recherchen der Kaufmännischen Krankenkasse Hannover ist die Zahl der an Adipositas Erkrankten unter den Sechs- bis Achtzehnjährigen im Zeitraum von 2011 bis 2021 um rund 33 Prozent gestiegen, wobei die Coronazeit als Verstärker dieser Tendenz diente. Eine Zeit, in der Kinder sehr unter Vereinsamung litten. Eine Zeit, in der einige Kinder – frustriert über die Tatsache, dass sie keine Freunde treffen oder im Verein Sport treiben konnten – bisweilen zu Chips, Süßigkeiten und Softdrinks griffen. Welche Ideen Vereine in dieser Zeit entwickelten, um Sport unter Hygieneregeln möglich zu machen, interessierte die Politik herzlich wenig.

Kanzlerin Merkel etwa empfahl in Klassenzimmern frierenden Kindern, vor offenem Fenster Kniebeugen zu machen.

Nach Beendigung der rigorosen Maßnahmen wurden vollmundig Programme angekündigt, die Sport in den Vereinen unterstützen sollten. Was aber ist seitdem geschehen? Die Restartkampagne des DOSB ist ein positives Zeichen, leider aber auch nur ein Tropfen auf den heißen Stein. Stattdessen sind nach Angaben des Gesundheitsministeriums heute 15 Prozent der Drei- bis Siebzehnjährigen übergewichtig, etwa 5,9 Prozent von ihnen leiden unter Adipositas. Die psychischen Folgen, unter denen Kinder leiden, die während der rigorosen Coronamaßnahmen zu Hause bleiben mussten, warten auf Aufarbeitung.

Schon jetzt sprechen Kinderärzte bei vielen übergewichtigen Kindern von einem Point of no Return, das heißt, es braucht eines enormen Aufwandes und eines professionellen Teams, das aus mehreren Experten zusammengesetzt werden muss, um Adipositas wirkungsvoll zu bekämpfen.

Das müsste in diesem Umfang nicht sein – bei genügend Sportunterricht in der Schule, bei der Förderung und Unterstützung von Sportvereinen. Ein Beispiel: In Berlin müssen die ganz Kleinen bis zu einem Jahr warten, ehe überhaupt ein Platz in einer Gruppe frei wird, die Kinderturnen anbietet.

Jeder, der für die Erziehung und Ausbildung unserer Kinder und Jugendlichen Verantwortung trägt, sollte die Studien kennen, die nachweisen, wie vorteilhaft sich Sport auf die Entwicklung des Gehirns auswirkt, wie er die Kreativität fördert. Dass Sport die beste Strategie zum Abnehmen ist, dass er gegen Krebs, bei Demenz, bei Herz-Kreislauf-Erkrankungen und gegen Diabetes hilft und dass er Schädigungen von Rücken und Muskulatur vorbeugt. Bundesgesundheitsminister Karl Lauterbach schrieb 2024 in einem Tweet, der meine Meinung kompakt wiedergibt: „Es gibt kein Medikament, das gleichzeitig vor Herzinfarkten, Krebs, Demenz und Depression schützt. Nur Sport kann das. Er hält die Gesellschaft zusammen und integriert. Wir müssen Vereine stärken und unterstützen, es rechnet sich."

Das Schlimme: Das alles ist seit Langem bekannt, das sind keine Erkenntnisse neuer wissenschaftlicher Forschungen. Ich behaupte: Jedem ist das bewusst.

Zwar hat das Statistische Bundesamt im Jahr 2024 ermittelt, dass die Deutschen im Durchschnitt täglich fünf Minuten mehr Sport treiben als zehn Jahre zuvor. Aber von welchen Zeiten sprechen wir? Wir sprechen von 34 Minuten am Tag. Im Durchschnitt. Wenn wir berücksichtigen, wie viel Zeit davon auf Amateur-, Vereins- und Profisportler entfällt, bekommen wir eine Vorstellung davon, wie wenig Sport der Durchschnittsbürger wirklich treibt: So gut wie keinen. Auf Platz eins der Lieblingsbeschäftigungen der Deutschen steht laut der Statistik fernsehen mit 2:08 Stunden am Tag. Auf Platz zwei folgen mit 65 Minuten Freunde treffen, kommunizieren über das Telefon und digitale Medien.

Vom Sommer 2022 bis zum Sommer 2023 konnten deutsche Sportler beeindruckende Erfolge einheimsen, die ich nicht kleinreden möchte. Weltmeister im Feldhockey, sensationell Vizeweltmeister im Eishockey, ebenso sensationell Weltmeister im Basketball. Zumindest Eishockey und Basketball aber sind Sportarten, in denen viel Geld im Spiel ist – im Gegensatz zu den sogenannten Randsportarten. In dem genannten Zeitraum konnten deutsche Sportler zudem einige Welt- und Europameistertitel gewinnen. Mittelfristig aber wird die Vernachlässigung unseres Sports noch deutlicher sichtbar werden, denn die Gründe für die Misere liegen im Wurzelwerk.

Ein Gradmesser, auf das die Welt blickt, sind nach wie vor die Olympischen Spiele. 2021 schnitt die deutsche Olympiamannschaft mit 37 Medaillen so schlecht wie noch nie seit der Wiedervereinigung ab. 2024 stehen die Chancen nicht wirklich besser, es wird eine noch geringere Medaillenausbeute erwartet (diese Zeilen schreibe ich kurz vor Beginn der Spiele in Paris. Sollte es dann doch anders kommen, wäre ich der erste, der darüber jubelt).

Am 8. November 2021 empfing Bundespräsident Frank-Walter Steinmeier in Berlin im Estrel Congress Center die Medaillengewinner von Tokio, um sie mit dem Silbernen Lorbeerblatt auszuzeichnen. „Diejenigen, die solche Erfolge erringen, sind ja auch für viele andere Vorbilder. Nicht nur im sportlichen Bereich. Diese Vorbildfunktion erstreckt sich auf vieles. Wie Sportlerinnen und Sportler sich charakterlich verhalten, wie und wofür sie in gesellschaftlichen Fragen Stellung beziehen, das wirkt, ob Sie es wollen oder nicht, auf viele andere Menschen zurück." Steinmeier fuhr fort: „Es waren also eigenartige, es waren besondere Spiele, mit so gut wie gar keinen anfeuernden Fans in den Hallen, an den Bahnen und im Stadion. Und es waren um ein ganzes Jahr verspätete Spiele, was für Sie, die Aktiven, ganz besondere Herausforderungen mit sich brachte. Sie sind es gewohnt,

Ihre Leistungsfähigkeit auf ein bestimmtes Datum hin aufzubauen und zu steigern und genau dann topfit zu sein und abzurufen. Und gerade wenn Sie eine derjenigen Sportarten betreiben, die an gewöhnlichen Wettkampftagen nicht gerade die Massen anziehen, haben Sie sich darauf gefreut, von vielen Tausenden, begeisterten Menschen im voll besetzten Stadion, in den Hallen und an den Streckenrändern angefeuert und zu besonderen Höchstleistungen getragen zu werden. All das fehlte diesmal, und umso höher ist es einzuschätzen, wenn Sie alle, die Sie jetzt hier sind, dennoch so erfolgreich abgeschnitten haben."

Jeden Satz, den unser Bundespräsident sagte, könnte ich so unterschreiben. Aber wenn diese Gedanken und Meinungen selbst vom Staatsoberhaupt geäußert werden, dann sollte jetzt doch auch etwas geschehen.

Nachdem ich die Fahne bei der Olympischen Abschlussfeier von Tokio getragen hatte, wurde mir innerhalb kurzer Zeit ein zweites Mal eine nicht alltägliche Ehre zuteil: Ich durfte stellvertretend für die deutsche Olympiamannschaft von Tokio als Medaillengewinner die Rede vor dem Bundespräsidenten halten.

Nach dem Dank, im Namen aller Athleten an den Bundespräsidenten, für die Unterstützung, die uns entgegengebracht wurde, sagte ich: „Wir sind Botschafter unseres Landes, und ich kann Ihnen versichern, das sind wir mit Stolz. Mein Dank gilt unseren Trainern und Trainerinnen, die sich gerade während dieser unsicheren Zeit, der Pandemie, nie haben aus der Ruhe bringen lassen. Sie waren alle mehr als nur Übungsleiter mit Stoppuhr. Sie waren Kummerkasten, Antreiber,

Visionäre, kluge Ratgeber und haben in der Vorbereitung ein Stück weit unsere Familien ersetzt, die wir teilweise Monate nicht sehen konnten." Und an den Bundespräsidenten gewandt sagte ich: „Wir alle konnten uns den großen Traum von Olympischem Edelmetall erfüllen. Aber Sport ist mehr als das Streben nach Gold, Silber und Bronze. Sie sehen junge Menschen vor sich, die durch den Sport charakterlich geprägt wurden. Jeder für sich ist ein großer Gewinn für die Gesellschaft dieses Landes, und alle wissen, wie wichtig der Sport ist."

Dann steuerte ich auf meinen wichtigsten Punkt zu: „Aber welche Stellung hat der Sport in Deutschland? Der DOSB hat 2006 ein Positionspapier entwickelt, in dem gut dargestellt ist, warum Sport in Deutschland ein Staatsziel sein sollte. Der Wissenschaftliche Dienst des Bundestags kommt 2018 auf 26 Seiten zu der Einschätzung, ja, so einen Artikel 20b, das könne man gut machen – Sport als Staatsziel formulieren. Jetzt haben wir bald 2022 und im Grundgesetz steht der Sport immer noch nicht. Der Staat unterstützt uns, keine Frage, sonst stünden wir heute nicht hier. Wir alle wissen, dass uns der Staat unterstützt, sonst wären wir heute nicht hier. Aber mir geht es um Wertschätzung und Anerkennung. Wir sind die Spitze von 27 Millionen Menschen in Deutschland, die in 91 000 Sportvereinen Sport treiben. Herr Steinmeier, Sie besitzen doch noch die Handynummer von denen, die bald unser Land regieren. Vielleicht finden Sie Gehör und katapultieren den Sport auf das Siegertreppchen. Ich glaube: Wir brauchen den Sport mehr denn je. Sport überwindet Meinungsverschiedenheiten, Sport integriert, Sport stärkt unseren Körper auf verschiedenen Ebenen. Das Gesagte ist mir wichtig, weil ich es erlebt habe. 25 Jahre lang. Sport tut Deutschland gut. Ich möchte helfen, den Sport und den 27 Millionen Menschen hinter dem Team Deutschland eine Stimme zu geben."

2024 ist Sport in Deutschland immer noch kein Staatsziel. Ja, der Staat finanziert Stadionbauten, beschäftigt Spitzensportler im öffentlichen Dienst, bei der Bundespolizei, beim Zoll, bei der Bundeswehr. Aber was ist, wenn ein Sportler aus moralischen oder welchen Gründen auch immer keine Waffe in die Hand nehmen möchte? Dann bleiben nicht mehr viele Optionen.

Profisportler in Deutschland leben und trainieren teilweise unter Verhältnissen, die denen eines Profisportlers unwürdig sind. Mir sind in dieser Hinsicht viele Beispiele bekannt. Die deutsche Spitzenturnerin Kim Bui etwa war nur in der Lage, Deutschland bei Weltmeisterschaften und Olympischen Spielen zu vertreten, weil sie mit Ende zwanzig noch die Möglichkeit hatte, bei ihren Eltern zu wohnen. Ein Turnstar, der im Kinderzimmer wohnt. Verrückt.

Würde die Aufnahme von Sport in das Grundgesetz, das Ausweisen von Sport als Staatsziel, Abhilfe schaffen? Zumindest würde es ein Bewusstsein für die Wichtigkeit und den Wert von Sport schaffen. Dass der Spitzensport, dass Vorbilder in den Breiten-, Jugend- und Schulsport hineinwirken. Durch die Aufnahme ins Grundgesetz würde auch der Druck von unten wachsen, mehr Geld in die Basis zu investieren. Beispielsweise wurde mit der Aufnahme des Umweltschutzes im Jahr 1994 und mit der Aufnahme des Tierschutzes, acht

Jahre später, nicht nur die Bedeutung dieser Themen für die Gesellschaft unterstrichen, sondern es floss mehr Geld in diese Bereiche. Umwelt- und Tierschutz nicht im Grundgesetz verankert? Heute unvorstellbar. Diese Aufwertung des Sports wünsche ich mir, fordere sie ein.

Wenn eine Forderung niedergeschrieben ist, wirkt sie nachhaltiger, als wenn sie bloß mündlich wiedergeben wird. Zwar verpflichten im Grundgesetz verankerte Staatsziele nicht zu bestimmten Entscheidungen, aber sie helfen, die ihnen innewohnenden Werte und Belange nachdrücklich ins Bewusstsein der Bevölkerung und der staatlichen Institutionen zu rücken.

Nebenbei erwähnt: Der Bundestag hat seit der Gründung der Bundesrepublik im Jahr 1949 neben dem Schutz der natürlichen Lebensgrundlage und dem Tierschutz noch drei weitere Staatsziele ins Grundgesetz aufgenommen. 1967 das gesamtwirtschaftliche Gleichgewicht, 1992 die Verwirklichung eines vereinten Europas und 1994 die tatsächliche Durchsetzung der Gleichberechtigung. Warum also nicht auch das weit gefasste Feld der Kultur und den Sport, zwei gesellschaftliche Säulen, ins Grundgesetz integrieren?

Warum soll auf Bundesebene nicht das möglich sein, was in fünfzehn von sechzehn Landesverfassungen als Staatsziel nominiert ist? So heißt es in der Verfassung von Baden-Württemberg: „Der Staat, die Gemeinschaft und die Gemeindeverbände fördern den ehrenamtlichen Einsatz für das Gemeinwohl, das kulturelle Leben und den Sport unter Wahrung der Autonomie der Träger." Bayern formuliert es knapp und eindeutig: „Das kulturelle Leben und der Sport sind von Staat und Gemeinden zu fördern." Und in der Berliner Verfassung ist zu lesen: „Sport ist ein förderungs- und schützenswerter Teil des Lebens. Die Teilnahme am Sport ist den Angehörigen aller Bevölkerungsgruppen zu ermöglichen."

Was heute leider nicht mehr unbedingt der Fall ist. Sportunterricht, der ausfällt, dazu haben wir einen Mangel in Bezug auf betriebsbereite Hallen, es fehlen zudem ehrenamtliche Trainer. Kein Wunder, wenn es gerade mal 90 Euro Entschädigung pro Quartal gibt. Da bedarf es schon eines Übermaßes an Idealismus. Außerdem wird der bürokratische Aufwand immer größer. Es gibt Trainer, die vor dieser verantwortungsvollen Aufgabe zurückschrecken, weil sie glauben, schon durch ihre Bereitschaft, junge Menschen unterstützen zu wollen, in den Vorverdacht geraten, sich an Schutzbefohlenen zu vergehen. Um keine Missverständnisse aufkommen zu lassen: Es gibt im Sport Missbrauch an Schützlingen, so wie in allen anderen gesellschaftlichen Gruppen von der Familie über die Schulen bis hinein in die Kirchen. Jeder dieser Missbrauchsvorfälle muss umgehend und umfassend aufgeklärt werden, betroffenen Kindern und Jugendlichen muss ohne bürokratischen Aufwand professionelle Hilfe zur Seite gestellt werden, Täter und Täterinnen müssen konsequent bestraft werden und dürfen nie mehr eine Tätigkeit im Kinder- und Jugendbereich übernehmen. Das sollte selbstverständlich sein. Genauso selbstverständlich sollte es aber auch sein, alle, die sich in ihrer Freizeit ambitioniert und mit viel Herzblut der Entwicklung und Förderung junger Menschen widmen wollen, dabei zu unterstützen und auch sie zu fördern.

Die Politik muss endlich ein System entwickeln, das der Arbeit der ehrenamtlich tätigen Übungsleiter deutlich mehr

Anerkennung bringt und vor allem adäquat belohnt. Die Trainer im Breitensport erwarten nicht, dass sie von dieser Tätigkeit leben können oder ein zweites Einkommen erhalten. Aber ist es vermessen, von unseren Politikern zu erwarten, dass sie Ideen entwickeln, wie man unsere Trainer besser und angemessen honoriert? Sei es mit freiem Eintritt für Museen, Theater, Kinos und andere Veranstaltungen. Mit einer Vergütung in Form von Rentenpunkten, mit steuerlicher Vergünstigung. Denn was diese Menschen für die Gesellschaft leisten, ist unbezahlbar. Das hat die allergrößte Wertschätzung verdient.

Um Zahlen sprechen zu lassen: Im Sport, der größten Bürgerbewegung (nahezu 30 Prozent der Bürger dieses Landes sind Mitglied in einem Sportverein), engagieren sich 4,5 Millionen Menschen, die pro Jahr mehrere Hundert Millionen Stunden ehrenamtlicher Arbeit leisten. Diese Zahl darf auf keinen Fall sinken, im Gegenteil, wir brauchen noch viel mehr freiwillige Helfer. Der Deutsche Olympische Sportbund hat ausgerechnet, dass dies einer sozialen Wertschöpfung von einigen Milliarden Euro entspricht. Es ist an der Zeit, diesen Menschen etwas zurückzugeben, ihnen ein Zeichen zu senden, dass wir sie schätzen, damit weitere motivierte und genug Mitstreiter folgen. Ab ins Grundgesetz mit dem Sport.

Und es sollte noch entschiedener Rückendeckung von der Politik geben, damit eine Signalwirkung an Eltern ausgeht: Es ist keine vertane Zeit, wenn auch ihr Zeit investiert, um – wie meine Eltern und die Eltern so vieler Kinder und Jugendlicher – euren Nachwuchs zum Training oder zu Wettkämpfen zu bringen. Ja, das nimmt Stunden und Wege in Anspruch, ja, das ist aufwendig und zeitintensiv. Aber bringt diese Zeit auf, für das Wertvollste, was ihr habt, für eure Kinder.

Es wird viel und zu Recht über die Förderung von Mädchen und Frauen gesprochen, über immer noch vorhandene Benachteiligung und Zurücksetzung. In bestimmten Gruppen wird heiß darüber diskutiert, ob durch Wortneuschöpfungen oder durch das Zurechtbiegen von Begriffen mehr Chancengleichheit zu erzielen ist. Wer aber hebt einmal hervor, dass in unseren Sportvereinen mehr als zehn Millionen Mädchen und Frauen jeglichen Alters, unterschiedlicher Religion und Weltanschauung, mit und ohne Kopftuch im größten Mädchen- und Frauenverband organisiert sind? Ich fordere, dass wir Geschlechterrollen auf den Kopf stellen und kulturelle Barrieren überwinden lernen, Durchsetzungsfähigkeit entwickeln, Selbstbewusstsein stärken, durch gezielte Projekte aus prekären Verhältnissen helfen. Nur wenige sprechen über die Benachteiligung von Frauen. Ein weiterer Grund, den Sport als Staatsziel festzuschreiben.

Prof. Dr. Udo Steiner, damaliger Richter am Bundesverfassungsgericht, schrieb einmal: „Die Bundesrepublik Deutschland ist ein Sportstaat (...), erfolgreicher Spitzensport ist Staatserfahrung, ist Staatspflege ... Staat und Spitzensport weisen originelle Symbiosen auf. Es gehört zu den interessanten und verfassungsrechtlichen Asymmetrien, dass allen diesen eindrucksvollen staatlichen Leistungen (...) nicht ein verfassungsrechtlicher Anspruch entspricht." Zu einer dieser Leistungen zählt, dass sich die Bürger über den Sport, über die Begeisterung für Wettkämpfe, mit ihrem Land und seinen Symbolen identifizieren können.

Im Sinne eines Patriotismus ohne Nationalismus. So, wie es der ehemalige Bundespräsident Richard von Weizsäcker 1986 formulierte: „Der Nationalist ist einer, der die anderen hasst. Der Patriot ist einer, der das eigene Land liebt und den Patriotismus der Nachbarn versteht und achtet." Das heißt: sich über die Leistungen der Sportler aus dem eigenen Land freuen und diese bejubeln, aber genauso die Erfolge von Sportlern anderer Nationen anerkennen und auch diesen für ihre Leistungen applaudieren.

Und es gibt ein weiteres Argument für Sport als Staatsziel im Grundgesetz. Der Wissenschaftliche Dienst des Deutschen Bundestags schrieb dazu 2018 in seiner Ausarbeitung: „Auf der Hand liegt die Bedeutung des Sports für die Volksgesundheit. Die Ausbildung der durch Sport bewirkten Fähigkeiten und Kenntnisse ermöglicht es vor allem Kindern und Jugendlichen, körperliche Tüchtigkeit, persönliche Einsatzbereitschaft und soziale Kompetenzen wie Teamarbeit, Solidarität, Toleranz und Fairness zu entwickeln. Das Betreiben von Sport wirkt sich außerdem positiv auf die Bildung, das gesellschaftliche Engagement, die Geschlechtergleichstellung, die Umwelt und den Frieden aus. Sport spielt eine positive Rolle bei der sozialen Integration und dem sozialen Zusammenhalt, dem Dialog der Kulturen, dem Umweltbewusstsein und der Wiedereingliederung von Kindern in Situationen nach Konflikten."

Abschließend meint der Wissenschaftliche Dienst: „Mit der Aufnahme eines Staatszieles kann ... Einfluss auf die politische Auseinandersetzung und die Bildung der öffentlichen Meinung genommen werden. So kann derjenige, der sich für ein in der Verfassung genanntes Staatsziel politisch einsetzt, häufig schon dadurch Eindruck machen, dass er darauf hinweist, die Verwirklichung seines Anliegens werde im Übrigen von der Verfassung ausdrücklich verlangt."

Wir müssen handeln. Unser Spitzensport steht am Scheideweg. Die Zeit läuft uns davon, denn Änderungen nehmen Zeit in Anspruch, bis sie Wirkung entfalten. Mit tut es in der Seele weh, wenn ich sehe, wie sehr der Sport immer mehr an Bedeutung verliert.

Auf der einen Seite der Bedeutungsverlust in der Gesellschaft, auf der anderen Seite Bedingungen, die es Spitzensportlern immer schwerer machen, ihre sportliche Karriere auszuleben. Damit meine ich: die ungenügende finanzielle Ausstattung. Fehlende Perspektiven, fehlende Absicherung nach der Laufbahn.

Stattdessen war im Etat der Bundesmittel für 2024 im Bereich Sport eine Senkung von 10 Prozent vorgesehen. Vorgesehen war unter anderem eine Streichung beim Institut für Forschung und Entwicklung und beim Institut für angewandte Trainingswirtschaft (IAT), die nicht nur Sportgeräte, sondern auch die Messtechnik kontinuierlich weiterentwickeln. Die Streichung konnte zunächst verhindert werden, aber noch nicht auf lange Sicht. Ohne diese Institute drohen wir in den Sportarten, die auf eine technische Weiterentwicklung angewiesen sind, den Anschluss an die Weltspitze zu verpassen. Zudem würde die Trainingswissenschaftliche Beratung für die Verbände komplett zusammenbrechen.

Von der Misere betroffen sind aber nicht nur die Sportler selbst, sondern inzwischen auch die Trainer. Es gibt zahlreiche deutsche Coaches, die Sportler im Ausland trainieren.

So wurde der Überraschungs-Olympiasieger von 2021 im Speerwurf, der Inder Neeraj Chopra, von der DDR-Speerwurflegende Uwe Hohn betreut. 30 Prozent der deutschen Trainer verfügen über einen nur befristeten Arbeitsvertrag, 80 Prozent leisten Überstunden ohne Ausgleich. In der ZDF-Dokumentation *Kein Geld, keine Medaillen*, an der ich im Frühjahr 2024 mitarbeiten durfte, sagte Lorenz Trautmann, der mit dem deutschen Judoteam in Tokio eine Silber- und zwei Bronzemedaillen errungen hatte, pro Woche komme er auf bis zu sechzig Trainingsstunden. „Ich kann nicht Dienst nach Vorschrift machen, sonst müsste ich im Oktober aufhören, weil ich zu viele Überstunden habe." In jedem anderen Beruf würden Gewerkschaften und Sozialverbände Sturm laufen, aber hier handelt es sich ja „nur" um Sport. Außerdem sagte Trautmann: „Hätten wir mehr Wertschätzung und bessere Bezahlung, würden mehr Topathleten als Trainer weitermachen." Tatsächlich sind nur 10 Prozent der ehemaligen Topsportler bereit, nach der Karriere als Trainer zu arbeiten, sagte Trautmann. Im Ausland werden sie schlicht besser bezahlt und damit wertgeschätzt. Auf diese Weise wandert sportliches Know-how aus, das kaum zu ersetzen ist.

Das Forschungsinstitut Allensbach befragt die Deutschen seit 75 Jahren, ob sie den kommenden zwölf Monaten mit Hoffnung entgegensehen. 2024 bejahten diese Frage gerade noch 28 Prozent, so wenige wie nie zuvor seit 1950. Nur 31 Prozent glaubten, dass sich das Miteinander in den nächsten Jahren positiv entwickeln werde.

Der Sport ist kein Allheilmittel gegen diesen grassierenden Pessimismus. Aber er kann einen wichtigen Beitrag dazu leisten, um den Menschen Mut und Hoffnung zu geben, und zwar von der Basis bis zur Spitze, er kann Elan und Begeisterung hervorrufen, die wir in den Alltag mitnehmen können. Die Begeisterung während der Wochen der Fußballeuropameisterschaft in unserem Land hat da ein deutliches Zeichen gesetzt.

Ich ringe darum, dass möglichst viele Menschen diese Chance erkennen und sie ergreifen. Als Sportler oder als diejenigen, die unsere Bewegung, unsere Werte unterstützen. Bei all der Zerstrittenheit, die derzeit die Gesellschaft spaltet, sollte doch wenigstens im Sport möglich sein zu erkennen, dass wir alle in einem Boot sitzen.

Der letzte Schlag VIII

Um halb sieben läutete der Wecker. Müde schlug ich die Augen auf. Es war spät geworden am Vorabend, dem Tag nach meiner Rückkehr aus Tokio. Lange hatten wir mit der Familie im Garten gesessen, es gab viel zu erzählen, die Jungs schliefen draußen ein, Fanny und ich trugen sie ins Bett. Müde war ich, die Zeitverschiebung, der Empfang am Flughafen, immer noch aufgekratzt, voller Emotionen und Freude über das Wiedersehen.

Verschlafen kämpfte ich mich aus dem Bett, war aber im nächsten Moment hellwach, weil ich wusste, dass, wieder einmal, ein großer Tag angebrochen war. Ein Tag, an dem ich ein Versprechen erfüllen wollte.

Gemeinsam frühstückten wir. Til und ich zogen unsere Helme auf, verabschiedeten uns von Fanny und Leo, die ein wenig später in die Kita aufbrechen würden. Til und ich aber stiegen auf unsere Fahrräder und radelten in den sonnigen Tag hinein. Die Allee hinunter, vorbei am Garten der Vielfalt, hinein in die Salzburger Straße zur Erich-Kästner-Grundschule. Wir stellten die Räder auf dem Schulhof ab und legten die Schlösser an. Jede neue erste Klasse hatte für sich auf dem Schulhof einen eigenen Klassenbaum. Am Baum der 1 A trafen sich die Schulanfänger seiner Klasse. Die Lehrerin begrüßte die Kinder, um sie in den Klassenraum zu führen. Ich bekam noch einen Abschiedskuss von

Til und ein stolzes Lächeln, als er mit seiner Klasse im Schulgebäude verschwand. Ich stieg wieder auf mein Fahrrad und trat glücklich den Rückweg an.

Unterwegs hupte ein Autofahrer, kurbelte im Fahren die Scheibe herunter und rief mir zu: „Gut gemacht, Ronald!" Ich grüßte lächelnd zurück.

Ich weiß nicht genau, was er mit seinem Lob meinte: meine Goldmedaille, die ich mit meinen Freunden in Tokio gewonnen hatte, oder dass ich mein Versprechen erfüllt hatte: an seinem ersten Schultag an Tils Seite zu stehen und ihn in die Schule zu begleiten.

ZUM AUTOR

© Hagen Wolf

Ronald Rauhe, geboren 1981 in Westberlin, ist nicht nur der erfolgreichste Kanute Deutschlands, sondern einer der erfolgreichsten deutschen Sportler der vergangenen Jahrzehnte überhaupt. Er nahm an sechs Olympischen Spielen teil, gewann zweimal Gold, einmal Silber und zweimal Bronze. Darüber hinaus ist er sechzehnfacher Weltmeister. Heute ist er als TV-Experte, Unternehmer und Speaker tätig und Mitglied in der Athletenkommission des Europäischen Olympischen Komitees (EOC).

IMPRESSUM

Projektkoordination: *Dr. Marten Brandt*
Layout und Satz: *Datagrafix GSP GmbH, Berlin | www.datagrafix.com*
Gestaltung von Umschlag und Bildstrecke: *Groothuis. Gesellschaft der Ideen und Passionen mbH | www.groothuis.de*
Lithografie: *Frische Grafik, Hamburg*
Druck und Bindung: *GGP Media GmbH, Pößneck*

Alle Rechte vorbehalten. All rights reserved. Das Werk darf — auch teilweise — nur mit Genehmigung des Verlages wiedergegeben werden.

1. Auflage 2024
© 2024 Edel Verlagsgruppe GmbH
Neumühlen 17
D-22763 Hamburg
ISBN: 978-3-98588-099-7

LIEBE LESERINNEN, LIEBE LESER

wie schön, dass Sie ein Buch von EDEL SPORTS lesen! Wir lieben große Geschichten, herausragende Persönlichkeiten und starke Meinungen aus der faszinierenden Welt des Sports und freuen uns sehr, dass Sie diese Leidenschaft mit uns teilen. Sport ist Emotion, Entertainment und Business zugleich. Geben Sie uns gern Ihr Feedback auf Instagram (@edel.sports) oder schreiben uns an:
info@edelsports.com

UNSER VERLAGSHAUS

Mit Standorten in Hamburg und München zählt die Edel Verlagsgruppe zu den größten unabhängigen Buchanbietern Deutschlands. Zur Gruppe gehören die Verlage Dr. Oetker Verlag, Edel Sports, KARIBU und ZS.

EDEL Sports — Ein Verlag der Edel Verlagsgruppe
🌐 www.edelsports.com
📷 www.instagram.com/edel.sports

MIT DEM RICHTIGEN MINDSET ZUM OLYMPIASIEG

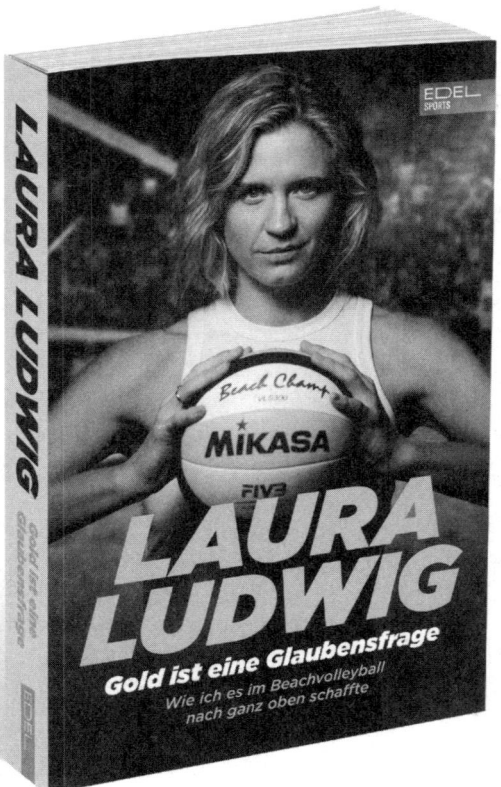

**Laura Ludwig
Gold ist eine
Glaubensfrage**

ISBN 978-3-98588-016-4

Die Autobiografie der Beachvolleyball-Queen

Jetzt überall,
wo es gute Bücher gibt.

DIE ERFOLGSGESCHICHTE DES WELTHOCKEYSPIELERS

**Moritz Fürste
Nebenbei Weltklasse**

ISBN 978-3-8419-0602-1

Spannend, authentisch, brisant

Jetzt überall,
wo es gute Bücher gibt.